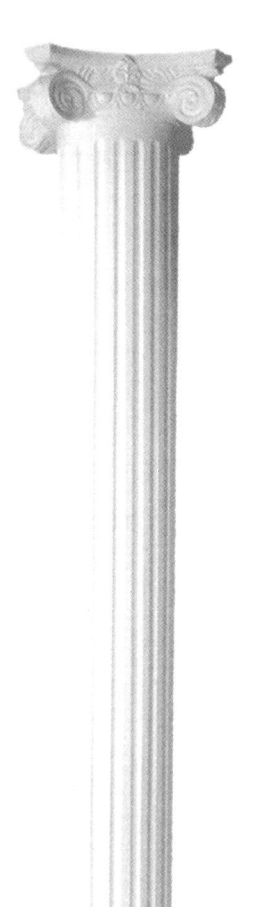

网络谣言的法律治理研究

林 华/著

The Study
on Legal Governance
of Internet Rumor

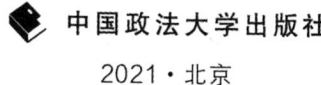

中国政法大学出版社

2021·北京

声　明　1. 版权所有，侵权必究。

　　　　 2. 如有缺页、倒装问题，由出版社负责退换。

图书在版编目（CIP）数据

网络谣言的法律治理研究/林华著.—北京：中国政法大学出版社，2021.7
ISBN 978-7-5620-9950-5

Ⅰ.①网… Ⅱ.①林… Ⅲ.①互联网络-谣言-治理-研究-中国 Ⅳ.①D669.4

中国版本图书馆CIP数据核字(2021)第 081627 号

出 版 者	中国政法大学出版社
地　　址	北京市海淀区西土城路 25 号
邮寄地址	北京 100088 信箱 8034 分箱　邮编 100088
网　　址	http://www.cuplpress.com（网络实名：中国政法大学出版社）
电　　话	010-58908285(总编室) 58908433（编辑部）58908334(邮购部)
承　　印	固安华明印业有限公司
开　　本	720mm×960mm　1/16
印　　张	12.75
字　　数	202 千字
版　　次	2021 年 7 月第 1 版
印　　次	2021 年 7 月第 1 次印刷
定　　价	62.00 元

本书是国家社科基金一般项目"互联网行政许可设定的法律问题研究"（项目编号：18BFX050）的阶段性成果，并获"中国政法大学青年教师学术创新团队支持计划"（项目号20CXTD06）资助。

PREFACE 前 言

谣言是人类社会的一种日常现象。无论是将谣言界定为虚假的信息还是未经证实的信息,作为人类所传播的信息类型,谣言与人类社会相伴随。在互联网时代,由于信息传播模式的变革,依托于互联网的谣言形态转向了网络谣言,但是谣言的本质没有改变。网络谣言映射的是网络社会的众声喧哗,凸显的是言论自由与网络治理的紧张关系,也在考验着政府的治理能力。在全面依法治国的背景下,现实空间和网络空间都需要基于法律的治理,对于网络谣言而言也是如此。本书尝试根据治理主体和治理时间的双重线索,并以问题为中心,对网络谣言的法律治理进行分析和梳理。全书主体框架分为六个部分,即导论、正文四章和结语。

导论是本书的第一部分,首先勾勒网络谣言法律治理的研究背景,接着分析国内外关于此主题的研究现状,然后以治理主体和治理时间为双重线索介绍研究思路,最后通过对多元方法谱系的说明来交代本书的研究方法。

第一章为"互联网、网络谣言及其传播",这是网络谣言法律治理的理论基础。网络谣言是谣言在互联网上的传播,因此,欲探讨网络谣言的法律治理,需要先分析网络传播模式以及网络谣言的传播逻辑。本章首先介绍信息传播的传统模式、网络信息传播模式的特点及其所面临的现实挑战;接着从法律治理视角出发,分析网络谣言的概念和分类;最后通过阐述网络谣言的生长周期、网络谣言传播的影响因素和内在逻辑,对网络谣言传播机理进行初步考察。

第二章为"网络言论自由与网络谣言治理",这是网络谣言法律治理的价值理念。从法律视角看,网络谣言治理在本质上是网络言论自由的界限问题。在中国语境下,讨论网络言论自由的价值与边界,不仅对于网络谣言法律治理具有直接且重要的指导意义,而且还会涉及我国社会转型和公民权利保护等深层次问题。本章首先以言论自由是基本权利为分析基点，阐述网络社会的权利图景，网络言论自由与相关权利的冲突，以及权利冲突的规范和调整；然后从中国语境出发，通过梳理网络言论自由在我国的实践及其对我国治理困境的意义，以及网络言论自由与公众参与、公共言论平台的关系，来论证网络言论自由的价值；最后从法律、道德和技术三个维度入手，梳理网络言论自由的边界。

第三章为"网络谣言治理的竞技场政府与市场"，这是网络谣言法律治理的具体构成。就治理主体而言，互联网治理无非涉及政府规制和市场机制两个方面，网络谣言治理是互联网治理的一个方面，因此，如何处理政府和市场的关系也是网络谣言法律治理的关键。本章首先探讨网络治理的模式，介绍威权主义网络治理模式、自由主义网络治理模式以及我国面临的模式选择；其次阐述网络谣言治理的政府规制，从规制主体和监督对象两个角色出发分析互联网中政府的双重身份，并论述政府规制网络谣言的法律界限以及对政府规制的法律规制；最后分析网络谣言治理的市场机制，依次阐述市场机制的构成、互联网行业自律、网络社区自我净化和技术治理的功能，尝试建构"平台—用户—技术"三位一体的网络谣言治理市场机制。

第四章为"通过法律的网络谣言治理"，这是网络谣言法律治理的运作机理。从治理时间看，网络谣言法律治理包括日常状态的治理和突发事件状态的治理，而日常状态的治理和突发事件状态的治理存在着具体运作机制的差异。本章前四节讨论日常状态下的网络谣言法律治理，具体从法律体系、治理机构、治理措施与程序、法律责任体系四个方面分析如何通过法律实现网络谣言的日常治理。第五节针对的则是突发事件状态下的网络谣言治理，首先从发生学视角出发介绍突发事件与网络谣言的关系，其次探讨突发事件状态网络谣言治理模式的转化，最后分析突发事件状态网络谣言治理的法治化运作。

主体框架的最后部分为结语，这部分尝试勾勒与预测互联网的未来发展，对网络谣言的法律治理进行初步归纳和总结，并就互联网治理和网络社会的法治化进行进一步展望。

目录

CONTENTS

导 论 001
  一、研究背景：网络社会的众声喧哗 001
  二、研究现状与意义：互联网时代的行政法使命 005
  三、研究思路：主体与时间双重线索的建构 008
  四、研究方法：迈向一种多元的方法论谱系 010

第一章 互联网、网络谣言及其传播 013
  第一节 信息社会与互联网的传播革命 013
    一、信息传播的传统模式 014
    二、互联网的兴起及其传播革命 018
    三、网络信息传播的现实挑战 024
  第二节 网络谣言的界定与分类 026
    一、谣言概念的多重面向 027
    二、法律规范语境中的谣言 030
    三、谣言概念的反思与网络谣言概念的构造 036
    四、法律治理视角下的网络谣言分类 039
  第三节 网络谣言传播机理的初步考察 042
    一、网络谣言的生长周期和传播逻辑 042
    二、网络谣言传播的影响因素 048

第二章　网络言论自由与网络谣言治理 ………… 052
第一节　作为基本权利的言论自由 ………… 053
　一、网络社会的权利图景 ………… 053
　二、网络言论自由与权利冲突 ………… 055
　三、权利冲突的规范与调整 ………… 057
第二节　网络言论自由的价值 ………… 062
　一、转型中国的治理困境及其网络表达 ………… 063
　二、网络言论自由的中国实践 ………… 065
　三、网络言论自由、公众参与和民主重塑 ………… 068
第三节　网络言论自由的边界 ………… 071
　一、网络言论自由的法律边界 ………… 072
　二、网络言论自由的道德边界 ………… 080
　三、网络言论自由的技术边界 ………… 083

第三章　网络谣言治理的竞技场：政府与市场 ………… 086
第一节　网络治理模式初探 ………… 088
　一、权威主义的网络治理模式 ………… 090
　二、自由主义的网络治理模式 ………… 092
　三、第三条道路与中国的模式选择 ………… 094
第二节　网络谣言治理的政府规制 ………… 096
　一、互联网中政府的双重身份：规制主体和监督客体 ………… 097
　二、政府规制网络谣言的法律界限 ………… 099
　三、对政府规制的权力约束 ………… 105
第三节　网络谣言治理的市场机制 ………… 108
　一、网络谣言治理市场机制的图景 ………… 109
　二、网络空间的行业自律 ………… 112
　三、互联网教育与网络社区的自我净化 ………… 115
　四、无法回避的技术治理 ………… 118

第四章　通过法律的网络谣言治理 …… 121

第一节　网络谣言治理法律体系 …… 122
一、法律体系的现状考察 …… 122
二、统一互联网基本法的价值 …… 125
三、法律体系的重构 …… 129

第二节　网络谣言治理机构 …… 131
一、现行模式的行政法拷问 …… 131
二、横向层面的权力配置 …… 138
三、纵向层面的权力配置 …… 140

第三节　网络谣言治理措施与程序 …… 141
一、治理措施的法治化 …… 143
二、治理程序的法治化 …… 147

第四节　网络谣言法律责任体系 …… 150
一、网络谣言法律责任体系的困境 …… 150
二、网络谣言法律责任体系的完善 …… 155

第五节　突发事件状态下的网络谣言治理 …… 158
一、互联网时代的突发事件 …… 159
二、突发事件与网络谣言：一个发生学的视角 …… 162
三、突发事件应对与网络谣言治理的法治化 …… 165

结　语　互联网的未来与网络社会的法治建构 …… 171

参考文献 …… 176

后　记 …… 192

导 论

一、研究背景：网络社会的众声喧哗

互联网被誉为"迄今为止人类最伟大的发明之一"，对人类的生产方式、生活方式和思维方式都有着革命性的影响，也极大改变了人类的经济运行模式、政治参与方式和社会发展面貌。互联网本身就蕴含着平等、开放和民主的精神，同时，它作为一种工具和载体，以其特有的开放性、便捷性、互动性等优势，成为现代社会里民意表达的重要平台，也是保障公民知情权、表达权、参与权和监督权的重要技术支撑。"（民众）他们获得自由的途径是工业和物质进步。"[1]互联网作为后工业社会或者信息社会的主要技术，也是民众获取或扩大自由的助推器。但是，毋庸置疑，伟大的互联网也是一把双刃剑，它在给人类社会创造积极价值和无限财富的同时，也给我们带来了前所未有的生活困扰与治理危机。"网络与现实世界界限的模糊，使得网络和现实中产生的问题呈现社会问题网络化、网络问题社会化的趋势。几乎所有现实社会当中的问题在网上都有所反映，许多在现实社会中没有的问题也开始在网上出现。"[2]网络诈骗、网络赌博、网络色情、网络黑客等成为当今国际社会需要共同面对的社会问题和严峻挑战，各个国家和地区也都积极采取相关措施，对网络社会和网络空间进行相应规制和治理。

1994年4月20日，北京中关村地区教育与科研示范网接入国际互联网的64K专线开通，实现了与国际互联网的全功能连接，这标志着中国正式接入

---

[1]〔英〕马丁·洛克林:《公法与政治理论》，郑戈译，商务印书馆2002年版，第13页。
[2]李欲晓:"互联网治理与信息社会法律的研究对象和目标"，载《北京邮电大学学报（社会科学版）》2010年第1期。

国际互联网。[1]其实，互联网连接的不仅是中国与世界，它也成为熟人社区与陌生人社区、工业社会与信息化社会、传统中国与现代中国的重要纽带。与波澜壮阔的改革开放事业相同步，互联网发展在中国也演绎出一幅绚丽多彩、五彩缤纷的华丽图景。电子商务、电子政务、网络反腐深刻地改变着中国，社会运行的方方面面也都带有互联网的烙印。然而，光鲜的背后也隐藏着严酷的现实：计算机系统本身的脆弱性，网络黑客、某些组织和个人对互联网的蓄意攻击，都在时刻威胁着网络安全和国家安全；网络谣言、网络色情的泛滥映射的则是网络社会的众声喧哗，凸显了言论自由与网络治理的紧张关系，也在不时侵犯着广大民众特别是青少年的合法权益；网络赌博、网络诈骗等各种形式的网络犯罪无疑加大了社会治理的难度；互联网也给知识产权保护带来前所未有的挑战，一方面是互联网对现实社会中商标权、专利权和著作权的潜在侵权威胁，另一方面是与互联网自身相关的知识产权保护亟待政府积极有效的回应；更为重要的是，作为新兴事物的互联网所塑造出的网络空间及其对现实社会的深刻影响，无时无刻不在考验着执政者的治理能力和执政智慧。我国政府对互联网治理作出了积极回应：2014年中央网络安全和信息化领导小组成立，习近平总书记亲自担任组长；[2]全国人大常委会于2000年和2012年分别颁布《全国人民代表大会常务委员会关于维护互联网安全的决定》（以下简称《关于维护互联网安全的决定》）和《全国人民代表大会常务委员会关于加强网络信息保护的决定》（以下简称《关于加强网络信息保护的决定》），奠定了我国网络法的基本框架；党的十八届四中全会决定指出："加强互联网领域立法，完善网络信息服务、网络安全保护、网络社会管理等方面的法律法规，依法规范网络行为。"[3]随后《中华人民共和国网络安全法》（以下简称《网络安全法》）《中华人民共和国电子商务法》

---

[1] 参见中华人民共和国国务院新闻办公室：《中国互联网状况》（2010年6月），http://www.scio.gov.cn/zfbps/ndhf/2010/Document/662572/662572_7.htm，最后访问时间：2019年10月22日。

[2] 党的十九届三中全会通过的《深化党和国家机构改革方案》将"中央网络安全和信息化领导小组"改为"中央网络安全和信息化委员会"，负责网络安全和信息化领域重大工作的顶层设计、总体布局、统筹协调、整体推进、督促落实。

[3] 《中共中央关于全面推进依法治国若干重大问题的决定》（以下简称《关于全面推进依法治国若干重大问题的决定》）（2014年10月23日中国共产党第十八届中央委员会第四次全体会议通过）。

（以下简称《电子商务法》）等法律相继出台。

互联网可能既是最好的礼物，也是最坏的罂粟。"进入网络时代以后，由于信息传播方式的革命性变化，传统媒体所具有的自净与过滤功能被解构。'众声喧哗'的信息供给格局使各种信息鱼龙混杂，博人眼球的不实信息满天飞，网络淫秽色情信息大行其道，恐怖主义宣传兴风作浪，仅仅依靠事后救济机制明显不再有效。这种格局下，各国逐步采用了不同于传统的事前管理措施。"[1]在互联网带给人类的众多治理危机中，网络谣言是网络社会众声喧哗的最主要表现之一，如何规范和治理充斥于互联网的网络谣言也成为促进互联网健康发展、净化互联网空间的重要内容。由于在法律制度和言论自由传统方面的差异，不同国家和地区对待网络谣言的态度也存在较大差别。但是不同的仅仅是网络谣言的治理范围和治理措施，即使是那些奉行自由主义理念、最大限度保护网络言论自由的国家和地区，针对关于网络恐怖主义、诋毁他人名誉和编造商业虚假消息等的网络谣言，也一样会进行治理，只不过有些国家和地区可能不是以治理网络谣言的名义应对，而是将其纳入其他相关的法律制度之中进行调整。我国当前仍然处在深刻的社会转型期和利益调整期，信任社会和法治社会还未真正成型，网络上针对个人、组织、政府和国家的谣言随处可见，这也成为影响互联网进一步健康发展的绊脚石。"以个体价值为中心的'众声喧哗'对权威的反叛容易引发网络世界的无序化局面，网众常常陷于争论不休之中，否定和怀疑取代了肯定和信任，对'沉默的螺旋'的打破反而走向了另一个极端，主体在这一过程中迷失于多重意义争辩的丛林之中。"[2]而且，我国相关法律制度还不健全，一些在其他国家和地区通过相关制度加以应对的网络谣言，在我国还存在部分法律空白或者实施软化，对这些网络谣言缺乏必要的法律应对，因此从这个层面上讲，统一、系统地梳理网络谣言法律治理在我国也具有特殊的现实意义。网络谣言不加约束地产生、传播与发酵，会严重侵犯公民的合法权益，给公民个体和家庭造成困扰与损害，也会扰乱社会秩序，给国家安全、社会稳定和公共利益带来

---

[1] 周汉华："论互联网法"，载《中国法学》2015年第3期。
[2] 佘文斌："网络传播的技术逻辑与人文反思"，载《现代传播（中国传媒大学学报）》2008年第2期。

重大危害。[1]在互联网的应用与发展方面，人类社会始终面临着一个悖论：一方面，需要利用互联网来创新经济发展方式、方便民众生活、优化政治参与质量；另一方面，又要时刻警惕并有效治理基于互联网而衍生出来的网络谣言、互联网信息安全、网络诈骗等社会问题。因此，规范网络谣言、营造风清气正的网络空间便成为互联网时代社会各界共同关注的话题，也是全社会的共同期待。在推进法治中国建设、推动国家治理体系和治理能力现代化的时代背景下，如何运用法律的方式去治理网络谣言是政府的重要职责与义务，[2]是国家治理体系和治理能力现代化的重要内容，也是贯彻落实党的十八届四中全会决定、党的十九届四中全会决定的具体体现。

2013年，我国政府发起了打击网络谣言专项行动，这在很大程度上净化了网络空间，也保护了相关主体的合法权益。但是，在行动的背后，我们或许也需要进一步思考：此种网络谣言专项治理是否符合网络谣言传播的规律和特点，"网络谣言必打"的理念是否契合网络言论传播的基本规律？在打击网络谣言的同时，是否也会误伤公民的网络言论自由，那么网络言论自由的边界到底在哪？在网络谣言治理的竞技场上，政府和市场作为两种最重要的治理主体，它们各自应该承担什么样的功能，遵循怎样的关系，哪一种治理模式又应成为中国制度或模式的选择？将网络谣言纳入法律的日常性治理是国际社会的共同选择，我国当前在网络谣言治理法律体系、治理机构、治理措施和程序、法律责任等方面还面临着什么问题，未来又将如何进一步完善？日常状态下的网络谣言治理模式和突发事件状态下的网络谣言治理模式是否相同，又应如何实现突发事件状态下网络谣言治理的法治化？以上问题构成了本书的基本思考内容和主要逻辑框架，本书也将围绕上述问题展开论述。

---

[1] 网络谣言还可能产生网络暴力等次生危害，"大量网络谣言在传播后会引发网络暴力行为，很多大规模的网络暴力也是起源于被扭曲、捏造的网络谣言。网络谣言向网络暴力演化的趋势不断加剧，对社会公共管理和公众利益的破坏力升级，化合出更直接且恶劣的社会危害。"参见刘绩宏、柯惠新：《道德心理的舆论张力：网络谣言向网络暴力的演化模式及其影响因素研究》，载《国际新闻界》2018年第7期。

[2] 党的十八大报告指出："法治是治国理政的基本方式……提高领导干部运用法治思维和法治方式深化改革、推动发展、化解矛盾、维护稳定能力。"参见胡锦涛：《坚定不移沿着中国特色社会主义道路前进　为全面建成小康社会而奋斗——在中国共产党第十八次全国代表大会上的报告》（2012年11月8日）。

二、研究现状与意义：互联网时代的行政法使命

（一）研究现状

互联网是20世纪晚期才真正兴起并走入寻常家庭的事物，网络谣言以互联网为物质载体，因此国内外学术界和实务界对网络谣言及其法律治理的研究基本上还处于起步阶段，以行政法为主要视角专门探讨网络谣言法律治理的文献更是少之又少。

就我国而言，网络谣言治理的研究大致呈现出以下几个特点：首先，就研究数量而言，关于该主题的研究文献总体偏少，发表在核心期刊上的文章就更为稀少。在中国知网上以"网络谣言"为题，截至2020年1月6日，共检索到期刊文章1062篇，其中CSSCI文章56篇、中文核心期刊文章171篇；检索到博士硕士学位论文557篇，其中博士学位论文18篇；检索到会议论文23篇；检索到报纸文章539篇。[1]在书籍方面，目前有11本研究网络谣言的专著[2]；此外，还有一些关于谣言、网络传播等方面的专著。其次，就研究主题而言，目前关于网络谣言的研究偏重于网络谣言的产生机理、传播规律和社会危害等方面的研究，针对网络谣言的治理进行专门研究的文献很少，而专门从法律视角对网络谣言进行的研究就更为稀少。据检索，CSSCI文章中只有少数几篇涉及网络谣言法律治理，比如郭春镇的"公共人物理论视角下网络谣言的规制"、武晓红和王箫桐的"网络谣言的刑法规制研究"、王海军的"论网络谣言的法律治理"、湛中乐和高俊杰的"论对网络谣言的法律规制"、孙万怀和卢恒飞的"刑法应当理性应对网络谣言"、陈鹏的"针对网络谣言的政府义务"以及谢永江和黄方的"论网络谣言的法律规制"，目前还没有关于网络谣言法律治理的专著。最后，就研究深度而言，我国当前已有的关于网络谣言及其治理的研究不够细致、不够扎实、不够系统，缺乏对我国

---

〔1〕 其中2012年以后的文献居多，这也间接说明网络谣言及其治理也是近几年才成为社会舆论关注的热点，这与中央层面的治理网络谣言专项行动存在紧密关联。具体的相关文献数量统计，参见刘莉、冯君颢："网络谣言治理路径探究——基于2007年以来的数据分析"，载《北京科技大学学报（社会科学版）》2017年第4期。

〔2〕 比如周裕琼的《当代中国社会的网络谣言研究》（商务印书馆2012年版），也都是从新闻传播视角进行的研究。

互联网治理现状及网络谣言产生根源的实证分析,缺少对域外依法治理网络谣言经验与做法的详细介绍,也没有在整体上提出一套网络谣言法律治理的理论分析框架。我国网络谣言法律治理研究需要迈向精细化、具体化的进路。

就域外而言,相关专著已对谣言及其治理作了相对深入的研究,比如 Allan J. Kimmel, *Rumors and Rumor Control*, Lawrence Erlbaum Associates (2004); Gary Alan Fine and Patricia A. Turner, *Whispers on the color line*, University of California Press (2001); Jean-Noël Kapferer, *Rumors*, Transaction Publishers (1990); Gary Alan Fine, Bill Ellis, *The global grapevine*, Oxford University Press (2010); Philip Hardie, *Rumor and renown*, Cambridge University Press (2012); Hans-Joachim Neubauer, *The Rumor*, Free Association Books (1999); Nicholas DiFonzo and Prashant Bordia, *Rumor Psychology: Social and Organizational Approaches*, American Psychological Association (2006); Cass R. Sunstein, *On Rumors*, Farrar Straus Giroux (2009)。相关期刊文章也探讨了谣言的产生机理、谣言传播、谣言危害及其谣言治理,如 H. Taylor Buckner, "A Theory of Rumor Transmission", *The Public Opinion Quarterly*, Vol. 29, No. 1 (1965), pp. 54-70; Robert H. Knapp, "A Psychology of Rumor", *The Public Opinion Quarterly*, Vol. 8, No. 1 (1944), pp. 22-37; Warren A. Peterson and Noel P. Gist, "Rumor and Public Opinion", *American Journal of Sociology*, Vol. 57, No. 2 (1951), pp. 159-167; Thomas Lee Hazen, "Rumor Control and Disclosure of Merger Negotiations or Other Control-Related Transactions", *Maryland Law Review*, Vol. 46 (1986-1987), pp. 954-973。但是,通过对域外文献的大致梳理可以看出,域外目前也缺乏专门从法律视角出发对网络谣言进行针对性研究的学术文献。[1]

---

[1] 但是,也有很多文章从法律的视角对互联网社会的言论自由进行研究,这也间接涉及了网络谣言及其治理问题,比如 Christopher S. Yoo, "Free Speech and the Myth of the Internet as an Unintermediated Experience", *The George Washington Law Review*, Vol. 78 (2010); Christopher S. Yoo, "Technologies of Control and the Future of the First Amendment", *William and Mary Law Review*, Vol. 53 (2011); Jack M. Balkin, "The Future of Free Expression in a Digital Age", *Pepperdine Law Review*, Vol. 36 (2009); Jack M. Balkin, Virtual Liberty, "Freedom to Design and Freedom to Play in Virtual Worlds", *Virginia Law Review*, Vol. 90, NO. 8 (2004); Jonathan Zittrain, "The Internet and Press Freedom", *Harvard Civil Right-Civil Liberty Law Review*, Vol. 45 (2010).

(二) 研究意义

网络空间和现实空间都是人类生活的空间，都是以人为主体的空间。法律是现代人类生活的基本社会规范，网络空间不能成为无秩序的法外之地，也不再是互联网产生之初"无政府主义"的天堂。人总要说话，而人说的话要么有确定事实的根据，要么可能被证实为虚假，因此，网络空间中未经证实的信息的传播始终是人们日常生活的一部分，也可能是现代人类无法摆脱的"宿命"。如何理性地治理网络谣言、创造健康文明的网络环境便成为互联网时代背景下学术界需要持续关注的重要话题；同时，在推进法治中国建设的语境下，如何运用法治的方式治理网络谣言也是政府的重要职责与使命。[1] 由此可见，网络谣言的法律治理既是一个重要的理论问题，也是一个需要认真对待的实践问题。此外，尽管网络谣言及其法律治理也会涉及民法、刑法、宪法等学科，但是，无论是网络谣言的治理机构、网络谣言的治理程序及其措施，还是网络谣言的治理模式等核心内容，都与行政法密切相关。因此，以行政法作为主要学科视角去研究网络谣言的法律治理，既有重要的理论意义，也有重大的实践价值。

1. 选题的理论意义

就理论层面而言，首先，通过对网络谣言法律治理的专门研究，可以尝试厘清网络言论自由的边界，分析网络谣言治理体系中政府规制和市场机制的不同作用及相互关系，阐述网络谣言的日常法律治理和突发事件应对的理论内容，有助于建构一套网络谣言法律治理的理论分析框架。其次，网络谣言及其法律治理是网络法的重要主题，专门研究网络谣言的法律治理，有利于从公法和私法的角度更加深入地探讨网络治理模式和法律责任形式，丰富网络治理理论和网络法的理论体系。最后，网络谣言法律治理主要是一个行政法问题，无论是网络谣言治理机构、网络谣言规制措施和程序，还是网络谣言行政责任，都会涉及行政法理论与制度的应用，网络谣言治理往往也会

---

[1] "最理想的统治方式应是以最小的代价达到目的的统治方式，也就是说，是其方式最符合民众天性和倾向的统治。"［法］孟德斯鸠：《波斯人信札》，罗国林译，译林出版社2000年版，第100页。

涉及依法行政原则、比例原则、行政公开原则等行政法基本原则的适用。[1]但与此同时，传统行政法是基于现实空间而建构、发展起来的理论和制度体系，网络谣言的行政法治理则主要涉及网络空间的行政法理论和制度适用，带有一定的特殊性，分析网络空间中行政权的行使和运作，提炼网络空间中行政法建构的特点和规律，有助于扩展和丰富传统行政法的学理研究与制度建构，深化行政组织法、行政行为法（特别是行政程序法）、行政救济法的研究，也可为网络行政法等部门行政法的建构提供一定的智识积累。

2. 选题的实践价值

就实践层面而言，由于我国传统媒体的运行模式与西方国家有很大不同，因此，新媒体环境下的网络谣言带给我国更多社会问题和治理挑战。网络谣言及其法律治理成为近年来全社会共同关注的焦点话题，也是政府进行有效社会治理的重要内容。专门研究网络谣言的法律治理，从理论上分析法律层面的网络谣言概念、法律治理视角的网络谣言分类、网络言论表达的价值和边界、网络谣言治理的模式以及政府规制和市场机制的关系与作用、网络谣言法律治理的体系构成等，有利于及时回应和厘清当前社会对政府治理网络谣言的若干疑虑和担忧，进一步推动网络谣言治理法律体系的完善，推进网络谣言治理机构的专业化和整合，优化网络谣言规制的措施和程序，健全网络谣言法律责任体系以及促进网络谣言治理法律规范与其他社会规范的衔接。

三、研究思路：主体与时间双重线索的建构

从宏观的治理主体来看，互联网治理（包括网络谣言的治理）无非涉及两个大的方面，一是政府规制，即作为"有形之手"的政府规制和治理；二是市场机制，即作为"无形之手"的互联网市场自身的调节与自律，具体包括互联网领域的公司和行业组织的自我规制和管理，网络社区的自我净化和网民教育，以及互联网社会的技术治理。解决好政府规制和市场机制在网络

---

[1] "行政法总则的任务简单地说就是对行政活动进行法治国意义上的精细塑造，包括对行政活动的约束化和手段化，将行政定位在依法实现其职能上，而不是让立法、司法和行政法学在公共事务上随心所欲。"（[德] 埃贝哈德·施密特-阿斯曼等：《德国行政法读本》，于安等译，高等教育出版社2006年版，第171页。）对网络空间的行政活动进行法治国意义上的塑造，对网络空间的行政权力进行法治化的约束与规范，这是互联网时代背景下行政法的重要当代使命，也是网络行政法的重要命题。

治理体系中的作用和关系以及在突发事件状态下的转化问题,"网络谣言的法律治理研究"本书这一主题也就有了最为基本的逻辑支撑。因此,本书在框架的建构方面,首先着眼于治理主体的区分,分析网络治理的不同模式以及其中政府规制和市场机制的不同功能(第三章);其次,基于政府规制在我国互联网治理模式中的主导地位,又设立专章(第四章)对网络谣言治理的法律体系、治理机构、治理措施和程序、法律责任承担等进行专门阐述。此外,本书在其他相关部分(比如第二章)也根据政府规制与市场机制的基本区分,进行相应的结构安排。

从完整的治理时间或周期来看,互联网治理(包括网络谣言的治理)涉及两个主要的阶段,一是网络治理的日常应对阶段,即常态下的网络治理;二是网络治理的突发事件应对阶段,即非常态下的网络治理。根据行政法的一般原理,日常阶段的政府规制和突发事件阶段的政府规制会有具体权力运作方面的差异,对行政相对人权利行使的影响也会有所不同。[1]网络谣言治理关乎言论自由这一公民基本权利,区分常态的治理和非常态的治理对于有效治理网络谣言、保障公民基本权利、维护互联网秩序、推进互联网法治化等具有重要意义。因此,本书在关注治理主体区分的同时,也进行治理时间的划分,并分别阐述日常阶段的网络谣言法律治理(第四章前四节)和突发事件应对下的网络谣言治理(第四章第五节),重点对不同阶段政府规制和市场机制的作用以及转化、不同阶段公民言论自由的限制、不同阶段政府规制的方式和程序等进行分析。

此外,还需要交代的是,本书秉承问题意识,以问题为中心和导向,这也成为逻辑架构的一个重要支点。法学以法律现象和社会现象为研究对象,是一门实践性学科,法学面向社会现实、以解决社会问题为导向,通过以不断变迁的现实社会问题作为自身的研究对象,法学获得了永葆青春的持久动力和生命力。"真正的法律科学并不主要由神学教义或者数学的逻辑推演所组成,也不是从外部视角把法律科学当作人类学文献来研究;一个更为重要的部分存在于由精确测量的社会需要而不是传统所建构的假设。"[2]因此,本书

---

[1] 参见《中华人民共和国突发事件应对法》(以下简称《突发事件应对法》)及相关突发事件应对法律规范的规定。

[2] Oliver W. Holmes, "Law in Science and Science in Law", *Harvard Law Review*, Vol. 12 (1899), p 452.

也尝试以问题为中心,立足于网络谣言法律治理所面临的突出和重点问题,全面、深入地梳理出一些亟待理论和实践加以回应的问题,比如网络谣言的法律概念及其分类、信息传播的传统模式与网络信息传播模式的区分、网络言论自由的边界、网络治理的基本模式、网络谣言法律日常治理体系的基本构成、突发事件状态下的网络谣言治理等。本书的框架结构和内容分析也都将紧紧围绕着以上问题来组织和设计。

四、研究方法:迈向一种多元的方法论谱系

网络谣言法律治理是一个跨学科的主题,它不单涉及从法学(特别是行政法学)的视角探讨政府规制的具体路径和方法,由于网络谣言的有效法律治理还依赖对网络谣言传播特点和规律的分析,并涉及网络谣言产生的社会根源等政治学、社会学问题。因此,本书尝试建构一种多元的方法论谱系,立足于法学方法,[1]并融合传播学、政治学、社会学等其他的社会科学方法。方法论的灵活性和多元性也有助于避免政治上的化约主义。[2]本书综合运用文本分析方法、实证分析方法、历史分析方法、比较分析方法、跨学科研究方法等对网络谣言法律治理这一主题进行专门、系统地分析与梳理[3]。

1. 文本分析方法。"要想找到正确的答案,就必须依靠文本分析以及对文本含义的逻辑推敲。法律逐渐被视为一个自足的、封闭的体系——一门'科学'。"[4]法律规范文本是大陆法系国家和地区法学研究的基石和最重要载体,脱离了法律规范文本,法学研究和法学教育也就成了无源之水、无本之木。因此,虽然法学与哲学、经济学、社会学等存在紧密联系,并形成了法哲学流派、法经济学流派和法社会学流派等,但是基于对法律文本进行解释和论证的注释学方法仍然是最重要的法学研究方法,也是狭义法学方法的

---

〔1〕 本书此处的法学方法是狭义上的研究法律规范、法律文本的方法,即规范法学方法、法注释学方法或者文本分析方法。

〔2〕 Curtis Ventriss, "Towards a Public Philosophy of Public Administration: A Civic Perspective of the Public", *Public Administration Review*, Vol. 49 (1989), p178.

〔3〕 陈春生教授进一步认为,行政法学方法论包括历史分析、中外比较分析、关联制度比较分析、文本解读、体系分析、实证主义分析(法社会学)、动态过程论分析、价值分析(宪法价值)等方法。

〔4〕 [美]米尔伊安·R. 达玛什卡:《司法和国家权力的多种面孔——比较视野中的法律程序》,郑戈译,中国政法大学出版社2004年版,第47页。

代称。就网络谣言治理而言，我国已陆续颁布《关于加强网络信息保护的决定》《关于维护互联网安全的决定》《网络安全法》等法律规范，这些法律规范是我国依法治理网络谣言的基本规范和制度支撑，也是本书最重要的研究素材与制度资源。以问题为中心的研究思路，意味着要着眼于现行法律制度所存在的问题，并在分析、批判的基础上，就完善相关法律制度提出立法建议。本书也对网络谣言法律治理领域中的重要法律规范进行规范分析和文本解读，以期在规范制度层面上揭示现实中网络谣言法律治理所存在的问题及其与相关法律制度之间的因果关系。

2. 实证分析方法。"脱离现实的知识是没有意义的，就像脱离现实的社会经验是没有实际效力一样。"[1]法律是调整人的行为的社会规范，也是具有民族性格的社会规范。一个国家或地区的法律制度深深扎根于其自身的社会条件，由于社会土壤的不同，任何国家和地区的法律制度都可能是地方化、具体化的，带有自身强烈的民族性格，我们需要倍加注意法律制度在社会现实中的运作与应用。因此，本书尝试通过实地调研、座谈会等实证分析的方法对我国网络谣言法律治理情况进行考察，旨在从法社会学视角去探究我国在依法治理网络谣言中所面临的中国式问题以及所积累的中国经验，从而为将来相关法律制度的发展与完善提供坚实的现实支撑和实证依据。

3. 比较分析方法。"中国要谋求发展，摆脱贫穷和落后，就必须开放。开放不仅是发展国际间的交往，而且要吸收国际的经验。"[2]西方发达国家工业化和网络化起步早，网络产业发达，市场化程度高，法治建设相对完善，依法治理网络谣言的经验也相对充分。正所谓"它山之石，可以攻玉"，本书尝试通过对相关法治先进国家的网络谣言法律治理情况进行梳理和评析，希冀可以为推进我国网络谣言法律治理的不断发展进步提供一定的借鉴，同时也将为制定既符合我国本土所需又与国际接轨的网络谣言治理法律制度提供一定参考。

4. 历史分析方法。"我们的历史乃是我们的群体记忆，无此，则我们作为一个群体便会迷失。倘若仅仅生活在当下，我们便遭受记忆阙失之苦，一

---

[1] 强世功：《法制与治理——国家转型中的法律》，中国政法大学出版社2003年版，第77页。
[2] 邓小平："要吸收国际的经验"，载《邓小平文选》（第三卷），人民出版社1993年版，第266页。

种社会健忘症,不知我们来自何处,去往哪里。"[1]我们今人所面对的社会问题,过去的祖先也多多少少同样面对过,尤其是在谣言治理这一古老的人类问题上。"谣言作为一种特殊信息在中国历朝历代从来都不曾缺位,而在其他国家,各类谣言以及不实信息也是大量存在,在政治领域尤为如此。"[2]网络谣言是网络形态的谣言,其实质仍然是谣言。古人在治理谣言时所积累的经验教训可以成为我们当前不断发展完善相关法律制度的有益资源。因此,本书尝试通过对我国历史上特别是新中国成立后网络谣言治理的历史渊源、发展演变等进行梳理,期待能够从我国相关谣言治理制度的历史发展脉络中获得有益于现实发展的重要启示,从而为今后相关法律制度的发展与完善提供可兹参考的历史镜鉴。通过历史叙事揭示历史意蕴,通过历史意蕴启迪现实实践。

5. 跨学科研究方法。"法学方法就是研究法律现象的基本方法,它往往就是某种社会科学的研究方法在法学领域中的具体运用,因此只有法学方法才能够跟社会科学进行对话。"[3]前已述及,网络谣言治理是一个跨学科的主题,是一个带有双重跨学科性的主题:一方面是法学外部的跨学科,即网络谣言治理涉及法学与传播学、政治学、社会学等社会科学学科的交叉与综合;另一方面则是法学内部的跨学科,虽然本书以行政法作为主要的研究视角,网络谣言法律治理也主要是一个行政法问题,但是网络谣言还会涉及言论自由这一宪法基本权利的边界问题,而且网络谣言法律责任也包括民事责任、刑事责任等,于是,本书不可避免地会涉及行政法与宪法、民法、刑法等法学专业的交叉与综合。因此,本书拟采用跨学科的研究方法,在坚持法学方法的基础上综合运用传播学、政治学、社会学等社会科学的研究方法,在以行政法作为主要学科视角的前提下,兼采宪法学、民法学、刑法学等其他法学学科方法,对网络谣言法律治理进行综合性地梳理与研究。

---

[1] [美]伯尔曼:《法律与宗教》,梁治平译,中国政法大学出版社2003年版,第149页。

[2] 马得勇:"'匹配效应':政治谣言的心理及意识形态根源",载《政治学研究》2018年第5期。

[3] 陈瑞华:《论法学研究方法》,北京大学出版社2009年版,第2页。

第一章
互联网、网络谣言及其传播

从语词结构上看,网络谣言是以网络为载体的谣言,或者是谣言在网络上的传播。若以载体形式为区分标准,谣言可分为口头谣言、报纸谣言、广播谣言、电视谣言和网络谣言等。谣言与人类相伴随,并古已有之,当前不同国家和地区对于网络谣言的重视及应对,主要是因为谣言使用了网络传播这一形式,并出现了一些不同于传统谣言的特点和危害。因此,网络传播的模式与特点、网络谣言的传播机理等背景性知识便成为网络谣言法律治理需要首先探讨的理论基础。此外,网络谣言的概念与分类,对于网络谣言的法律治理而言也是一项基础性工作。唯有网络谣言概念的明确与清晰,才可界定网络谣言治理的法律范围,促进网络言论自由与相关权利的平衡与协调;而从法律治理角度出发对网络谣言进行法律分类,也可推进网络谣言法律治理体系和框架的逻辑建构。

第一节 信息社会与互联网的传播革命

人依赖信息而生存,信息决定着人类生活的质量,人也渴望言语的交流与沟通。信息是生产力,是情感媒介,也是生活方式。由于现代资讯科技的发达,人们对社会共同生活中所不可或缺之资讯之需求及依赖程度与日俱增。资讯乃是资讯社会中任何成员所不可或缺之必需品。当今世界正在经历一场信息传播革命[1],以互联网为代表的信息科技和传播技术将人类真正带入了信息社会,实现了信息的跨时空流动、言论的无障碍交流,宪法层面的言论

---

[1] 尽管在信息传播的模式变迁中,既有新兴的互联网媒体,也有传统媒体的自身变革,但是,"与其他传媒手段相比,互联网是这场传播革命的核心。"参见[英]安东尼·吉登斯:《社会学》,赵旭东等译,北京大学出版社2003年版,第429页。

自由也获得了强有力的技术支撑。"在传播科技的发展史上,一般地说,每出现一种新的更为先进的传播媒介,都会扩大人们传播新闻和发表意见的自由度。"〔1〕在突破了传统媒介在技术上的种种限制和束缚后,互联网将人类言论自由的可能性空间发挥到了极致。

一、信息传播的传统模式〔2〕

信息传播的最原始方式为人与人之间的口头传播,这是依赖人的身体的传播方式,不能脱离人而独立存在。在古代社会,石头、竹简、丝绸等也都曾经作为信息传播的载体,但是使用这些载体进行信息传播,成本很高,流通不便,而且它们的使用也主要局限在达官显贵的有限范围内。印刷术的发明是近现代文明的重要标志,自此,信息传播开始进入大众传播阶段。随着工业革命的持续推进,广播、电视等现代化传播媒介也走入寻常百姓人家,人类的信息交流和言论传播空间得到了极大扩展。20世纪下半叶,互联网的发明打破了信息传播的传统模式,对人类的信息交流、言论表达、生活方式、生产方式和思维方式都产生了深刻影响。如果说报纸(纸质媒体)、广播(音频媒体)、电视(视频媒体)等传播媒介是传统媒体时代的标志,是现代文化的象征,那么互联网就应是网络媒体时代的标志,是麦克卢汉所说的后现代文化〔3〕的象征。

(一)西方信息传播的传统模式

西方国家资产阶级革命胜利后,在启蒙思想家的影响下,言论自由、新闻自由等在内的表达自由权利逐渐被写进各国宪法,并由此获得了宪法基本权利的地位,国家对言论自由、新闻自由的管制也较为宽容和自由。经过法律制度不断的变迁和进化,西方对报纸、广播、媒体等传统媒介的规制逐渐形成了一种传统模式,其主要特点有:第一,政府奉行内容中立原则,不对

---

〔1〕 陈力丹:"论网络传播的自由与控制",载《新闻与传播研究》1999年第3期。

〔2〕 本书以互联网产生为标准,将互联网产生之前的信息传播时代称为传统媒体时代,报纸、广播、电视等媒体称为传统媒体,互联网产生之后的信息传播时代称为网络媒体时代。由于历史传统、制度设计等原因,中国和西方在信息传播的传统模式上存在较大差别。

〔3〕 参见秦志希等:"网络传播的'后现代'特性",载《武汉大学学报(人文科学版)》2002年第6期。

媒介传播的内容进行事前审查,媒介所传播的内容由其媒体自身的编辑等把关人进行决定。第二,如果媒体所传播的内容侵犯了他人名誉权、隐私权或者危害国家安全,需要承担相应法律责任,即存在所谓的事后追惩制。第三,对政治性言论、公共言论采取近乎绝对的保护,基于公共人物理论,即使政治性言论、公共言论侵犯公共人物的名誉权、隐私权等权利,也优先保护言论自由。[1]第四,政府不得对传播内容进行规制,但可以基于公共利益对信息传播的时间、地点和方式进行适当的规制。此外,政府为了促成公共言论的多样性和多元化,可以通过反垄断措施对大众传媒市场进行适当的规制,以保证公民可以获得接近不同言论的机会。

(二) 中国信息传播的传统模式

在改革开放以前,我国对传统媒体进行严格的管制,所有传播媒体的设立、传播的内容、传播的时间和方式等都要经过党的宣传部门的严格审批。改革开放以后,随着经济体制的转型,我国传统媒体获得了巨大发展,它们在内容传播、议程设置和机构运营等方面都获得了一定的自由,特别是一些都市类报纸、都市类广播和都市类电视的兴起,传统媒体在信息传播方面拥有了较高的自主权。概括而言,我国当前传统媒体的传播模式主要有以下几个特点:第一,媒体设立的规制。传统媒体的设立需要经过政府的审批,未经审批,不得设立。[2]这就从源头上控制了媒体传播的渠道。第二,传播内容的规制。广播、电视的节目内容必须进行播前审查,重播重审,[3]这意味着广播、电视节目内容需要直接进行事前审查;报纸的内容由编辑负责,并实行事后审读,[4]报纸的印刷或复制需要经有关部门审核许

---

[1] New York Times Co. v. Sullivan, 376 U. S. 254-305 (1964).

[2] 《广播电视管理条例》第10条规定:"广播电台、电视台由县、不设区的市以上人民政府广播电视行政部门设立,其中教育电视台可以由设区的市、自治州以上人民政府教育行政部门设立。其他任何单位和个人不得设立广播电台、电视台。国家禁止设立外商投资的广播电台、电视台。"《出版管理条例》第12条规定:"设立出版单位,由其主办单位向所在地省、自治区、直辖市人民政府出版行政主管部门提出申请;省、自治区、直辖市人民政府出版行政主管部门审核同意后,报国务院出版行政主管部门审批。设立的出版单位为事业单位的,还应当办理机构编制审批手续。"

[3] 《广播电视管理条例》第33条规定:"广播电台、电视台对其播放的广播电视节目内容,应当依照本条例第32条的规定进行播前审查,重播重审。"

[4] 《出版管理条例》第24条规定:"出版单位实行编辑责任制度,保障出版物刊载的内容符合本条例的规定。"《报纸出版管理规定》第47条规定:"报纸出版管理实施报纸出版事后审读制度……。"

可，[1]表面看来，根据现行法律规定，报纸的内容由编辑负责，不需要政府的事前审查，但是既然报纸的印刷和复制需要事前审批，这也就意味着报纸的传播也需要事前审查，如果报纸的内容不符合法律要求，也就不能通过准许传播的审批，因此从这个角度而言，报纸也需要进行事前的内容审查。第三，我国还没有正式确立公共人物理论，也没有对政治性言论、公共言论进行特别的保护。[2]换言之，在言论自由与其他权利发生冲突时，言论自由并没有获得法律特别保护的优先地位。

（三）信息传播传统模式的共同特征

尽管不同国家和地区在对言论自由价值的认识、言论自由传统、具体法律制度设计等方面存在着差异，但是，基于传统媒体的共通技术，各个国家和地区的报纸、广播、电视等传统媒体在信息传播方面仍然具有一些带有普遍性的共同特征。

第一，信息传播的把关。尽管西方国家的政府基于内容中立原则，一般不直接对传统媒体传播的信息内容进行事前审查，但是传统媒体自身基于行业自律，都会在内部建立一套把关流程，各个关口的人员会对信息的内容、编排方式、编排时间等进行审查，以确保所传播的信息符合各自媒体的特色，不侵害相关主体的合法权益，也不违背法律的强制性要求。在我国，传统媒体信息传播的把关则是双重性的，一是媒体内部对传播内容的把关，二是政府对于媒体传播内容的把关。经过一系列内容把关程序后所传播的信息，也就相对具有严肃性、权威性和公信力。

第二，信息传播的溯源。报纸的每个栏目内容一般都会有具体记者或作者的信息；电视台的大多数栏目也会有制作人或其他工作人员的信息，即使有些

---

[1]《出版管理条例》第31条规定："从事出版物印刷或者复制业务的单位，应当向所在地省、自治区、直辖市人民政府出版行政主管部门提出申请，经审核许可，并依照国家有关规定到工商行政管理部门办理相关手续后，方可从事出版物的印刷或者复制。未经许可并办理相关手续的，不得印刷报纸、期刊、图书，不得复制音像制品、电子出版物。"

[2]《出版管理条例》第27条规定："出版物的内容不真实或者不公正，致使公民、法人或者其他组织的合法权益受到侵害的，其出版单位应当公开更正，消除影响，并依法承担其他民事责任。报纸、期刊发表的作品内容不真实或者不公正，致使公民、法人或者其他组织的合法权益受到侵害的，当事人有权要求有关出版单位更正或者答辩，有关出版单位应当在其近期出版的报纸、期刊上予以发表；拒绝发表的，当事人可以向人民法院提起诉讼。"

节目没有具体的负责人信息，但是既然该节目是由某电视台制作并播出，该电视台就成为具体的责任主体；虽然广播台的大多数栏目不会提及具体的负责人信息，但是根据栏目播出的频道和频率，也可锁定播出的广播台信息，该广播台也应对播出的栏目内容负责。因此，大体而言传统媒体都具有稳定的可溯源性。

第三，信息传播的一对多。在传统媒体传播模式中，信息传播主体一般是单一、特定的报纸、广播台或电视台，而信息接受主体则是公众，信息传播呈现明显的一对多特征。这一特征也导致传统媒体信息传播的大众性、非个性化。既然媒体所面对的是公众，它所传播的信息就应该迎合不特定多数主体的信息需求，而不能只考虑某个特定主体的个性化需求。也就是说，它所遵循的是"大多数"原则，根据有限的不精确的反馈信息和传播主体对信息接受主体信息需要的估测及传播政策的要求，传送出被认为是符合大多数公众需要的信息。信息接受主体被认为是只有一种性格的整体，没有个性，个人在整体中没有独立的意义。[1]

第四，信息传播的单向性。与信息传播的一对多特征相对应，传统媒介的信息传播还具有鲜明的单向性，即由特定的传统媒体制作信息，向不特定的主体扩散出去，呈现信息单向流动的特征。尽管有些传统媒体为了加强与接受主体的互动和交流，也会设置相应的信息反馈机制，但是这种信息反馈一般具有明显的滞后性，在大多数情况下也缺乏有效的信息反馈和回应。"传统媒介基本上是以'无回应的言语'实施着以传播者为主体的'中心—边缘'的传播结构模式。传统媒介的传播模式往往从一个层面上推行着总体化策略，将多种性简化为一致性，或者朝着一个目标去组织话语。"[2]信息传播的单向流动也凸显了传统媒体传播的差序格局，媒体处于绝对优越的信息提供者地位，公众仅仅是被动的信息接受者。

第五，信息传播的非即时性。在传统媒体传播模式中，无论是纸质媒体的报纸、音频媒体的广播还是视频媒体的电视，这些媒体所传播的信息在整体上呈现非即时性的特征，一般是先制作了相关信息内容，在一定的时间差（报纸需要审查和印刷、广播和电视节目也需要媒体内部的审查程序）以后，

---

[1] 参见陈燕、王敬红："网络传播：研究方法的困惑与思考"，载《现代传播》2003年第1期。
[2] 秦志希等："网络传播的'后现代'特性"，载《武汉大学学报（人文科学版）》2002年第6期。

再进行信息的传播。尽管有些电视和广播也开始采取直播节目形式，但是这种直播模式并非它们日常传播方式，而是特定时期的特殊传播方式；即使有些传统媒体也借助互联网在表面上实现了信息传播的即时性，但是这体现的恰恰是互联网的即时传播特征，而非传统媒体的传播特征。因此，就整体而言，传统媒体信息传播仍然具有鲜明的非即时性。

二、互联网的兴起及其传播革命

20世纪60年代，美国国防部研制出互联网的前身——阿帕网，经过几十年的发展，到20世纪90年代时，互联网技术已基本成熟并广泛应用于社会各个领域，掀起了人类历史上一场影响深远的传播革命。"互联网是信息革命的标志性产物。从技术层面讲，互联网是一个相互关联的全球计算机互联网系统，使用标准的 Internet 协议套件（TCP/IP 协议），互联网搭建了全球信息服务的平台。"[1]进入21世纪，互联网的发展方兴未艾，互联网社交平台、互联网金融、电子商务、电子政务、网络外交[2]等深刻改变着人类的生产与生活，互联网所推动的地球村图景也正在徐徐展开。

（一）网络传播的代际发展

在20世纪90年代之前，互联网基本上处于开发、应用的雏形和初始阶段，尚未进入普通家庭，也就无所谓网络的大众传播革命。在解决了普通人群登录上网、普通公众接入互联网这一基础问题后，互联网才真正开启了传播革命时代，互联网科技也围绕着网民参与和社会互动而不断进步，人类信息的传播和交流变得日益便捷和即时，互联网由最初的"网络化"向深度的"社会化"和"即时化"推进。[3]"网络技术的发展，突破了时空限制，拓展

---

[1] 郑志龙、余丽："互联网在国际政治中的'非中性'作用"，载《政治学研究》2012年第4期。

[2] 关于互联网与网络外交的关系，参见赵可金："网络外交的兴起：机制与趋势"，载《世界经济与政治》2011年第5期；唐小松、黄忠："论信息时代的网络外交"，载《现代国际关系》2008年第6期。

[3] "互联网的三个核心社会问题分别是登录上网、网民和社区参与、社会互动和表达。互联网第一次浪潮的核心关键词是'网络化'，也就是完成上网，从线下到线上的过程。第二次浪潮的关键词是'社会化'，网民不仅仅是互联网的用户和受众，而且成为内容的创造者和应用的主导者。而目前最新浪潮的关键词是'即时化'，即时网络时代就是以大规模同时在线的网民的实时互动为基础的互联网应用。每一次互联网浪潮的根源就是传播机制的一次重大变革。"方兴东等："即时网络时代的传播机制与网络治理"，载《现代传播（中国传媒大学学报）》2011年第5期。

了传播范围,创新了传播手段,引发了传播格局的根本性变革。网络已成为人们获取信息、学习交流的新渠道,成为人类知识传播的新载体。"[1]尽管互联网的核心特征和基础架构仍保持相对稳定,但互联网本身也经历着较为明显的代际发展和历史演进。

从网络传播的代际发展来看,一个基本的逻辑脉络是网络用户的信息传播主体性在不断增强(由集中化向去中心化),网络传播的互动性在日益加大(由单向性向互动性),网络传播的即时性在趋于完善(由非即时性向即时性)。以这三个特征为区分标准,新闻传播学一般将网络传播技术的发展划分为三个历史阶段,即 Web1.0、Web2.0 和即时网络阶段。"中国互联网发展的 Web1.0、Web2.0 和即时网络三次浪潮从信息控制权角度来看,表现出信息集中控制权被逐步分散消解的过程。以互联网为平台的新媒体属性出现了从大教堂式的大众传播到社会化去中心化模式、再到即时化的演变。"[2]在不同的发展阶段,互联网传播也有着不同的传播形态和传播特征。

在 Web1.0 阶段,网络传播的平台是静态的网站(特别是几个主要的门户网站),信息传播由网站控制,网站编辑负责信息的生产和传播。这个阶段的网络传播模式其实脱胎于信息传播的传统模式,也与传统媒体传播特征最为接近[3],网站相当于报纸、电台和电视台,网站编辑相当于报纸、电台和电视台的编辑,信息传播有把关人,传播的信息能够溯源,也呈现出一对多、单向性和一定的非即时性特征。但同传统媒体相比,Web1.0 阶段的网络传播具有更强的自主性和个性化色彩,时效性也更强。

在 Web2.0 阶段,追求个性与互动的博客和社交网络等网络媒体开始登上信息传播的舞台,传统的信息集中控制结构开始去中心化,网民可以自己生产和传播信息,原来一对多的单向传播模式开始瓦解,网民之间的有效互动

---

[1] "国家网络空间安全战略",载中央网信办网站 http://www.cac.gov.cn/2016-12/27/c_1120195926.htm,最后访问时间:2020年6月3日。

[2] 方兴东等:"即时网络时代的传播机制与网络治理",载《现代传播(中国传媒大学学报)》2011年第5期。

[3] 因此,也有学者认为产生于"互联网 1.0"时代的第一代门户网站,例如搜狐、新浪等网站,在出现之初都仍然以传播信息为主,因此,它们仍然属于传统媒体。之所以将此类门户网站仍然归属于"传统"媒体,是因为它的存在是经审批而存在,自律性较强,信息的生产、发布机制仍然是传统的,对于虚假信息的过滤性机制较为完善。

交流成为可能，信息传播也更为即时。

在即时网络阶段，[1]信息传播媒介主角变成了微博、微信等自媒体，信息传播的主体性发挥到了极致，大规模的网民之间的实时互动成为可能，信息传播的即时性也得到互联网技术的支撑。自此，网民开始成为自媒体的真正主人，即时网络阶段的网络传播模式彻底颠覆了信息传播的传统模式，"所有人对所有人传播"这一互联网梦想家们的终极理想终究成为现实。"人是关注自我的动物"[2]，互联网成为人类真正实现自我关注、解放自我枷锁的技术平台与工具。

(二) 互联网的传播特征

从技术上看，互联网具有互联性、交互性、多变性、匿名性、永久性、技术性、虚拟性和无国界性等特点。[3]从与信息传播传统模式的对比视角出发，即时网络阶段的互联网传播具有鲜明的自身特征：

第一，就信息传播的把关而言，在自媒体网络时代，人人都可以成为信息的生产主体和传播主体，面对庞大的网民群体和巨大的信息生产量，无论是政府还是网络服务提供者都不可能对所有信息进行事前审查，除了通过采取一定的技术措施对特定的敏感信息予以过滤和屏蔽外，绝大多数信息都可以在没有内容把关的情况下直接进入网络传播渠道，因此，在网络信息传播中已经不存在实质意义上的把关人了。媒体把关人的实质弱化或虚拟存在，随之而来的是民众言论自由权利的实质保障。互联网解构了传统的媒体审查权力体系，建构了以权利和自由为核心的传播理念。

第二，就信息传播的溯源而言，由于互联网设计之初的技术架构，匿名性是互联网的基本特征。当前极个别国家和地区实行网络实名制，但是仍然

---

[1] 也有学者称之为"微时代"，"特别是当前我国的媒介传播已进入了典型的'微时代'，即主要以微博、微信、移动客户端（APP）等新兴媒体的崛起为标志的'微小型'媒介传播时代，它以微博、微信等微平台为主要传播媒介，以手机等移动终端和 PC 机为多元传播载体，以精准短小的微内容为传播对象，具有主体多元化、结构扁平化、载体移动化、内容碎片化、模式多极化、表现视频化、传播即时化、行为社交化等特征，本质上昭示着一个以网络媒介传播活动日常化为特征的新媒体时代的到来"。顾金喜：" '微时代'网络谣言的传播机制研究——一种基于典型案例的分析"，载《浙江大学学报（人文社会科学版）》2017 年第 3 期。

[2] [英] 马丁·洛克林：《公法与政治理论》，郑戈译，商务印书馆 2002 年版，第 138 页。

[3] 参见张平："互联网法律规制的若干问题探讨"，载《知识产权》2012 年第 8 期。

受到很大挑战，也面临着法律正当性的困境。[1]绝大多数国家和地区仍然维持互联网的匿名特征，最大限度地保障公民言论自由，遏制因网络实名制所可能导致的寒蝉效应。尽管从互联网技术上来讲，由于每台电脑在特定时间段 IP 地址的唯一性，这也使得最终追溯某一信息的来源在技术上是可行的，但是由于互联网信息的过分膨胀，追溯某一信息进而锁定具体的网络违法行为者的成本和代价将非常高昂。从这个意义上讲，网络信息传播在很大程度上仍然呈现匿名的状态，互联网的匿名性导致网络信息传播的溯源非常困难，也增加了后续追查和惩罚不法网络言论的难度。

第三，就信息传播的一对多而言，在自媒体网络时代，网络服务提供者、每个网民在理论上都可以成为信息的生产主体和传播主体，网络信息传播是一种多对多的传播模式。从本质上看，互联网瓦解了传统媒体以集中控制为主要特征的权力结构，互联网建构的是一种去中心化、分权式的体系与结构。在人类的传播通讯历史上，从来没有出现过像因特网这般具有如此多元化的公共论坛，换言之，在网络世界里，不但有内容提供商和应用服务提供商，更有个人甚至各种不同规模的网络服务业者和宽带服务业者，可能除言论发表者和出版者之外，同时扮演编辑的角色。[2]多对多的传播模式打破了传统媒体对信息传播（特别是公共信息传播）的垄断，加速了网络信息的传播与流动，也在信息享有的角度促成了普通民众的主体地位。

第四，就信息传播的单向性而言，在自媒体网络时代，互动性是互联网最显著的标志之一。一个信息生产出来以后，在传播过程中会有其他主体的互动，也会有信息补充、剪辑等信息的加工过程，从而在很大程度上实现了"无扭曲的意见表达、沟通及对话"。"基于 Web3.0 技术的微博在进行信息传播时，因自身跨媒介传播的特点而导致传播阶段和模式呈现出多级化状态，从而使微博的传播形态从最初的分众传播逐渐升级为大众传播。"[3]信息传播的互动性有利于形成言论表达的市场竞争，并通过言论市场的竞争机制趋向言论的真理与事实，在互动过程中也有利于培养公民的审慎品格和公共精神。

---

[1] 比如韩国政府原来实施网络实名制，2012 年韩国宪法法院裁决网络实名制违宪而予以废止。
[2] 参见刘静怡："网络中立性原则和言论自由：美国法制的发展"，载《台大法学论丛》2012 年第 41 卷第 3 期。
[3] 陈潭、罗晓俊："中国网络政治研究：进程与争鸣"，载《政治学研究》2011 年第 4 期。

第五，就信息传播的即时性而言，网民可以通过微博、微信等自媒体随时、随地生产并传播信息，网络信息的生产和传播之间没有了传统媒体的时间差。信息传播的即时性也在很大程度上反映了网络传播的个性化特征。"网络传播的个性化特征十分明显。人际传播理论中各种关于'自我披露的传播'的研究，可以参照于网络传播。因为在这种情况下，'人们所传递的信息不如传递信息带来的后果那么重要'，于是用来考察网络上的人际传播，显得十分适合。"[1]网络信息的个性化特征也在很大程度上决定了政府对网络言论的规制不应该苛求和过度，网络言论的治理应更多诉诸市场机制的内在自我调节，以避免国家权力对网络言论造成不当干涉。

此外，就信息传播的时效而言，网络信息传播还具有信息保存的永久性。网络信息一旦生产并传播出去，就已经与信息生产者不再关联了，即使信息生产者马上将其传播的源头信息予以删除，并切断与外界的关联，但此信息已被相关计算机服务器永久储存，并可能已由其他网络用户复制并传播出去，这种数字化的无差别复制使得"谁在制作和传播信息"变得毫无意义。罗兰·巴特提出的"作者已死"论断用来形容互联网社会显得更为生动和贴切。"如果说原来的隐私信息与负面新闻很容易构成灰尘满布的'断代史'，那么自媒体时代的这些信息则已经转化为影响恒久的'编年史'，而网络和自媒体就宛若严谨冷酷的历史学家。"[2]互联网本身就记录着网络信息传播的历史。

(三) 互联网与传统媒体

从历史的视角看，互联网作为新兴的传统渠道，与传统媒体存在着代际更替的线性逻辑，但是两者并非是相互对立的割裂与背离。在网际网路的发展下，最令人瞩目的就是其资讯化社会中的资讯传播媒体特性。按照网际网络原来军事用途的设计，即透过分散的形态，不受传送硬件拘束，采取数位化以及分散传递，来达成其功能。就传播特征和传播功能而言，互联网是对传统媒体的挑战和颠覆，但与此同时，传统媒体借助互联网也实现了新的飞跃和变迁，此外，互联网也不能完全脱离传统媒体，传统媒体是网络信息的

---

〔1〕陈力丹："论网络传播的自由与控制"，载《新闻与传播研究》1999年第3期。

〔2〕郭春镇："公共人物理论视角下网络谣言的规制"，载《法学研究》2014年第4期。

重要来源。当前互联网与传统媒体正呈现出一种日趋交融、相互推进、协同糅合的发展态势。

传统媒体对互联网的依赖在于：首先，在信息载体方面，为了克服自身在传播便捷性、互动性、即时性、跨时空性等方面的劣势，传统媒体往往会设立自己的网站，及时传播自己制作的相关节目与内容，从而在一定程度上实现了传统媒体的网络化。其次，在信息来源方面，传统媒体关注和报道的经常是一些严肃的话题，使用的是正式刻板的语言，与民众的日常生活有较大的距离。因此，许多传统媒体为了弥补在这方面的不足，它们也会关注互联网社会中的新闻和信息，为迎合网民的口味和兴趣，开始制作一些贴近民众生活的节目和内容，于是互联网自身成为传统媒体的重要信息来源。最后，在信息传播方面，即使传统媒体通过设立网站、直接报道网络社会的相关新闻的方式建立起与互联网的紧密联系，但是它们毕竟仍然依赖于传统媒体原始节目和内容的制作和发表，而这些节目和内容的制作依然存在时效性不足的问题，很多时候特别是在网络突发事件发生时，由于相对权威的传统媒体的缺席，以至于很多网络谣言瞬间风起云涌、恣意扩散。因此，许多媒体开始直接使用网络服务提供商的网络信息服务，比如设立自己的官方微博、开通自己的微信公众号等，深度参与并实践着网络言论表达。此外，一些权威的中央媒体，比如人民日报、新华网，开始设立网络舆情监测中心（比如人民日报社网络中心舆情监测室、新华网网络舆情监测分析中心等），它们在很大程度上是作为官方机构在发挥网络舆情预测、研判和处置等功能。这也是传统媒体深度参与和介入互联网的一种方式。

互联网对传统媒体的依赖在于：第一，在信息来源方面，由于绝大多数网络服务提供者（特别是以新闻信息提供为主的门户网站）没有自己独立的新闻记者队伍，它们提供的新闻信息主要依赖于传统媒体的新闻素材。从这个视角来看，传统媒体仍然有着存在的重要价值，并不会随着互联网的勃兴而瞬间消亡。此外，很多传统媒体的历史信息也正成为互联网的重要资料库，演绎着历史数据与现代技术的完美结合。"网络信息传播的超时空性使横向的（世界各地）和纵向的（从过去到今天）信息都被网络所包容，世界上的所有信息几乎都能及时进入网络。网络信息传播系统将人类社会不断纳入数字化版图,世界正在经历一个被0和1的二进制数码编码和重组的过程。"[1]互联网为人类文明的传承与延续提供了绝佳的载体。第二,在信息证实方面,虽然有很多网络服务提供者不依赖传统媒体的信息而独立存在,网络用户可以直接在各种网络平台(特别是新兴的自媒体)上发表见解、传播信息,但是这些网络言论很多都是未经权威主体证实的消息,而且许多消息中充斥着虚假成分,容易给他人权利和公共利益造成损害。就网络信息的证实而言,还是需要依赖传统媒体的专业性和权威性。

三、网络信息传播的现实挑战

一方面,网络信息传播突破了信息传播传统模式的技术限制,极大地扩展了言论自由的空间与维度,加速了信息的流动,推进了社会进步,但是另一方面,网络信息传播也带来了一些现实的挑战和困难,考验着政府对现代社会的治理能力,比如虚假网络信息、网络色情信息、网络恐怖主义信息等有害信息的泛滥,特别是一些有组织、有预谋的网络推手、网络水军等进行的网络信息炒作,严重扰乱了网络社会秩序,这需要我们正视并采取积极的手段加以应对。概括而言,网络信息传播的现实挑战主要表现在三个方面:网络信息传播对具体权利的侵害、网络信息传播对非传统安全的威胁、网络信息传播对传统治理理念的冲击。

(一)网络信息传播对具体权利的侵害

具体权利在网络社会中更像是个不设防的玻璃人,极易受到各种网络行为的侵害和攻击。于是,传统侵权行为和传统犯罪开始网络化,侵入网络社会中的各种具体权利。不实的网络信息传播会侵害个人的名誉权、企业公司的名誉权和财产权等。即使是真实的网络信息,如果未经权利人许可而进行随意传播,也可能构成对个人隐私权的侵害,比如人肉搜索。[2]同时,色情、暴力等信息的网络传播则对青少年的身心健康造成不良影响。此外,由于网络信息的即时性和永久性等传播特征,网络信息传播对具体权利的侵害可能

---

〔1〕佘文斌:"网络传播的技术逻辑与人文反思",载《现代传播(中国传媒大学学报)》2008年第2期。

〔2〕从这个视角看,信息真实与否并非界定网络侵权行为的标准,不论是真实的信息还是不实的信息都有可能构成网络侵权行为,都可能需要承担相应的法律责任。

会持续地存在下去并形成持久损害,即使受害人通过法律救济获得暂时的权利补救,但是这些不良信息的持续存在仍然可能对其身心造成深层次的无形损害和持久的精神痛苦。从这个意义上来讲,传统的民事权利救济方法,诸如损害赔偿、赔礼道歉、恢复原状等,在互联网社会中都带有一定的局限性,难以消除网络有害信息的持续影响,这种影响会随着已有信息的不时翻出或炒作而再次对权利人造成损害。如何在互联网社会建构有效的民事权利保护体系,仍然是一个未竟的征途。

(二) 网络信息传播对非传统安全的威胁

信息是一种权力与力量,但也与安全有关。于是,以计算机为基础的信息安全正成为现代国家安全体系的重要内容。"没有信息安全,就没有国家、政治、经济、军事等方面的安全。"[1]在和平与发展仍然是当今世界主题的时代背景下,对于绝大多数国家和地区而言,它们所主要面临的并非是战争、骚乱等传统安全的威胁,暴力恐怖主义、宗教极端主义、计算机犯罪等非传统安全的挑战则日渐突出。木马病毒等有害代码通过网络信息的传播,严重威胁着计算机安全、互联网安全和信息安全。2014 年 3 月国家计算机病毒应急处理中心指出:"调查结果显示,2013 年,51.2%的被调查者发生过信息网络安全事件,与 2012 年相比增长了 17.9%。感染计算机病毒的比例为 54.9%,比 2012 年增长了 9.8%,在连续五年下降后首次出现了反弹。移动终端的病毒感染比例为 26.3%,比 2012 年下降了 2.2%。"[2]黑客攻击、有组织的信息战争也凸显了网络信息安全的重要性。此外,暴力恐怖主义和宗教极端主义也开始披上互联网的外衣,通信干扰、信号阻断、网络恐怖主义的传播、网上组织恐怖活动等信息恐怖主义[3]以及许多邪教通过互联网传播宗教极端思想,网络的脆弱性易于导致"网域不设防"的"玻璃网"局面,严重

---

[1] 金中仁等:"信息与信息安全的冷思考",载《中国图书馆学报》2001 年第 5 期。

[2] 国家计算机病毒应急处理中心:《第十三次全国信息网络安全状况暨计算机和移动终端病毒疫情调查活动分析报告》,http://www.antivirus-china.org.cn/diaocha2013/report2013.pdf,最后访问时间:2015 年 2 月 5 日。

[3] 参见杨世松、韩东:"21 世纪恐怖新概念——信息恐怖主义",载《国际政治研究》2004 年第 2 期;皮勇:"论网络恐怖活动犯罪及对策",载《武汉大学学报(人文科学版)》2004 年第 5 期。

危及国家的社会、经济、政治和国防安全。[1]

(三) 网络信息传播对传统治理理念的冲击

政府的传统治理理念是追求秩序化的管理，维持正面形象的管理，适应实体社会的管理，而网络社会的信息个性化和去中心化、[2]负面消息泛滥、虚拟社会形态，这些都无时无刻不在考验着政府的互联网社会治理水平。同时，由于网络的匿名性，违法信息网络传播的责任追究也是政府所面对的一道难题。如果网络违法行为得不到及时、有效的责任追究，网络社会就将成为"法外之地"，并将进一步刺激其他网络违法行为的泛滥。此外，由于互联网的跨国性，网络违法行为的实施地和结果发生地可能并不在同一地方，而不同国家的网络法律制度又并非相同，于是，网络传播全球性会使得互联网争议的法律适用和纠纷管辖出现冲突。[3]如何在继续保持互联网活力与创新的前提下，实现互联网社会的有效治理和国际协作，这是国际范围内各个国家和地区政府所面对的历史性课题和当代使命。

第二节 网络谣言的界定与分类

在2013年我国公安机关发起针对网络谣言的专项整治行动后，中国社会科学院舆情调查实验室曾经对北京、上海、广州、沈阳、武汉等5个城市进行关于此次整治网络谣言舆情的专项调查，并发布《合力构建聚民心尚理性

---

[1] 参见网络安全课题组国家行政学院电子政务研究中心："论网络治理与信息安全的法律保障体系"，载《电子政务》2014年第7期。

[2] "对这种去中心化的信息同步交流媒介的治理，不能用传统科层行政管理体制的思维。科层行政管理体制是垂直型的对点管理，以对点的管理模式治理平面化的无中心点的网络平台将会变得无效益。因此，对网络治理必须转变理念，对平面网络要采取平面化的管理组织结构模式，才能有效提高网络治理效果。"刘素华："略论中国网络治理理念的完善"，载《中共中央党校学报》2013年第2期。

[3] 对于网络谣言而言也是如此，网络传播的全球化也带来了网络谣言的全球化，给网络谣言治理形成了巨大挑战。"全球化是一种无处不在的力量，在这一机制之下，谣言传播机制也发生了很大的变化。谣言呈现出很强的跨国跨地域传播的特点，国内很多谣言来源于国外，一些国内的谣言也同时流传到国外。谣言的全球传播改变了人们的文化记忆结构，谣言不再是某个群体所独享的故事，而是成为全球一体化过程的一部分，成为地球村民可以共享的集体记忆，甚至可以成为全球危机事件的导火索，成为国家安全的重要威胁。"张加春："跨国的谣言：全球化背景下的谣言传播机制研究"，载《首都师范大学学报（社会科学版）》2016年第3期。

的网络舆论空间》调查报告。"调查发现,自认为对网络谣言清楚的受访者仅占14.6%,'比较清楚'的占48.2%,而'不太清楚'的则占37.2%('不太清楚'29.2%,'不清楚'2.6%,'不好说'5.4%)。由此可见,尽管公众对网络谣言深恶痛绝,但由于关于网络谣言一直缺乏科学清晰的界定,造成公众对于网络谣言的认知仍存在一定程度的模糊性。"[1]既然相当一部分公众并不清楚网络谣言的界定(即使那些自认为清楚或者比较清楚的人,估计不同的人对于网络谣言的概念界定也会有不同的认识,换言之,大多数人对于正当的网络言论自由与可能违法的网络谣言之间的行为界限并不清晰),而网络谣言又时时围绕在普通民众身边,任何人在任何时候都有可能触碰非法传播网络谣言的红线,于是国家在意图治理网络谣言时,首先必须在立法上对其有一个清晰明确的概念界定,明晰普通人的网络行为界限,使民众能有一个合理的行为预期和行为界限意识,才能谈得上法律治理的正当性和有效性。此外,当前我国相关法律规范在网络谣言治理问题上缺乏对网络谣言类别的合理划分,这也在很大程度上影响网络谣言治理的效果,不同的网络谣言有着不同的特征,也需要不同的制度架构和治理措施。因此,网络谣言的界定与分类就成为网络谣言法律治理理论建构和制度设计的基础问题。

有人的地方就可能有谣言,谣言可以说是人类社会永恒的副产品和附随品。尽管谣言这一社会现象历史悠久,但是关于谣言及其社会治理的严肃的学术研究却很薄弱,以至于很多人对于谣言及其相关治理的认识仍然模糊不清,态度自然也是截然不同。专门针对"谣言"所进行的研究并不多见,近代专注于谣言主题的学术研究可追溯至第二次世界大战,当时处于战争期间,谣言四起,严重打击军民之士气,有些谣言甚至具有战略武器的地位,有意地制造假消息、假情报,而诱使敌方掉入陷阱,或扰乱对方。学术研究的薄弱直接影响了法制建构的进度与有效性。谣言概念的模糊,直接导致网络谣言概念的法律建构不明确,网络谣言的法律分类也就无从谈起。

一、谣言概念的多重面向

对于"谣言"概念的界定本身似乎就是各种"谣言"的传播,广为流

---

[1] 中国社会科学院中国特色社会主义理论体系研究中心:"合力构建聚民心尚理性的网络舆论空间",载《人民日报》2013年11月14日第14版。

传,莫衷一是。分析1940年至今西方有关谣言概念的发展历程,可以看到这样的演变逻辑,即"受众由完全被动的,容易被说服的,到主动寻求解释的,再到探寻真相以形成集体记忆的"这样一个脉络,谣言经历了从旨在使人们相信(强效果的,受众完全被动的,愿意相信一切信息),到旨在解释和阐释(有限效果的,受众试图解释的,阐释的)的转变,相应地,对于谣言的认识也经历了由非理性到理性的转变。[1]谣言概念呈现出明显的多重面向,不同的维度、不同的视角就会有不同的观察、不同的答案。通过对中外各种代表性谣言概念的梳理,以观察视角的多少为标准,谣言概念可以区分为两种,一是单一维度视角的谣言概念,即从某一个维度、某一个方面对谣言概念进行界定;二是多重维度视角的谣言概念,即从多个维度、多个方面对谣言概念进行界定。

(一) 单一维度视角的谣言概念

就单一维度的概念视角来看,概念界定的侧重点也各有不同。主要有以下几类:第一,以谣言的事实根据为视角,这种视角着眼于谣言的产生,代表性概念诸如,谣言是指没有事实根据的消息;[2]谣言是没有事实根据的传闻,捏造的消息;[3]谣言是指没有事实根据的传闻、捏造的消息;[4]谣言是一种复杂的社会现象,通常是指缺乏事实依据或未经证实的言语表达。[5]第二,以谣言的虚假性为视角,着眼于谣言与虚假信息的关系,[6]代表性概念诸如,"谣言肯定属于虚假信息,但虚假信息并不一定都属于谣言。换言之,虚假信息的外延比谣言更广"。[7]也有人以谣言的虚假性为根据,指出网络

---

[1] 参见雷霞:"'信息拼图'在谣言传播中的作用研究",载《新闻与传播研究》2014年第7期。
[2] 参见中国社会科学院语言研究所词典编辑室编:《现代汉语词典》(第6版),商务印书馆2012年版,第1512页;张雷:"论网络政治谣言及其社会控制",载《政治学研究》2007年第2期。
[3] 参见夏征农、陈至立主编:《辞海》(第6册),上海辞书出版社2009年版,第2670页。
[4] 参见陈万怀:"传播学视角下网络谣言的认知与消解",载《新闻界》2008年第6期。
[5] 参见顾金喜:"'微时代'网络谣言的传播机制研究———一种基于典型案例的分析",载《浙江大学学报(人文社会科学版)》2017年第3期。
[6] "我们将谣言处理为纯粹虚假信息。"参见雷震等:"股市谣言与股价波动:来自行为实验的证据",载《经济研究》2016年第9期。
[7] 孙万怀、卢恒飞:"刑法应当理性应对网络谣言——对网络造谣司法解释的实证评估",载《法学》2013年第11期。

谣言是指在网络上生成或发布并传播的，没有事实根据或捏造的虚假信息。[1]第三，以谣言的集体记忆属性为视角，这种视角着眼于谣言与集体记忆的关系，代表性概念诸如，"谣言实质是一个被激活和重新建构的集体记忆"[2]。第四，以谣言的中性为视角，这种视角着眼于谣言的存在属性，拒绝承认任何把谣言视作未经证实的、不可靠的或虚假的东西的命题，而将谣言视为社会生活中一个正常的而不是病态的部分，是人无法避免的社会行为。[3]也有人将谣言看成是一种情境定义，这种情境定义虽然是对客观现实的不真实的界定，但是它的功能绝不仅仅是反面的，也可能有正功能。[4]此外，还有学者对谣言的相关单一维度概念进行了梳理和总结：学术研究上，各学者对于谣言有较为中性的定义，认为谣言是一种公共的信息交流，反映了个人对于某一社会现象的假说，是一种集体行为，为了某一目的而在人际间产生与传播的讯息，是未经由可信来源证实的信息沟通。

（二）多重维度视角的谣言概念

就多重维度的概念视角来看，谣言概念则更显复杂。主要有以下几种维度：第一，以谣言的产生环境和未经证实为视角，代表性概念诸如，谣言是在特定环境下出现并流传的未经官方证实或已经被官方辟谣的信息。[5]第二，以谣言的针对对象和消息不实为视角，它将谣言和诽谤作为相对的概念，指出谣言一般指不针对任何特定个人、单位或者群体的不实信息，而诽谤则是捏造针对特定个人、单位或者群体的不实信息。第三，以谣言的内容虚假性和有害性为视角，典型性观点诸如谣言的内容是虚假和有害的。[6]第四，以谣言的产生环境、公众兴趣和未经证实为视角，典型性概念诸如谣言是指在特定的环境下，以公开或非公开渠道传播的对公众感兴趣的事物、事件或问

---

[1] 参见谢永江、黄方："论网络谣言的法律规制"，载《国家行政学院学报》2013年第1期。

[2] 李若建："社会变迁的折射：20世纪50年代的'毛人水怪'谣言初探"，载《社会学研究》2005年第5期。

[3] 参见郭小安、王国华："谣言定性与定量的再思考"，载《情报杂志》2012年第10期。

[4] 参见李国武："谣言实现的社会机制及对信息的治理"，载《社会》2005年第4期。

[5] 参见陈强等："网络谣言扩散动力及消解——以地震谣言为例"，载《图书情报工作》2010年第22期。

[6] 参见韩强："科学应对公共事件中谣言传播问题研究"，载《中国行政管理》2008年第7期。

题的未经证实的阐述或诠释。[1]第五,以谣言的人群传播和信息虚假为视角,代表性概念诸如谣言是在人群中传播的虚假的或似是而非的信息。[2]第六,以谣言的人群传播和未经证实为视角,代表性观点诸如谣言的最大特征在于其未经证实却广为流传的非官方色彩。[3]第七,以谣言的未经证实和公众短时间内难辨真伪为视角,代表性概念诸如谣言只是一种未经证实的,或没有明确事实依据,公众在短时间之内难以区分其真伪的社会舆论或传闻。[4]第八,以谣言的不确定性和广为流传为视角,认为谣言是广为流传的不确定性信息。[5]

二、法律规范语境中的谣言

通过以上对谣言概念的简单学术梳理,就足可见谣言这一人类生活中的日常现象所具有的复杂性和认知分歧性。当然,学术上的认知差异仅仅是学术讨论而已,那么对人们日常生活和行为性质有直接影响的法律规范又是如何界定谣言的呢?

截至 2020 年 1 月 13 日,以"谣言"为关键词,在北大法宝法律法规数据库中共检索到《中华人民共和国治安管理处罚法》(以下简称《治安管理处罚法》)、《中华人民共和国邮政法》(以下简称《邮政法》)这 2 部现行法律,《互联网上网服务营业场所管理条例》《突发公共卫生事件应急条例》等 13 部行政法规,《国务院关于进一步加强防震减灾工作的意见》《国务院关于公安机关执法规范化建设工作情况的报告》等 16 部国务院规范性文件,《军人违反职责罪案件立案标准的规定》《检察人员纪律处分条例》等 9 部司法解释,《互联网用户账号名称管理规定》《互联网文化管理暂行规定》等 121 部部门规章和部门规范性文件对谣言作了规定,另外,还有 150 部地方性法规、80 部地方政府规章和 943 部地方政府规范性文件也对谣言作了规定。

---

[1] 参见巢乃鹏、黄娴:"网络传播中的'谣言'现象研究",载《情报理论与实践》2004 年第 6 期。
[2] 参见李国武:"谣言实现的社会机制及对信息的治理",载《社会》2005 年第 4 期。
[3] 参见周裕琼:"谣言一定是洪水猛兽吗?——基于文献综述和实证研究的反思",载《国际新闻界》2009 年第 8 期。
[4] 参见李大勇:"谣言、言论自由与法律规制",载《法学》2014 年第 1 期。
[5] 参见雷霞:"'信息拼图'在谣言传播中的作用研究",载《新闻与传播研究》2014 年第 7 期。

截至 2020 年 1 月 13 日，以"造谣"为关键词，在北大法宝法律法规数据库中检索到《关于维护互联网安全的决定》《中华人民共和国刑法》（以下简称《刑法》）《中华人民共和国境外非政府组织境内活动管理法》（以下简称《境外非政府组织境内活动管理法》）这 3 部现行法律，《国务院关于促进慈善事业健康发展的指导意见》《国务院关于进一步促进资本市场健康发展的若干意见》等 11 部行政法规或国务院规范性文件，《最高人民检察院关于适用刑法分则规定的犯罪的罪名的意见》等 3 部司法解释，《狱内刑事案件立案标准》以及其他 9 部部门规范性文件对造谣行为作了规定，另外，还有 119 部地方性法规、45 部地方政府规章和 653 部地方政府规范性文件也对造谣进行了规定。

表 1 与网络谣言界定相关的法律规范梳理[1]

规范性质	规范名称	条文序号	直接内容[2]	法律责任
法律	《中华人民共和国治安管理处罚法》	第 25 条	散布谣言，谎报险情、疫情、警情或者以其他方法故意扰乱公共秩序的	处 5 日以上 10 日以下拘留，可以并处 500 元以下罚款；情节较轻的，处 5 日以下拘留或者 500 元以下罚款
法律	《中华人民共和国邮政法》	第 37 条、第 75 条、第 82 条	任何单位和个人不得利用邮件寄递含有下列内容的物品：……（三）散布谣言扰乱社会秩序，破坏社会稳定的……	用户在邮件、快件中夹带禁止寄递或者限制寄递的物品，尚不构成犯罪的，依法给予治安管理处罚。造成人身伤害或者财产损失的，依法承担赔偿责任。构成犯罪的，依法追究刑事责任

---

[1] 这里的法律规范包括所有在正文中出现"谣言"和"造谣"等语词的法律、行政法规（不包括国务院制定的规范性文件）和司法解释。此外，由于此处的法律规范梳理和分析主要着眼于对谣言概念的界定，因此，有些法律规定虽然其内容与网络谣言传播直接相关，但是没有出现"谣言"和"造谣"语词的，也暂不将其纳入其中，比如《最高人民法院、最高人民检察院关于办理利用信息网络实施诽谤等刑事案件适用法律若干问题的解释》（以下简称《关于办理利用信息网络实施诽谤等刑事案件适用法律若干问题的解释》）等。有些虽然出现"谣言"和"造谣"语词但是缺乏实质内容的，也予以排除，比如《最高人民检察院关于适用刑法分则规定的犯罪的罪名的意见》就仅涉及罪名的确定，而缺乏具体的行为模式和法律责任。

[2] 这里的"直接内容"是指包含"谣言"或"造谣"语词的法律条款。

续表

规范性质	规范名称	条文序号	直接内容	法律责任
法律	《全国人民代表大会常务委员会关于维护互联网安全的决定》	第2条	利用互联网造谣、诽谤或者发表、传播其他有害信息，煽动颠覆国家政权、推翻社会主义制度，或者煽动分裂国家、破坏国家统一	构成犯罪的，依照刑法有关规定追究刑事责任
法律	《中华人民共和国刑法》[1]	第105条	以造谣、诽谤或者其他方式煽动颠覆国家政权、推翻社会主义制度的	处5年以下有期徒刑、拘役、管制或者剥夺政治权利；首要分子或者罪行重大的，处5年以上有期徒刑
行政法规	《重大动物疫情应急条例》	第48条	在重大动物疫情发生期间，哄抬物价、欺骗消费者，散布谣言、扰乱社会秩序和市场秩序的	由价格主管部门、工商行政管理部门或者公安机关依法给予行政处罚；构成犯罪的，依法追究刑事责任
行政法规	《突发公共卫生事件应急条例》	第52条	在突发事件发生期间，散布谣言、哄抬物价、欺骗消费者，扰乱社会秩序、市场秩序的	由公安机关或者工商行政管理部门依法给予行政处罚；构成犯罪的，依法追究刑事责任
行政法规	《互联网上网服务营业场所管理条例》	第14条、第29条、第30条	互联网上网服务营业场所经营单位和上网消费者不得利用互联网上网服务营业场所制作、下载、复制、查阅、发布、传播或者以其他方式使用含有下列内容的信息：……（六）散布谣言，扰乱社会秩序，破坏社会稳定的	互联网上网服务营业场所经营单位触犯刑律的，依法追究刑事责任；尚不够刑事处罚的，由公安机关给予警告，没收违法所得；违法经营1万元以上的，并处违法经营额2倍以上5倍以下的罚款；违法经营额不足1万元的，并处1万元以上2万元以下的罚款；情节严重的，责令停业整顿，直至由

---

〔1〕 1997年《刑法》修订之前的1979年《刑法》第165条还有过这样的规定："神汉、巫婆借迷信进行造谣、诈骗财物活动的，处2年以下有期徒刑、拘役或者管制；情节严重的，处2年以上7年以下有期徒刑。"

续表

规范性质	规范名称	条文序号	直接内容	法律责任
				文化行政部门吊销《网络文化经营许可证》。上网消费者触犯刑律的，依法追究刑事责任；尚不够刑事处罚的，由公安机关依照治安管理处罚条例的规定给予处罚
行政法规	《中华人民共和国电信条例》	第56条、第66条	任何组织或者个人不得利用电信网络制作、复制、发布、传播含有下列内容的信息：……（六）散布谣言，扰乱社会秩序，破坏社会稳定的……	构成犯罪的，依法追究刑事责任；尚不构成犯罪的，由公安机关、国家安全机关依照有关法律、行政法规的规定予以处罚
行政法规	《互联网信息服务管理办法》	第15条、第20条	互联网信息服务提供者不得制作、复制、发布、传播含有下列内容的信息：……（六）散布谣言，扰乱社会秩序，破坏社会稳定的……	构成犯罪的，依法追究刑事责任；尚不构成犯罪的，由公安机关、国家安全机关依照《中华人民共和国治安管理处罚条例》《计算机信息网络国际联网安全保护管理办法》等有关法律、行政法规的规定予以处罚；对经营性互联网信息服务提供者，并由发证机关责令停业整顿直至吊销经营许可证，通知企业登记机关；对非经营性互联网信息服务提供者，并由备案机关责令暂时关闭网站直至关闭网站
行政法规	1999年原《期货交易管理暂行条例》（已失效）	第46条、第60条、第62条	任何单位或者个人不得编造、传播有关期货交易的谣言，不得恶意串通、联手买卖或者以其他方式操纵期货交易价格。	给予警告，没收违法所得，并处违法所得1倍以上5倍以下的罚款；没有违法所得或者违法所得不满10万元的，处10万元以上50万元以下的罚款；情节严重的，责令停业整顿或者吊销期货经纪业务许可证

续表

规范性质	规范名称	条文序号	直接内容	法律责任
行政法规	《地震预报管理条例》	第19条	制造地震谣言,扰乱社会正常秩序的	依法给予治安管理处罚
行政法规	《计算机信息网络国际联网安全保护管理办法》	第5条、第20条	任何单位和个人不得利用国际联网制作、复制、查阅和传播下列信息:……(五)捏造或者歪曲事实,散布谣言,扰乱社会秩序的……	由公安机关给予警告,有违法所得的,没收违法所得,对个人可以并处5000元以下的罚款,对单位可以并处15 000元以下的罚款;情节严重的,并可以给予6个月以内停止联网、停机整顿的处罚,必要时可以建议原发证、审批机构吊销经营许可证或者取消联网资格;构成违反治安管理行为的,依照治安管理处罚条例的规定处罚;构成犯罪的,依法追究刑事责任
行政法规	《破坏性地震应急条例》	第37条第10项	散布谣言,扰乱社会秩序,影响破坏性地震应急工作的	对负有直接责任的主管人员和其他直接责任人员依法给予行政处分;属于违反治安管理行为的,依照治安管理处罚条例的规定给予处罚;构成犯罪的,依法追究刑事责任
行政法规	《禁止证券欺诈行为暂行办法》(已失效)	第8条、第15条、第16条、第17条	前条所称操纵市场行为包括:……(二)以散布谣言等手段影响证券发行、交易……	根据不同情况,单处或者并处警告、没收非法所得、罚款、限制或者暂停其(指证券经营机构,下同)证券经营业务、其(指证券交易场所及其他从事证券业的机构,下同)从事证券业务或者撤销其证券经营业务许可、其从事证券业务许可。已上市的发行人有操纵市场行为,情节严重的,并可以暂停或者取消其上市资格

续表

规范性质	规范名称	条文序号	直接内容	法律责任
行政法规	《核电厂核事故应急管理条例》	第38条第7项	散布谣言,扰乱社会秩序的	对有关责任人员视情节和危害后果,由其所在单位或者上级机关给予行政处分;属于违反治安管理行为的,由公安机关依照治安管理处罚条例的规定予以处罚;构成犯罪的,由司法机关依法追究刑事责任
行政法规	《股票发行与交易管理暂行条例》	第74条第3项	通过合谋或者集中资金操纵股票市场价格,或者以散布谣言等手段影响股票发行、交易的	根据不同情况,单处或者并处警告、没收非法获取的股票和其他非法所得、罚款
行政法规	《外国记者和外国常驻新闻机构管理条例》〔1〕	第14条、第19条	外国记者和外国常驻新闻机构应当遵守新闻职业道德,不得歪曲事实、制造谣言或者以不正当手段采访报道	新闻司可以视情节,予以警告、暂停或者停止其业务活动,吊销《外国记者证》或者《外国常驻新闻机构证》
司法解释	《最高人民法院、最高人民检察院关于办理妨害预防、控制突发传染病疫情等灾害的刑事案件具体应用法律若干问题的解释》	第10条第2款	利用突发传染病疫情等灾害,制造、传播谣言,煽动分裂国家、破坏国家统一,或者煽动颠覆国家政权、推翻社会主义制度的	依照刑法第103条第2款、第105条第2款的规定,以煽动分裂国家罪或者煽动颠覆国家政权罪定罪处罚

---

〔1〕 该条例由2008年的《中华人民共和国常驻新闻机构和外国记者采访条例》所废止。《中华人民共和国常驻新闻机构和外国记者采访条例》取消了有关谣言传播的规定,仅在第4条原则性地规定:"外国常驻新闻机构和外国记者应当遵守中国法律、法规和规章,遵守新闻职业道德,客观、公正地进行采访报道,不得进行与其机构性质或者记者身份不符的活动。"

三、谣言概念的反思与网络谣言概念的构造

（一）谣言概念的反思

从上述法律、行政法规和司法解释的相关规定来看，它们都没有对谣言概念作出明确清晰的界定，这些涉及谣言的法律规范所普遍采用的立法模式是"行为（散布谣言、造谣或制造谣言）+后果（扰乱公共秩序、扰乱市场秩序、扰乱社会秩序）"的语言表述，而行为模式却又是异常的简单，无法从中推导出明确、具体的概念内涵。此外，这些表述或概念之间也存在着不一致、不连续的现象。[1]通过对单一维度的谣言概念和多重维度的谣言概念进行综合梳理，其实，学术界关于谣言概念的争论焦点主要集中于以下几个方面：第一，谣言是没有事实根据的信息、虚假的信息还是未经证实的信息；第二，广为流传或人际传播是否为谣言的必要条件；第三，谣言是否必定是有害的。

第一个问题可以说是谣言概念界定的核心，大多数概念的争论也集中于此。许多学者依据《现代汉语词典》和《辞海》的定义，也将谣言定义为没有事实根据的消息，事先给谣言扣上了负面的感情色彩，造成"谣言过街，人人喊打"的后果。但是此概念面临的最大逻辑困境在于，信息传播之初的假设与证实之后的结果经常会出现不一致的情形，这些不一致的情形也就颠覆了概念内在的逻辑自洽性，瓦解了谣言概念的客观性和解释力。一些刚开始被认为是没有事实根据的谣言恰恰在事后被证明有事实根据支撑，而一些在传播之初被称为是虚假的信息事后也被证明是真实的信息，"有些流言、讹言的主要内容甚至也在事后被证实确是真实的"[2]。于是，很多学者特别是国外学者就将谣言定位为未经证实的信息，凸显了谣言的中性色彩。尽管有学者指出"大量形形色色、大大小小的谣言，是不可能被'官方'——所证实或证伪的，有些是没有必要得到官方证实或证伪的，也有一些是没有可能

---

[1] 当然，概念的不连续现象本身可能就是一种正常状态。就像福柯所言："不连续性的概念在历史学科中占据了显要位置。"参见［法］米歇尔·福柯：《知识考古学》，谢强、马月译，生活·读书·新知三联书店2004年版，第8页。

[2] 吕宗力："汉代的流言与讹言"，载《历史研究》2003年第2期。

得到官方证实或证伪的"〔1〕，因此主张用"不确定性"来代替"未经证实"。这种观点指出了官方证实的局限性，具有一定的合理性，但是不确定性的特征描述又太过于消极，缺少了证实主体，不利于谣言真实性的确定，同时它也忽视了私人领域的谣言和公共领域的谣言之间的区别。私人领域的谣言由相关利害关系人自己解决即可，公共领域的谣言才需要特定官方的应对和介入，所有谣言都由官方去证实，不但不现实，也不经济。因此，总体而言，"未经证实"这一表述还是大体能够概括出谣言信息的本质特征，也是各种方案的理想选择，至于此处的证实主体到底是谁，则可以由特定环境下的权威主体担任。如果是私人领域的谣言，由利害关系人作为证实主体就已经是权威主体了，不需要官方的介入，如果当事人之间对谣言的处理还有争议，可以提交司法终局解决；如果是公共领域的谣言，一定的官方机构就可以作为权威主体，如果当事人之间对谣言的处理还有争议，也可提交司法终局解决。这种处理方式也符合平等当事人之间的争议自己负责，行政行为具有公定力，司法具有终局性等法律的基本准则，同时，私力救济、行政处理和司法解决等不同的争议解决方式也能够得以有机融合。

第二个问题的关键在于确定谣言的影响力。在传统媒体时代，如果未经证实的信息仅仅停留在私人空间，由于传统媒体把关人的存在，它们不可能直接进入人际传播渠道而广为流传，那么它们就没有形成实际的影响力（除非口头传播的谣言造成了巨大的影响力），也没有必要作为学术研究和法律评价的对象，即使它们在事后被证实为虚假，由个人之间的诚信原则或道德准则处理即可，不必诉诸法律。因此，将人际传播或广为流传作为法律层面上谣言的概念的实质内容很有必要，唯有产生社会影响、具有社会性的谣言才是法律规范的对象。在网络社会也是如此，即使在自媒体网络阶段，任何一条未经证实的信息出现在网络上，就有在短时间内被无限传播的可能性，但是它仅仅具备了广为传播的可能性，而实际上如果该信息的主题或内容没有引起公众兴趣，并没有广为传播、产生社会影响，那么这种缺乏社会规范意义的行为也就失去法律评价的价值。

第三个问题带有一定的迷惑性。在现实生活中，无论是自然灾害的谣言、

---

〔1〕 雷霞："'信息拼图'在谣言传播中的作用研究"，载《新闻与传播研究》2014年第7期。

针对特定私人主体的诽谤，还是有关公共卫生事件的谣言、涉及社会公共秩序的谣言，表面来看它们都可能对个人权益、社会秩序、公共安全等造成不利影响。事实也大体如此，绝大多数含有虚假信息的谣言都是有害的，但是虚假的并非必然是有害的，虚假信息中也有一些带有善意或者说是没有害处的谣言。因此，笼统地将谣言界定为有害，也不符合客观实际情况。[1]此外，谣言的本质在于未经证实的不确定性，不确定性与虚假性、有害性并不等同，普通谣言的传播也并不当然具有社会危害性。

综上所述，"广为传播"和"未经证实"都是谣言概念的核心要素，我们似乎可以将谣言界定为在社会上广为传播的，未经特定环境下权威主体证实的信息。但是，信息包括事实和意见，"事实是指现在或过去的具体历程或状态，并且具有可以验证其为'真'或'伪'之性质者。唯有'事实'，才有所谓的'真伪'之别，在此，相对于事实的概念，可以泛称为'意见'。意见，无论是纯粹的价值判断或单纯的意见表述，欠缺可资检验真伪的性质"[2]。换言之，事实是客观的、可证伪的，而意见则是主观的、不可证伪的。于是，关于谣言更为准确的界定应该是，谣言是指在社会上广为传播的，未经特定环境下权威主体证实的事实信息。

（二）网络谣言概念的构造

"就其总体而言，概念的内涵构成了类型的特性。"[3]网络谣言本质上是谣言在网络上的传播，与传统谣言相比，网络谣言不同之处仅仅是传播的载体以及随之而来的传播模式、传播方式的变化，但是有关谣言的实质特征和概念内涵仍然相同。网络谣言也需要满足"广为传播""未经证实"和"事实信息"这三个核心要素，因此，将谣言概念应用于网络载体也就构成了网络谣言的概念。网络谣言是指在互联网上广为传播的，未经特定环境下权威主体证实的事实信息。

---

[1] 当然，从法律视角来看，法律所要规范的是具有社会危害性的谣言，没有社会危害性的谣言不是法律调整的对象。因此，也就有了对日常意义的谣言和法律意义的谣言进行区分的必要。

[2] 林钰雄：诽谤罪之实体要件与诉讼证明——兼评大法官释字第五零九号解释，载《台大法学论丛》第32卷第2期。

[3] [美]米尔伊安·R.达玛什卡：《司法和国家权力的多种面孔——比较视野中的法律程序》，郑戈译，中国政法大学出版社2004年版，第8页。

四、法律治理视角下的网络谣言分类

（一）既有的网络谣言分类及其问题

当前学术文献关于谣言或网络谣言分类的研究很少，多以信息内容作为分类标准进行分析。比如有人根据信息内容的差异，将网络谣言分为网络政治谣言、网络灾害谣言、网络恐怖谣言、网络犯罪谣言、网络食品产品安全谣言、网络个人单位谣言 6 类。但是这种以内容为视角的分类标准仍然是模糊和不确定的，政治、灾害、恐怖、犯罪、食品产品安全和个人单位并不是同一个位阶的标准，政治是与经济相对的概念，灾害与公共卫生、社会秩序等相对，恐怖既涉及政治，也可能引发灾害，犯罪相对的是一般的违法行为、正当言论表达，食品产品安全仅涉及一个具体的领域，而个人单位则似乎着眼于特定的主体，与不特定的主体相对。因此，这样的分类缺乏内在的逻辑主线，容易引起混乱，对于网络谣言的法律治理而言也缺乏强有力的理论支撑意义。也有人同样以信息内容为标准，提出：一般而言，运用科学知识能够澄清的谣言，是最易净化的谣言；涉及食品安全、医疗健康及环境污染等与百姓生活和切身利益密切相关的谣言，虽流传快、传播广，但辟谣信息也传播快、容易被接受和认可，属"可控型谣言"；与政府部门、权力机构、一些利益阶层相关的谣言，属于"顽固型谣言"，比较难以净化，需要尽可能透明、公开地处置，并着力解决现实问题。值得注意的是，涉及自然灾害、交通事故、刑事犯罪、教育问题、违反常伦、民族宗教冲突的谣言，对于此类"潜伏式谣言"，更应侧重即时追踪判别，防患于未然。[1] 这种分类拘泥于具体的治理领域，但是它们之间仍然存在着逻辑上的交叉与重叠，比如食品安全、环境污染也会涉及科学知识的运用。此外，还有人根据谣言产生的动机不同，将谣言分为自然产生型（spontaneous）与蓄意产生型（deliberate）两种。蓄意产生型的谣言常具有恶意，可能为某一组织故意透露以打击对手的未经证实的讯息，此种形式的谣言常常充斥商业界当中。至于自然产生型的谣言则多是关于天然灾害的预言，或是人为的灾祸。这种以产生动机为标准

---

〔1〕参见中国社会科学院中国特色社会主义理论体系研究中心："合力构建聚民心尚理性的网络舆论空间"，载《人民日报》2013 年 11 月 14 日第 14 版。

的分类对于具体的谣言传播预防与治理具有一定的意义，但是很多谣言的动机并非如此简单，甚至夹杂着自然产生和蓄意产生两种情形，[1]又有些谣言刚开始是有人借机传播，但是在一段时间内无人理睬，忽然在另一个时间段又自然传播开来了。

综上所述，当前这些有限的谣言分类研究存在着划分标准不统一、领域重叠等问题，而且多是从传播学的视角出发，着眼于谣言产生的动机、谣言的内容等，而缺乏法律制度建构的理论自觉。既有的这些分类对于预防网络谣言的传播、进而针对不同的谣言类型进行针对性治理当然具有一定的意义，但是，若从更高的法律治理和法律制度建构的视角来看，我们可能还需要做一些进一步的探索。

（二）网络谣言分类的法律建构

尽管学理上的概念分类本身存在着理性的局限，可能无法解释现实社会现象也无法引导实际行动。但是，分类学或类型学依然是法学研究的基本方法，适当的类型区分和概念分类是法律制度建构的理论基础和逻辑支撑。从这个角度讲，基于法学视野对网络谣言进行适当的分类，这对于网络谣言法律治理的制度建构也具有基础性价值。从时间、主体和内容等不同的法律视角出发，网络谣言至少存在着三种基本的类型区分。

1. 日常类网络谣言和突发事件类网络谣言

这是从传播时间视角对网络谣言所作的区分。日常类网络谣言是指在常态下的网络谣言；而突发事件类网络谣言则是指非常态的突发事件背景下的网络谣言。日常类网络谣言通常不具有即时的危险性，而突发事件类网络谣言往往具有即时的危险性，因此，两者的治理模式，特别是政府规制的界限和程度会存在着较大的差异。但是有时候，日常类网络谣言特别是涉及官民之间冲突或者涉及公权力运作的网络谣言，如果政府没有及时地处理和应对，也会导致突发公共事件，这时的谣言继续发酵，则会演变为突发事件类网络谣言。与此同时，在突发事件中产生的网络谣言如果被权威主体证实为虚假，

---

[1] 比如桑斯坦教授将造谣者的动机进一步区分为谋求一己之力、哗众取宠、追求政治利益、恶意中伤等。参见［美］卡斯·R.桑斯坦：《谣言》，张楠、迪扬译，中信出版社2010年版，第18页。

在突发事件也宣告结束后,即使先前的网络谣言可能会继续在互联网上存在,但此时它就属于不具有即时危险性的日常类网络谣言。由此可见,两者的界限也并非绝对的固定,同样的内容在不同的时空背景下也可能会有不同的法律标签和行为性质。

2. 与公共事务相关的网络谣言和与私人事务相关的网络谣言

这是从传播内容视角对网络谣言所作的区分。与公共事务相关的网络谣言是指信息内容与公共事务直接相关的网络谣言,比如对官员的诽谤谣言、与政府或公权力相关的网络谣言;而与私人事务相关的网络谣言是指信息内容与私人事务直接相关的网络谣言,比如对普通人或私人企业的诽谤谣言。[1]基于对言论自由和公民监督权的特殊保护,现代法治国家一般给予与公共事务相关的言论以更好的保护,除非被证明是恶意的并造成现实的损害,否则这些言论即使存在不实内容或者部分不实内容,都将被免责。而与私人事务相关的网络谣言则要受到诸多限制,需要综合平衡不同权利主体的权利冲突情形。美国著名的法学家米克尔约翰将言论自由区分为公共讨论的言论自由与私人领域的言论自由,认为前者是绝对的、不打折扣的,后者则可以通过正当的法律程序加以限制。[2]

3. 普通公民的网络谣言和公职人员的网络谣言

这是从传播主体视角对网络谣言所作的区分。普通公民的网络谣言是指普通公民制造或传播的网络谣言,公职人员的网络谣言则是指公职人员制造或传播的网络谣言。公职人员由于其公职身份,在被赋予相应权力的同时,也必须依法承担相应的义务,比如在言论自由的限制方面。尽管在法律层面对公职人员的职务行为和个人行为有着较为明确和清晰的界分,但是至少在普通民众看来,职务行为和个人行为往往交融在一起,很多人会认为公职人员的言行(即使是他们在履行职务以外的言行)在一定程度上就代表着公共机构的行为,因此,他们的一言一行会受到更多的关注,也会产生一些不必

---

[1] 有学者基于类似的视角,将网络谣言分为煽动性言论和诽谤性言论,煽动性言论是针对公共秩序的言论,诽谤性言论是针对个人权益的言论,并根据两者的不同性质,主张采取不同的规制方式与路径。参见刘浩、王锴:"网络谣言的宪法规制",载《首都师范大学学报(社会科学版)》2015年第5期。

[2] 蒋余浩:"民主国家言论自由的问题:一个读书札记",载《中外法学》2006年第3期。

要的社会影响，于是，政府一般会对公职人员有着特殊的言论自由方面的纪律规定和法律要求。特别是在互联网时代，网络信息传播瞬息万变且存在不同主体的参与，公职人员的言论更容易遭到误读，更容易产生社会影响，因此，法律给公职人员的网络言论表达设定较高的标准和要求也有着现实的意义。

第三节　网络谣言传播机理的初步考察

在互联网时代，稍懂网络基础常识的普通公众都可以轻而易举地成为"记者"或"编辑"，可以随时利用早已普及化的自媒体工具来传播自己个性化的信息，由于每个人知识结构、社会体验和表达欲望的不同，于是传播开来的个性化网络信息也无穷无尽、无限扩展，而人类理性的有限性决定了已经被权威主体所证实的信息必然也是有限的（而且有些谣言的发生是间歇性的，上一次的信息证实并不代表这一次的信息证实，比如地震谣言），因此，无限的未经证实的网络信息与有限的已经证实的权威信息之间就存在着永远无法弥合的鸿沟，这也意味着网络谣言的存在在很大程度上是必然的、持续的，而且其产生和传播也带有很强的不确定性和不可预测性。"总体来说，谣言是一种特殊的社会现象，其爆发突然，结束有时也突然，是一种'可遇不可求'的现象。在谣言传播的过程中，民众的行为往往是非理性的，事后觉得匪夷所思。"[1]尽管如此，如果对已经发生的有重大社会影响的网络谣言进行回溯式的梳理、分析和观察，我们依然可以从中窥探出一些带有普遍性或规律性的网络谣言传播机理，比如网络谣言的生长周期、传播逻辑和影响因素等。通过对这些网络谣言传播机制的研究，也有助于我们更加自信、科学并有针对性地看待和治理网络谣言，也有利于网络谣言治理法律制度的理性建构。

一、网络谣言的生长周期和传播逻辑

目前，很多学者对于网络谣言生长周期的认识仍然是非理性和片面的，

---

[1] 李若建："社会变迁的折射：20世纪50年代的'毛人水怪'谣言初探"，载《社会学研究》2005年第5期。

一些学者根据几个举世瞩目的网络谣言个案就武断地推导出了网络谣言生长周期的共同模式,比如有人认为"新媒体环境下,谣言各传播阶段的划分与传统媒体时代基本相同,大致可分为谣言的形成期、高潮期和衰退期"[1]。也有人认为网络谣言生长周期包括网络谣言的形成期、高潮期、反复期和衰退期。[2]还有人认为网络谣言的传播过程包括最初形成、初次传播、定型和终结四个阶段。[3]这几个代表性观点虽然在生长周期的具体划分上略有不同,但都普遍地将自己所提出的模式应用于所有的网络谣言,而忽视了网络世界谣言生成的复杂性和多元化。事实上,令众多网络谣言研究者尴尬的现实是,大多数网络谣言产生并进入人际传播后,由于没有引起足够的公众兴趣,也没有意见领袖和传统媒体的介入,它们在产生后很短时间内就归于沉寂、近乎死亡了,而不会出现所谓的高潮期、反复期或衰退期。因此,有必要根据不同网络谣言的特点,归纳不同网络谣言的生长周期。而在生长周期的叙述中,也蕴含着网络谣言传播的内在逻辑。通过对网络谣言现象的现实观察,普通网络谣言和焦点网络谣言有着不同的生长周期和传播逻辑。

(一)普通网络谣言的生长周期和传播逻辑

普通网络谣言是指进入人际传播渠道,但是没有产生广泛社会影响,未经权威主体证实的事实信息。这里的没有产生广泛社会影响是指网络谣言产生后,没有人对谣言内容进行明显的、实质性的添加、删减等集体行为,网络谣言也没有受到传统媒体和重要门户网站的关注和报道。根据前述网络谣言的定义,"进入人际传播广为流传"和"未经权威主体证实"是谣言概念的两个核心,缺一不可,进入人际传播但已经权威主体证实的事实信息和未经权威主体证实但没有进入人际传播的事实信息都不构成网络谣言。就未经权威主体证实的信息在互联网社会中的命运而言,大致存在三种情形:一是

---

[1] 陈虹、沈申奕:"新媒体环境下突发事件中谣言的传播规律和应对策略",载《华东师范大学学报(哲学社会科学版)》2011年第3期。

[2] 王灿发:"突发公共事件的谣言传播模式建构及消解",载《现代传播(中国传媒大学学报)》2010年第6期。

[3] 参见黄文义、王郅强:"转型期网络谣言传播过程及政府治理机制探析",载《国家行政学院学报》2014年第3期。

绝大多数的这类信息在制作或产生后，仅在个人非常有限的私人圈子内流传，而没有进入人际传播渠道广为流传，对它们而言，信息的产生其实也就意味着信息的沉寂与死亡，它们也不属于真正具有传播意义的网络谣言，在网络信息爆炸式传播的今天，这些网络信息沉没在互联网世界的最底部，没有浮出公众关注的水面；二是一部分信息产生后进入了人际传播渠道并得到流传，但是由于谣言的主题内容和社会环境等因素，它们仅在有限的网络空间内流传着，没有产生广泛的社会影响，没有人对谣言内容进行明显、实质性的添加、删减等集体行为，网络谣言也没有受到传统媒体和重要门户网站的关注和报道，这就是普通网络谣言；三是极个别网络信息产生后进入了人际传播渠道广为流传，同时不同人对谣言内容进行实质性的添加、删减等集体行为，它们也受到传统媒体和重要门户网站的关注和报道，成为政府和社会关注的焦点，这就是焦点网络谣言。

由于媒体把关人的缺失，目前公众每天通过互联网络（特别是手机互联网）制造数以亿计的未经权威主体证实的信息。面对这样大规模的信息浪潮和海洋，每个人都只能基于自己的兴趣和爱好选择性地去阅读非常有限的网络信息，而即便是这非常有限的选择性阅读，公众对这些信息更多的也仅是快速浏览，而无法精读和细读。信息阅读的"快餐文化模式"而非信息阅读的"中餐文化模式"，这在某种程度上是互联网时代的必然。同时，即使是快速地浏览网络信息，绝大多数人也是以一种放松、娱乐的心态在浏览，喜欢挑选一些有趣的、娱乐性的主题，而缺乏严肃、细致的思考。"谣言类型的逐渐多样化与时代背景密不可分，网络空间的海量信息中，事件是否重要与其是否出现谣言并不一定相关，如娱乐消遣等类型谣言的出现，充分体现了人们娱乐化心态下的传播诉求，即事实不一定重要，但要有趣。"[1]在这种心理的影响下，普通网络谣言尽管进入了人际传播渠道，也获得了一些人的关注，但是它们是以一种线性化的传播方式进行，人们对这些信息的传播更多的是基于有趣和放松，他们也多是在简单地转发或评论，而不会对网络谣言的内容进行实质性的添加或删除等信息处理，这些网络谣言被处于娱乐放松状态

---

〔1〕 顾亦然、夏玲玲："在线社交网络中谣言的传播与抑制"，载《物理学报》2012年第23期。

下的人们消费完之后，在短时间内（一般在当天或隔天）自己也就归于沉寂了。[1]因此，普通网络谣言的生长周期大致为：产生——线性传播——沉寂或死亡。当然，有些沉寂下来的普通网络谣言在过段时间后可能被人重新拾起并复活，并有可能会通过一些非实质性的添加、删除等行为以一种貌似新的面目出现，[2]"群体不善推理，却急于采取行动"[3]，但是，除非它们获得传统媒体或重要门户网站的关注和报道，这些新的网络谣言依然会在产生后，以一种线性的重复传播方式进行，短时间内又将归于沉寂或死亡，比如前几年不间断流传的"某明星去世"的谣言。

（二）焦点网络谣言的生长周期和传播逻辑

与普通网络谣言相对，焦点网络谣言是指进入人际传播渠道，产生广泛社会影响，未经特定环境下权威主体证实的事实信息。焦点网络谣言产生后，会进行互动性传播，在一个时期内快速发酵，不同人对谣言内容进行明显的、实质性的添加、删减等集体行为，该谣言也会受到传统媒体和重要门户网站的关注和报道。[4]在焦点网络谣言的生长周期过程中，并非像有些人说的"只要及时公开，及时回应，所有的谣言都将随风而散"[5]，而是呈现一种相对复杂和反复的状态。其中有两个重要的关键节点对焦点网络谣言的传播

---

[1] 需要注意的是，当前很多学者提出的网络谣言生长周期模式是基于Web2.0时代的论坛、博客等网络平台为背景而加以建构，但随着微博、微信等网络自媒体的兴起，再加上移动互联网的普及，绝大多数公众已经不关注或很少使用原来热闹的论坛或博客，而更多使用手机网络在闲暇时间随性地浏览微博和微信。因此，大多数公众（除一些另有目的的组织或个人）仅仅是在利用网络平台浏览和消费信息，看到好玩的、有趣的就转发或简单评论下，而不会专门围绕该信息进行细致、认真地信息处理。移动互联网的普及对人们的网络行为习惯也产生了重要影响。

[2] "在谣言的传播过程中，虽然也有许多组织和个人不遗余力地进行辟谣，各种官方和非官方的辟谣平台也应运而生，但谣言盛行的局面却未见本质上的改观，甚至许多暂时平息的谣言在多年后又会'死灰复燃'。"杨帆等："基于不公平感的谣言对转基因风险评价的影响"，载《心理科学》2017年第4期。

[3] [法]古斯塔夫·勒庞：《乌合之众：大众心理研究》，冯克利译，中央编译出版社2004年版，第4页。

[4] 尽管从理论上而言，也存在着无需对谣言内容进行添加、删减等集体行为就受到传统媒体和重要门户网站关注的情形，但是就常理而言，最原始的网络谣言多数是粗糙的，需要一些集体行为的合作才能提升公众兴趣，并受到传统媒体和重要门户网站的关注和报道。因此，无需对谣言内容进行添加、删减等集体行为就受到传统媒体和重要门户网站关注的情形几乎可以忽略不计。

[5] 韩强："科学应对公共事件中谣言传播问题研究"，载《中国行政管理》2008年第7期。

起了关键性作用,一是参与者对网络谣言的集体完善,二是传统媒体和重要门户网站的关注。大致而言,焦点网络谣言的生长周期包括谣言形成(最初制作)、谣言完善(集体合作)、谣言高涨(媒体普及)、谣言消褪(沉寂消亡)等阶段。当然,需要说明的是,一些事后被界定为焦点网络谣言的信息在其产生之初也仅仅是普通网络谣言,并不存在先天、天然的焦点网络谣言。从这个视角看,焦点网络谣言更多的是一个事后回溯式的概念,而非事前预设好的术语。

在网络谣言的形成阶段,由于动机不同,网络谣言的产生与形成也会有所差异。简单说来,一种是自然产生型的网络谣言,制造谣言的人不经意地发出一条未经证实的信息,由于主体及内容的关系,迅速传播开来;另一种是有意制造型的网络谣言,制造谣言的人出于各种目的,如获取经济利益、满足畸形表现欲、因个人恩怨而报复、规避不可抗拒的社会和自然风险以及泄愤等,发出一条未经证实的网络信息,并通过各种互联网途径等广泛发布。[1]"有必要指出的是,从产生到评价再到传播,谣言的生命周期并非单向的,而是循环往复的,经过传播后谣言的内容会产生新的变异,而这种变异又会使人再次评价其是否可信,并决定是否对其进行再次传播。"[2]一条网络谣言最终成为焦点网络谣言,多少都会具有一定的偶然性。

在网络谣言的完善阶段,由于该谣言吸引公众的兴趣,谣言通过两个部分重叠的过程进行传播:社会流瀑和群体极化。社会流瀑之所以发生,是因为我们倾向于相信别人的所信和所为……群体极化效应指当想法相似的人聚在一起的时候,他们最后得出的结论会比交谈之前的想法更加极端。[3]但是,谣言并非是线性地、无变化地传播,而是不同的人群对谣言不断进行添加与删除,以使最初传播的谣言看起来更加完善,因此,从某种程度上说,网络谣言传播的过程演变为参与者以集体合作的方式探求信息事实真相的过程。

---

[1] 参见黄文义、王钰强:"转型期网络谣言传播过程及政府治理机制探析",载《国家行政学院学报》2014年第3期。当然如前述及,这种划分存在着缺陷,很多网络谣言夹杂着自然产生和有意制造,并且它们之间也会发生相互转化。但是,这种以是否有意为标准而提出的相对简单化的分类对于我们分析焦点网络谣言的形成与传播仍然富有裨益。

[2] 周裕琼:"QQ群聊会让人更相信谣言吗?——关于四则奥运谣言的控制实验",载《新闻与传播研究》2010年第2期。

[3] [美]卡斯·R.桑斯坦:《谣言》,张楠、迪扬译,中信出版社2010年版,第8页。

"一种言论信息一旦被众人选中而进入传播、扩散的非官方渠道,它的原创者、或者说始作俑者(如果有的话)就不再能控制它的成长和变化。传播过程是双向甚至多向的,是动态而非静态的,是开放的而非封闭的。每一个传播者都参与创作。共识形成于传播过程中的互动、增益、删减、润饰。最后成型的流言、讹言所包含的政治、社会或宗教动机、诉求、期望、批判目标甚至表达方式都属于集体而非个人。"[1]因此,网络谣言的完善阶段是网络谣言集体编辑和传播的过程,在网络信息传播的同时,也在映射着公众的复杂心理和社会的信任机制。网络谣言传播过程也是一种复杂化、并带有某种偶然性的集体协力过程。

在网络谣言的高涨阶段,由于该网络谣言的持续发酵并已具有一定的新闻价值和社会影响,于是,"在某些情况下,谣言会转移到正规的新闻渠道"[2]。传统媒体和重要门户网站会介绍网络谣言的相关情况,于是,借助传统媒体和重要门户网站的广泛社会影响力,网络谣言开始达到影响力的高涨和巅峰状态。一些原本仅仅在某个有限范围的网络平台传播的谣言开始进入普通大众的视线,更多的人其实此时才真正了解网络谣言的相关情况。一些政府部门也开始回应许多与公权力相关的网络谣言,组织相关的调查活动并进行信息公开。因此,也有人认为,传统媒体应该对网络谣言的传播负更大的责任。"据首尔大学的'大学新闻'调查,虽然作为新闻媒体的门户网站占41.5%,TV与日报分别仅占22.8%及11%,但网站的新闻大部分只是对日报新闻的链接。因此,对网络谣言的制造与传播,TV与日报应该负有更大的责任。"[3]正是基于公众和政府(特别是高层政府)对传统媒体的信任,网络谣言借助传统媒体的报道而达到了社会影响力的巅峰。如果说造谣者制造了普通网络谣言,那么传统媒体或门户网站成就了焦点网络谣言。

在网络谣言的消退阶段,焦点网络谣言在成为传统媒体和重要门户网站的关注对象后,这些较为严肃、较为权威的媒体一般会及时采访相关当事人并进行新闻调查,以还原所涉事件的真相,随着真相的水落石出,焦点网络

---

[1] 吕宗力:"汉代的流言与讹言",载《历史研究》2003年第2期。
[2] [美]卡斯·R. 桑斯坦:《谣言》,张楠、迪扬译,中信出版社2010年版,第18页。
[3] 丁相朝:"韩国互联网监管制度发展现状——一位韩国法学教授对互联网监管制度的意见",孟可待译,载《信息网络安全》2009年第8期。

谣言也就马上沉寂或死亡了；另外一些涉及公权力运作的网络谣言，则需要通过政府严肃的事件调查并公开调查报告，再借助权威媒体的报道，才会慢慢消退。这两种方式实质上都是通过权威主体的信息证实机制来解决网络谣言信息的未经证实性或不确定性。当然，有些特别复杂的网络谣言在相关媒体或政府报告出来后，社会上会产生新的与此媒体报道或政府事件报告相关的质疑性网络谣言，于是，就需要更专业、更透明、更公正的事件调查和信息公开来应对这些质疑和网络谣言。这些网络谣言借助之前事件的社会影响力，几乎是在产生之初就成为焦点网络谣言，也会经历相应的形成、完善和消退等阶段。

二、网络谣言传播的影响因素

虽然，在一则未经权威主体证实的网络信息产生时，任何人都无法预测它将是默默无闻的网络信息，还是会成为普通的网络谣言得以广为传播，抑或可能会成为焦点的网络谣言而受到社会普遍关注，但是通过对那些成功传播的著名焦点网络谣言进行事后的回溯式分析，我们可以发现，有一些因素会对网络谣言的传播产生内在的实质性影响，并呈现一定的规律性。它们既包括网络谣言自身的因素，也包括社会因素等相对确定的外部因素，还可能会涉及一些偶然的不确定因素。

（一）主题、内容和形式因素

这是影响网络谣言传播的内部因素。网络谣言能够传播并获得公众的认可与兴趣，根本原因在于它的主题和内容迎合了公众的知识需求或情感寄托，或者至少是公众不排斥或反对它们。"影响民众想象力的，并不是事实本身，而是它们发生和引起注意的方式。"[1]绝大多数网络谣言对于公众而言是既缺乏亲身经历也没有证据证实，但是公众仍然会基于自己已有的知识结构、生活经历、情感诉求等因素去传播谣言，[2]公众首先会考虑信息主题是否有吸

---

〔1〕[法]古斯塔夫·勒庞：《乌合之众：大众心理研究》，冯克利译，中央编译出版社2004年版，第51页。

〔2〕"一个人对于并未亲身经历的事件所能产生的唯一情感，就是被他内心对那个事件的想象所激发起来的情感。"[美]沃尔特·李普曼：《公众舆论》，阎克文、江红译，上海人民出版社2006年版，第10页。

引力或者有趣,会依据内容细节是否丰满、是否有数据支持、采访是否深入来判断其内容的真假;会依据谣言的文体以及文风来判断其框架是否可信;会依据谣言的图片、链接、广告等周边信息来进一步辅助自己的判断。[1]此外,很多网络谣言为了提升自己的可信度,都会充分利用互联网的技术优势,集合视频、音频等多媒体形式丰富自己的内容和形式。当网络谣言的传播达到一定程度后,社会流瀑和群体极化等心理机制就开始发挥作用,从而进一步扩大了网络谣言的传播。

(二)社会因素

从网络谣言传播的现状来看,涉及公权力运作的网络谣言最容易成为焦点网络谣言,社会影响最大,破坏性最强,极易引发群体性社会事件,也最可能吸引境内外媒体的普遍关注。就我国国情而言,"我国已进入改革发展的关键时期,经济体制深刻变革,社会结构深刻变动,利益格局深刻调整,思想观念深刻变化。这种空前的社会变革,给我国发展进步带来巨大活力,也必然带来这样那样的矛盾和问题"[2]。

(三)利益和心理因素

"人类在很大程度上是被利益所支配的,并且甚至当他们把关切扩展到自身以外时,也不会扩展得很远。"[3]在互联网时代,一旦某个网络谣言成为公共事件,许多与事件本无直接利害关系的主体就趁势介入,甚至煽风点火,唯恐天下不乱,借机发泄自己的不满。"于是,情绪的宣泄、利益的角逐、别有用心地搅局甚至无意识地跟风,都是网络谣言产生和泛滥的深层原因和机制。"[4]网络谣言传播的过程,在很大程度上是多重主体利益博弈和复杂心理机制运作的过程。

---

[1] 参见周裕琼:"QQ群聊会让人更相信谣言吗?——关于四则奥运谣言的控制实验",载《新闻与传播研究》2010年第2期。

[2] 《中共中央关于构建社会主义和谐社会若干重大问题的决定》(以下简称《关于构建社会主义和谐社会若干重大问题的决定》)(2006年10月11日中国共产党第十六届中央委员会第六次全体会议通过)。

[3] [英]休谟:《人性论》,关文运译,商务印书馆1980年版,第574页。

[4] 支振锋:"治理网络谣言关键靠法治",载《法制日报》2012年4月17日第07版。

(四) 网络伦理因素

网络伦理是互联网社会的重要规范，网络伦理水平的差异也影响着网络谣言的传播和发酵。在互联网社会，法律和政府规制总是会受到虚拟社会运作的现实约束，于是道德与内在自律就显得愈发重要。有学者提出："不同的网络技能群体，具有不同的网络理性，即网络技能水准越高，对网络的看法越理性。"[1]但是从网络社会的现实来看，网络理性与网络技能的关系可能较为微弱，相反，网络理性与网络伦理可能存在更为密切的亲和性。网民和网络空间的网络伦理水平越高，网民和网络空间的网络理性也越高，也就越能不传谣、不信谣。因此，网络伦理水平是影响网络谣言传播的重要因素。

(五) 规制因素

政府规制是网络谣言消退的重要手段，因此，规制也是网络谣言（特别是焦点网络谣言）传播的重要因素。"为了阻止谣言的成功扩散，唯一的做法是在恰当的时机加入干扰因素。所谓干扰因素，无非是对谣言的揭露和驳斥，对谣言制造者的惩罚以及对传播网络的破除和阻隔。"[2]政府规制具体包括制定关于网络谣言治理的法律制度、规定相关处罚措施、强制屏蔽或删除某些网络信息等。有学者通过实证研究发现，政府规制有助于减少涉及公权力运作的网络谣言，但是会助长民生类的网络谣言。"《解释》与以往惩罚措施一样也会助长谣言传播。当人们谨慎对待仇官类谣言时，其他求证难度更高、利己价值更多的非仇官类谣言开始蔓延开来，如股情钱荒、食品养生、名人轶事、外星奇闻、传染病疫等谣言。"[3]此外，如果政府对网络谣言的规制过度，则容易导致寒蝉效应，损害公民的网络言论自由。

(六) 技术因素和偶然因素

网络谣言是在互联网上传播的谣言，因此，互联网既是网络谣言的传播平台，同时也构成了对网络谣言的传播限制。不同的互联网发展阶段，有着

---

[1] 周朝霞等："大学生网络传播行为嬗变的实证研究"，载《复旦学报（社会科学版）》2006年第4期。

[2] 李国武："谣言实现的社会机制及对信息的治理"，载《社会》2005年第4期。

[3] 熊炎："惩罚能抑制谣言传播吗？——以'转发超500次入刑'为例"，载《新闻与传播研究》2014年第2期。

不同的互联网代码，于是网络的传播方式也大不相同，从 Web1.0 阶段到 Web2.0 阶段再到网络自媒体阶段，网络传播的整体发展越来越便捷、越来越具有互动性、越来越多元。未来互联网技术的发展、互联网代码的演变也将构成网络谣言传播的实体性影响因素。

此外，在网络谣言传播过程中，一些不可测的偶然因素也会作用于网络谣言，从而影响谣言的传播。

第二章
网络言论自由与网络谣言治理

网络谣言作为进入公众传播的、未经权威主体证实的网络事实信息，它既可能在事后被证实为真实的信息，也可能在事后被证实为虚假的信息；即使在事后被证实为虚假的，它也既可能是有社会危害性的虚假信息，也可能是没有实际社会危害的虚假信息；此外，网络谣言的虚假也具有一定的复杂性，一些网络谣言的全部事实信息都为虚假，而另一些网络谣言的主要事实信息真实，但是那些用来描述、界定主要事实的次要信息可能存在非真实之处。从法律视角看，并非所有的网络谣言都需要由政府进行治理和规制，需要政府治理的仅仅是那些具有社会危害性、网络言论市场无法自我规制的虚假信息。因此，网络谣言治理在本质上是网络言论自由的界限问题，如果超出了网络言论自由的界限，导致有害的虚假网络谣言的传播，才需要网络谣言的政府治理和规制。[1]

既然网络谣言治理在本质上是网络言论自由问题，言论自由作为一项宪法上的基本权利，它与相关权利在网络社会中的冲突及其规范就应该成为我们需要梳理的先决理论问题；在中国语境下，探讨网络谣言治理问题，还需要基于我国历史传统的分析，去描述网络言论自由对中国社会转型和现代化治理的特殊意义；然而，所有权利都非绝对，网络言论自由也是如此，在肯定网络言论自由的价值前提下，也必须承认它的边界和界限。梳理网络言论自由的价值和边界，也就为网络谣言的法律治理提供了理念引导。

---

〔1〕 "网络谣言实质上仍然是公民发表言论的一种方式，涉及言论自由这一基本权利。所以，针对网络谣言的规制也必须实现'精确打击'，以防止公民的言论自由受到过度限制。"参见张新宇："网络谣言的行政规制及其完善"，载《法商研究》2016年第3期。

第一节　作为基本权利的言论自由

互联网本来是美国国防部为了军事目的而研制的，并非是为了扩展人民的言论自由和新闻自由。但是，技术一旦开发出来，技术的开发者也就不能完全控制技术的应用和发展了。当今，互联网首先是言论自由的平台，其次才是电子商务、电子政务、军事应用及其他应用服务的载体。"言论自由是互联网的基本自由。"[1]《中华人民共和国宪法》（以下简称《宪法》）第35条规定："中华人民共和国公民有言论、出版、集会、结社、游行、示威的自由。"言论自由是我国宪法规定的公民基本权利。同时，《宪法》第51条规定："中华人民共和国公民在行使自由和权利的时候，不得损害国家的、社会的、集体的利益和其他公民的合法的自由和权利。"于是，这就涉及权利之间的冲突与规范问题。梳理网络社会的权利图景以及网络言论自由与其他权利的冲突和调整，是分析网络言论自由价值与边界的基础。

一、网络社会的权利图景

按照权利来源与位阶的不同，法律权利可以分为基本权利与普通权利。基本权利是宪法所规定的权利，普通权利是普通法律所规定的权利，基本权利的位阶高于普通权利。由于互联网在20世纪90年代才真正兴起并走入寻常人家，因此，现有各国的法律权利体系基本上是围绕现实社会的情形而建构的。根据网络社会法律权利与现实社会法律权利的关系，网络社会的权利图景或权利体系大致包括三个层次：一是网络社会的权利转移，即现实社会中的法律权利向网络社会的直接转移；二是网络社会的权利升华，即现实社会中的法律权利在网络社会中得到扩展或者深化；三是网络社会的权利构造，即现实社会中所没有的法律权利在网络社会中的建构。

（一）网络社会的权利转移

由于互联网的互联性、互动性、匿名性、便捷性和无国界性等特征，网络社会与现实社会存在一些不同，人类行为在不同空间也会有不同的表现形

---

[1] Robert Uerpmann-Wittzack, "Principles of International Internet Law", *German Law Journal*, Vol. 11 (2010), p 1248.

式以及不同的社会影响,但是网络社会的基础是现实社会,不能脱离现实社会而独立存在。"从各国法律实践看,现行法律有的可以直接适用于互联网,有的需要经过修订或者解释后予以适用。只有现行法律无法适用的,才会制定互联网专门法。"[1]互联网是那些基于现实社会所建构起来的法律权利体系实现的重要途径和载体,因此,现实社会中的法律权利体系大致都可以直接应用于网络社会,成为网络社会的法律权利,比如名誉权、隐私权、肖像权等。这些权利在网络社会和现实社会中的权利客体都相同,也是权利由现实社会向网络社会的延伸和重现。但是网络社会的权利转移也存在着一些界限,有两类权利可能目前还无法直接适用于网络社会。

第一,具有人身依附性的身份权,比如亲属权、婚姻自主权、监护权等。这些身份权具有强烈的人身依附性,需要借助现实社会和现实空间的人身关系才能实现,单纯的网络社会还无法体现出这些身份权的权利属性。因此,具有人身依附性的身份权还不能直接转移到网络社会,成为网络社会的法律权利。

第二,需要身体在场才能实现的权利,比如生命权、身体权等。这些权利的共同特征是权利的客体与身体密切相关,需要身体在场才能真正实现权利,因此它们也无法直接适用于网络社会。

(二) 网络社会的权利升华

这类权利也是由现实社会向网络社会的转移。但是与现实社会的权利相比,这些存在于网络社会的权利的行使广度和深度都有了很大扩展,或者说法律权利得到了升华。互联网本质上是信息和数据的传递,是信息的代码传输,是言论与信息交流的平台,互联网的其他应用服务也是基于信息传递而实现的。从这个意义上讲,网络社会的最根本权利仍然是言论自由,缺乏言论自由,互联网的创新和发展就不再持续。网络社会所建构的是以网络言论自由为核心的法律权利体系。与现实社会相比,网络社会中升华的法律权利也主要是言论自由,言论自由在网络社会中的广度和深度都有了传统社会无法想象的扩展:一是广度的扩展,由于缺乏传统媒体的把关人,网络信息可以跨越时空的界限,即时向外传播,极大摆脱了传统媒体的传播技术限制和

---

[1] 周汉华:"论互联网法",载《中国法学》2015年第3期。

束缚;二是深度的扩展,互联网的互动性、互联性和便捷性使得公众的言论不断深化,在很大程度上冲破了传统媒体所建构的话语权力结构。同时,"公众在网络空间的知情权、参与权、表达权、监督权等合法权益得到充分保障,网络空间个人隐私获得有效保护,人权受到充分尊重"[1]。以言论自由作为基础,公民的知情权、参与权、监督权、表达权等政治权利在互联网社会中也得到了丰富和拓展。[2]

(三)网络社会的权利构造

网络社会的权利并不都是来源于现实社会的转移,它自身也在创造一些新的权利形态,从而丰富和扩展了传统社会的法律权利体系。互联网并非完全虚拟,它也是不以人的意志为转移的客观实在,在互联网的发展中,一些基于互联网物理层、逻辑层和内容层发展起来的技术凝结了人类的智力成果,具有了知识产权的属性,于是与互联网相关的商标权、专利权和版权就成为网络社会的新兴权利构造。特别是网络版权等权利是传统社会所完全没有的权利,集中体现了互联网的特殊性和新兴性。这些新兴权利的客体是全新的构造,并非传统权利客体在互联网的转移或重现。由于法律自身的保守性,它容易对新兴的权利构成制度限制,进而成为科技创新和经济发展的羁绊。在日新月异的互联网时代,行政法更应该注意平衡新兴权利与传统权利的保护,平衡科技创新与社会秩序的维护。"行政法令不应该成为工商业升级的绊脚石,而应该要成为科技发展、工商业发展的工具。所以,对于智慧财产权,尤其像软体等的著作权、专利权、商标权的保护,也是行政法应该注意发展的重点。"[3]对网络社会所构造的新兴权利给予公法保护,也是网络行政法的重要使命。

二、网络言论自由与权利冲突

权利和义务相伴随,一个人权利的实现,需要他人的消极容忍或积极协

---

[1]《国家网络空间安全战略》,载中央网信办网站 http://www.cac.gov.cn/2016-12/27/c_1120195926.htm,最后访问时间:2020年6月3日。

[2] 关于这些权利在互联网社会中的深化或升华,具体内容可参见马怀德主编:《行政法前沿问题研究》,中国政法大学出版社2018年版,第十章"信息化时代的法治政府建设"。

[3] 翁岳生:《法治国家之行政法与司法》,元照出版有限公司2008年版,第220页。

助。如果双方都主张各自的权利，权利的冲突便产生了。有权利的地方，就会有权利的冲突，于是就需要解决权利冲突的规范。"就理性认知的观点来看，只存在着利益以及由此产生的利益冲突。它们可以通过以一方利益为代价来满足另一方利益的规则，或者寻求在两者之间达成妥协的规则来解决。"[1]网络社会的法律权利体系以网络言论自由为核心，网络言论自由同名誉权、隐私权等权利之间也存在着冲突，[2]此外，在网络社会中，网民享有言论自由，网络服务提供者享有言论自由，基础设施提供者也享有言论自由，这些不同主体之间的网络言论自由也会存在一定的权利冲突。因此，网络言论自由的权利冲突既有外在的异质权利冲突，也有内在的同质权利冲突。

（一）网络言论自由与其他权利的冲突

随着互联网的发展，网络诽谤、网络隐私泄露、网络色情、网络谣言、网络恐怖主义等问题成为各国需要共同面对的紧迫问题，在这些问题的背后其实隐藏着网络言论自由与其他权利的冲突，包括网络言论自由与个人名誉、企业商誉、个人隐私、未成年人健康成长、商业秘密、国家秘密以及社会秩序和公共利益的冲突。当然，按照言论内容的不同，网络言论可以分为网络政治言论、网络商业言论、网络生活言论等。不同的网络言论在法律上的地位及其侵权界限有所差异，于是，不同网络言论与其他权利的冲突规范也会有所不同。

有学者将网络谣言和网络诽谤相区分——谣言一般指不针对任何特定个人、单位或者群体的不实信息，而诽谤则是捏造针对特定个人、单位或者群体的不实信息。但是就谣言的实质来看，它既可以针对特定的主体，也可以针对不特定的主体，谣言的非特定性主体特征缺乏历史传统和语词文化的支撑。大部分网络谣言是有害的虚假信息，作为网络言论自由的表现形式，网络谣言可能会对个人名誉、企业商誉、社会安全和秩序等造成损害。而网络病毒传播、黑客攻击实质上也是网络言论的一种形式，它可能侵犯公众的隐

---

〔1〕 Hans Kelsen, The Pure Theory of Law and Analytical Jurisprudence, Harvard Law Review, Vol. 55, No. 1 (1941), p 49.

〔2〕 "谣言与言论自由有一定的紧张关系，控制谣言可能扼杀舆论，也正是在这一意义上，官方积极的行为会被质疑有包含控制言论的企图。"周安平：《公私两域谣言责任之厘定》，载《法制与社会发展》2015年第2期。

私、计算机安全等。网络色情是网络言论自由与未成年人健康成长权利[1]的冲突。网络恐怖信息则构成了网络言论自由与个人人身权、财产权以及社会公共安全之间的冲突。以上是互联网社会中网络问题所大致呈现出的权利冲突现象,这些权利冲突既有不同主体之间的权利冲突,也有不同权利类型之间的权利冲突,还有不同权利位阶之间的权利冲突,它们将现实社会中纷繁复杂的权利冲突现象通过互联网清晰地呈现出来。

(二) 网络言论自由在不同主体间的冲突

就网络言论自由而言,不同主体之间的网络言论自由也可能会产生冲突现象。在互联网社会中,从言论传播渠道看,网络言论的主体大致包括互联网基础设施提供者(包括提供宽带服务的电信业者和有线电视业者等)、互联网内容和应用服务的提供者、网络用户。网络用户构成了网络言论主体的绝大多数,是最常见的网络言论主体;互联网内容和应用服务的提供者可以控制互联网内容和应用服务的议程设置,享有网络言论的编辑权利等;互联网基础设施提供者可以决定是否给予互联网内容和应用服务提供者以宽带服务并决定宽带服务的质量,这种带有实质网络言论编辑和控制的权力最易为人所忽视,它们两者的关系也构成了网络中立性原则的主要争论[2]。网络中立性原则反映了互联网基础设施提供者言论自由与互联网内容和应用服务提供者言论自由之间的权利冲突,互联网内容和应用服务提供者的网络言论编辑权则反映出它们的言论自由与网络用户言论自由之间的潜在权利冲突。

三、权利冲突的规范与调整

根据调整方法和形式的不同,权利冲突调整可以区分为正式调整和非正式调整。权利冲突的正式调整是指通过法律的正式途径去规范和调整不同权利之间的冲突,比如通过法律规定或司法判例;权利冲突的非正式调整是指

---

[1] 《中华人民共和国未成年人保护法》(以下简称《未成年人保护法》)第27条第1款规定:"全社会应当树立尊重、保护、教育未成年人的良好风尚,关心、爱护未成年人。"第34条规定:"禁止任何组织、个人制作或者向未成年人出售、出租或者以其他方式传播淫秽、暴力、凶杀、恐怖、赌博等毒害未成年人的图书、报刊、音像制品、电子出版物以及网络信息等。"

[2] 关于网络中立性原则与网络言论自由的法律关系,参见刘静怡:"网络中立性原则和言论自由:美国法制的发展",载《台大法学论丛》2012年第41卷第3期。

通过非正式的途径和方法去规范和调整不同权利之间的冲突，这种方式带有强烈的私力救济色彩，比如权利主体之间的协商或调解。就法律的正式途径而言，权利冲突的调整又有两种基本的方式：一种是权利冲突的制度化调整，即通过法律制度的形式明确权利的位阶秩序，这也就间接明确了权利的优先性，进而去调整权利冲突。根据法律制度渊源的不同，这里的法律制度又主要分为两类，第一类是通过成文的法律制度（包括宪法或者其他成文法）的方式明确权利的位阶次序和优先性，这种情形既存在于大陆法系国家，也存在于英美法系国家；第二类是通过非成文的法律机制——也就是司法判例——确立权利优先秩序的原则，并通过司法经验的积累和法学家的阐述来不断完善制度规则，这种情形一般存在于英美法系国家。另一种是权利冲突的个案性调整，即成文或非成文的法律制度都没有明确规定权利的位阶次序和优先性，而是由法院在每个权利冲突的案件中，通过对个案具体情形的判定，来决定何种权利优先，进而调整权利之间的冲突[1]。

（一）网络言论自由与其他权利的冲突调整

关于言论自由与其他权利冲突的调整，当前存在两种路径，一种观点认为应采取制度性的调整方式，用成文法的形式来明确言论自由的优先性，从而可以一劳永逸地解决言论自由与相关权利的冲突问题。比如苏力教授主张："尽管言论自由不是绝对的，而且从来也不是绝对的，但是对于我们这个民族的社会、科学、文化、经济、政治的发展来说，对于我们这个正在改革、追求更为开放的社会来说，我们必须选择一个基本的方向。我们是否应当更多地或优先保护这种文化艺术和科学词论的自由，将之规定为一种通例，一种规则？这种制度化配置的言论自由权利将对我国的改革开放更为有利。而且为了保证社会主义的民主法制的发展，特别是为保证公民的政治言论的自由，也必须有一个更为宽泛的、包括了一般的非政治性言论的自由。"[2]制度化、规则化地区分不同权利的位阶与次序，也就形成了权利冲突的制度化调整方

---

[1] 就内容本质而言，权利冲突的制度化调整更像是凯尔森所说的"一方利益为代价来满足另一方利益的规则"，权利优先次序的确定也就明确了一种权利对另一种权利的优先，一方利益对另一方利益的服从；权利冲突的个案性调整则更像是"寻求在两者之间达成妥协的规则"，需要结合个案情形达致不同权利、多元利益的妥协与平衡。

[2] 苏力：《〈秋菊打官司〉案、邱氏鼠药案和言论自由》，载《法学研究》1996年第3期。

式和协调规则。

另一种观点偏向于采取司法个案调整的方法,认为不能简单地通过制度先验地确定哪种权利优先,而应根据案件的具体情形,综合考虑言论的性质、内容等要素,来解决权利之间的冲突。比如梁治平教授以最为典型的名誉权和言论自由冲突为例,认为"当法院面对名誉权与言论自由(不管其具体表现形式如何)的冲突的时候,它不仅不能简单判定何种权利优先,而且无法就言论自由的范围发现任何现成的答案。实际上,它必须在法律的价值体系的整体框架下,仔细考察特定案件中言论的性质、目的以及名誉权主张的内容等相关要素,最后根据特定价值在社会生活中的相对重要性,对权利保护的优先性作出权衡和判断"[1]。这种观点否认权利在先验上的优先性,认为只有将社会生活与权利的法律价值结合起来才能评定权利在特定情形下的优先性,进而实现对不同权利冲突的调整。

由于我国是大陆法系国家,不可能通过司法判例确立权利冲突的法律规则,因此上述苏力教授和梁治平教授的两种主张已经代表了权利冲突的制度化调整模式和权利冲突的个案调整模式。就我国当前制度而言,我国宪法和其他法律并没有明确规定当言论自由与其他权利冲突时应以何种权利为优先。[2]尽管权利的来源有所差别,宪法规定了言论自由、人格尊严等权利,而诸如《中华人民共和国民法典》(以下简称《民法典》)等普通法律规定了名誉权、商誉权、隐私权等权利,但是由于我国没有违宪审查制度,宪法规定的基本权利并不当然优先于法律规定的普通权利,因此我国没有采纳权利冲突的制度化调整模式。既然没有采取立法预先设定优先权利,那么意味着权利之间具有平等性,如果权利发生冲突,都应由法院根据案件的具体情况进行个案的平衡和调整。事实上,我国相关司法解释也体现了权利冲突的个案调整模式。这些规定表明言论自由在我国并不必然具有优先性,而需要由法院根据言论的性质和内容来决定言论自由和名誉权何者应受法律保护。因此,我国当前事实上采取的是权利冲突的个案调整模式。

---

[1] 梁治平:"名誉权与言论自由:宣科案中的是非与轻重",载《中国法学》2006年第2期。
[2] 比如我国《宪法》在第35条规定,公民有言论自由的权利,同时在第38条规定,中华人民共和国公民的人格尊严不受侵犯。禁止用任何方法对公民进行侮辱、诽谤和诬告陷害。这两个条款在现实生活中经常会出现权利冲突的情形,但是宪法却没有明确何者权利为先。

但是，个案调整模式的运行也存在诸多问题，特别是没有对公共人物的名誉权、隐私权加以必要的限制，没有凸显出对公共领域言论自由的特殊保护。从法治发达国家的经验来看，当言论自由（特别是公共领域言论自由）与其他权利发生冲突时，优先保护言论自由应成为共通的价值选择。我国有必要从权利冲突的个案调整模式向权利冲突的制度性调整模式变迁。

首先，要确立言论自由优先的法律地位，这是国际社会的普遍价值选择。言论自由在许多国家，无论是普通法系国家还是大陆法系国家，都被规定为公民基本权利，优先于其他普通权利。[1]在美国建国两百多年的历史里，言论自由也被视为立国之本，在价值排序上优于其他基本权利。[2]美国《1787年宪法》是世界上第一部成文宪法，它的言论自由保护传统也影响了很多国家的制度建构和价值选择。

其次，推动宪法的法律适用，使宪法真正成为公民基本权利的守护者。推动合宪性审查制度的实施，对侵害包括言论自由在内的公民基本权利行为进行法律追究。[3]明确可以限制言论自由的法律例外情形，同时规定限制言论自由时必须遵守的法律原则，从而防止言论自由受到不当侵害。"要在宪法层面宣示表达自由与个人名誉和隐私的规范性基础，通过不同层级的法律规范确认这些权利的内容、范围，明确规定这些权利受到侵犯时如何救济，同时强调在限制宪法基本权利时必须遵循法律保留原则和比例原则。"[4]换言之，言论自由的优先性并非绝对，在法律规定的特殊情形下可以对其进行必要限制，但是这些限制必须遵守相应的法律原则。

最后，区分言论的性质和内容，对于公共事务类的言论，建立公共人物权利的限缩制度，注重保护公共领域内的言论自由，鼓励新闻监督和公民监督，对于私人领域或私人事务类的言论，则根据案件的具体情形进行权利冲突的平衡。"公共人物理论是美国平衡时代宪法裁判的产物，这一理论试图平

---

[1] 参见苏力："《秋菊打官司》案、邱氏鼠药案和言论自由"，载《法学研究》1996年第3期。
[2] 参见蒋余浩："民主国家言论自由的问题：一个读书札记"，载《中外法学》2006年第3期。
[3] 党的十九大报告提出建立合宪性审查制度，但从目前的运行看，我们的合宪性审查制度是工作型的合法性审查，与普通民众尚有一定的制度距离。如何使合宪性审查走入人民群众的心中依然需要相关的制度设计与配套。
[4] 郭春镇："公共人物理论视角下网络谣言的规制"，载《法学研究》2014年第4期。

衡两个群体之间所享有的权利。第一类权利是掌握政治、经济、社会资源尤其是媒体资源的主体所享有的名誉权、隐私权。第二类权利是新闻媒体根据美国联邦宪法修正案第一条所享有的言论自由、报道自由，以及公众的知情权。享有诸多资源的主体必须容忍部分权利与自由被限制，以保证后类主体的表达自由等权利得到充分实现。公共人物理论发轫于这样一种纯朴的价值预设：特定群体的自由与公共利益必须进行适当的平衡，公共利益在某种程度上必须享有适当优先地位。"[1]我国《宪法》第35条规定的言论自由和第41条规定的公民监督权是推进我国社会主义民主政治建设的权利支撑和制度基础，因此，对于批评和监督公共人物和政府行为的言论（包括网络言论）应该抱有一种更加宽容的态度。"权利不是绝对的，但是宪法所容忍的权利限制必须是经过精心设计的和合理论证的。其他的原则还包括，可限制可不限制的权利就应当尽量不限制，言论与其他同等重要的政府行为相冲突时应当由权利胜出，尽量采用政府干预以外的方式（如市场的自我调节、技术手段的更新等）调整言论市场等。"[2]对公共领域言论自由给予更多的法律保护，是真正落实言论自由和公民监督的应有之义，也是将权力关进制度笼子的具体举措，对于当前转型中国的法治建设，更是具有特殊的建设性意义。

（二）网络言论自由权利在不同主体间冲突的调整

言论自由应该获得优先保护，由于互联网言论的随意性和个性化，对于网络言论自由更应该倍加呵护，不应该随意打击，引发寒蝉效应。"应当指出的是，由于网络上信息的无限性、无国界性和网站经营者对网上信息的部分不可控制性，发表信息者的虚拟身份以及由此产生的侥幸心理，在网络上应给予人们较之物理空间而言更为广泛的言论自由，在言论自由与其他权利冲突时，利益衡量的天平可适当偏向对言论自由的保护。"[3]但是，在肯定言论自由具有优先性的同时，还有一个容易忽视的法律问题亟待解决，如果不同主体享有的都是网络言论自由权利，这些不同主体之间的网络言论自由权利

---

[1] 郭春镇："公共人物理论视角下网络谣言的规制"，载《法学研究》2014年第4期。

[2] 秦前红、黄明涛："论网络言论自由与政府规制之间的关系——以美国经验为参照"，载《武汉科技大学学报（社会科学版）》2014年第4期。

[3] 张新宝："互联网发展的主要法治问题"，载《法学论坛》2004年第1期。

发生冲突时，又该如何处理？

首先，个体化的言论自由优先于组织化的言论自由。与广大碎片化、个体化的网民相比，互联网基础设施提供者与互联网内容和应用服务提供者具有强大的组织体系和力量，容易控制或操纵网络言论市场，也更易对个体化的言论自由造成侵害，因此，当两者的网络言论自由权利发生冲突时，个体化的网络言论自由应该优先于组织化的网络言论自由获得法律的保护。从保护个人自主性的角度来看，绝大多数的个人可以自由发言和自由接收信息的权利，也应该比少数宽带服务业者的发言或编辑权利重要。

其次，以发言者的发言对言论自由的实现最有实质帮助者，优先获得保护。言论自由是法治建设的基础。在多元发言者的环境中，与组织化的言论自由相比，公民个体化的发言更有助于实现言论自由，也更有利于促进民主法治建设。当不同主体的言论自由发生冲突时，个人自主性应该会受到比较多的重视。例如，在此判断标准下，网络上的内容提供商和用户的言论自由，应该比宽带服务业者的言论自由重要而应该受到较多的保护。言论自由属于第一代的传统基本权利，其主体一般也是个体化的公民。

第二节 网络言论自由的价值

人是渴望语言交流、期待情感沟通和崇尚自由发展的动物，通过言论进行交流、促成沟通、实现自由是人类尊严的重要标志，也是人类自我价值的根本体现。他者价值和自我价值共同构成了言论自由的价值内容。

网络言论自由是言论自由在互联网社会的延伸，它以更为便捷、更加民主和更具开放的方式实践着言论自由的真谛和精神。网络言论自由对中国而言更是有着不可估量的深刻影响，我国政府也通过白皮书的形式，从政府和公民双方受益的角度，肯定了互联网和网络言论自由的重要价值。"互联网为人们享有知情权、参与权、表达权和监督权提供了前所未有的便利条件和直接渠道，为政府了解人民意愿，满足人民需要，维护人民利益发挥了日益重要的作用。中国政府将坚定不移地维护公民依法享有的互联网上言论自由。"[1]

---

[1] 中华人民共和国国务院新闻办公室：《中国互联网状况》（2010年6月），http://www.scio.gov.cn/zfbps/ndhf/2010/Document/662572/662572_7.htm，最后访问时间：2020年1月6日。

本节尝试以转型中国作为观察视角,从网络言论自由的治理困境表达和转型意义等内容出发,勾勒网络言论自由的价值与意义。

一、转型中国的治理困境及其网络表达

改革开放以来,中国由传统的计划经济体制向社会主义市场经济体制转型,经济体制转型给中国带来了前所未有的经济活力,使中国取得了举世瞩目的经济成就,人民生活水平和国家综合实力也大幅提升,中国当前已经跃居世界第二大经济体,但是伴随着经济体制转型的是一些不容忽视的国家治理困境,比如城乡差距、地区差距和贫富差距不断扩大,贪污腐败和权力滥用仍然没有得到彻底遏制,教育、医疗、住房和社会保障等民生领域的问题依然严峻,环境保护更是成为举国上下共同关注的焦点问题。

改革开放以后,随着大量冤假错案的逐步平反和历史遗留的问题相继解决,整个社会亦开始步入正常的运行状态,国家制度体系也逐渐走上现代化的治理轨道,党的十九大以后国家制度和国家治理现代化更是被提上了重要议事日程。[1]但是,在深刻体制转型背后也隐藏着各种冲突和矛盾,不论是潜在的还是已发生的。政府一直以来以维护社会稳定作为根本目标,致力于建构安定团结型的信访制度和秩序。这种因果关系的一个比较合理的逻辑解释思路是:在由计划经济体制向市场经济体制转型的过程中,个人及私人组织开始从传统的单位中脱离出来,主体独立的同时也开始产生独立的、个别的利益,于是多元化利益格局的社会开始孕育;在多元化利益社会中,一方面是那些被传统单位制所掩盖的纠纷开始显现、暴露,另一方面是现行规则的缺失或不足让利益追逐者开始产生新的摩擦与矛盾;旧有的纠纷与新产生的矛盾亟待解决,再加上那些信访成功案例的刺激,那些普通纠纷的民众抱着试试看的态度也会去尝试一下信访的效果。

用图表来表示这样的解释逻辑:

---

[1] 党的十九届四中全会作出了《中共中央关于坚持和完善中国特色社会主义制度、推进国家治理体系和治理能力现代化若干重大问题的决定》(以下简称《关于坚持和完善中国特色社会主义制度、推进国家治理体系和治理能力现代化若干重大问题的决定》)。

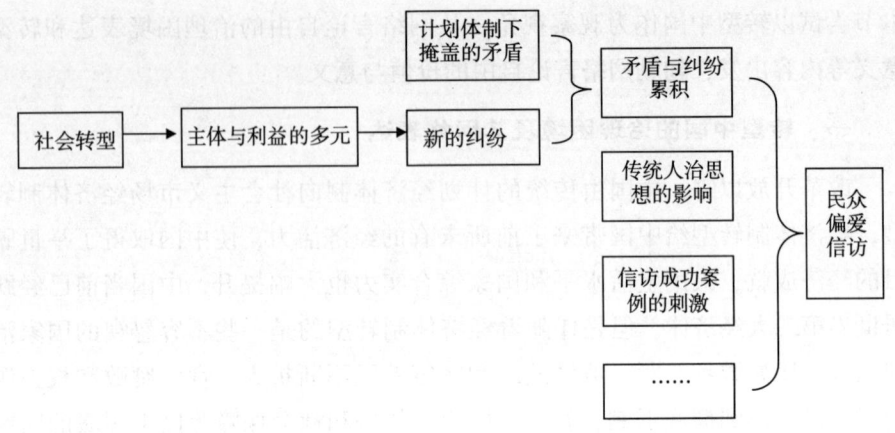

图1

"由于互联网的便捷性和隐匿性,很多社会矛盾纠纷的信息首先通过网上传播和发酵,极易发展成为现实的矛盾纠纷,网络已经成为表达社会不满和抗争的最重要渠道。现在的社会矛盾经常是首先通过网络的形式发出声音。网络给各类信息的传播提供了极大的方便,博客、微博、短信等各种方式,均能在最短的时间内将一个很小的问题炒作成一个很大的事件。"[1]由于制度设计及执行等原因,我国当前在违法行为举报制度、权利救济制度、公权力监督制度等方面存在着很大的实施困境,由于许多在现实社会中利益受到公权力侵害的民众无法通过正规的法律渠道寻求救济,于是他们开始借助互联网的匿名性、便捷性和即时性等优势,转而寻求网络表达,并希望通过网络监督的压力间接实现法律救济的目的。"网络谣言本身就是各种社会冲突、公众需求和社会焦虑的扭曲反映和另类表达"[2],当然,这些网络言论中也包含很多不实信息、夸大信息、偏激言论,夹杂着网络言论和网络监督。一则流言、讹言所涉及议题的社会政治意义、利益越是重大,其影响力的公约数也越大,相关利益群体的规模也就扩大。正因为这群人对于需要什么、期望什么都很明确也很一致,所以经过流传、增益、删减、润饰之后的版本虽然

---

[1] 马怀德:"预防化解社会矛盾的治本之策:规范公权力",载《中国法学》2012年第2期。

[2] 刘绩宏、柯惠新:"道德心理的舆论张力:网络谣言向网络暴力的演化模式及其影响因素研究",载《国际新闻界》2018年第7期。

可能不同于原始版本，却不但不会淡化、弱化或歪曲该群体的共同目标、诉求、表达，反而有助于提高该信息的可接受性。所以"流言惑众""讹言惑众"之类的说法，在宣传层面上或许有效，却不能揭示流言、讹言影响民众的本质所在。[1]对绝大多数与具体事件无关的无利益相关参与者来说，解决网络表达的具体事件并非其参与的真正目的，通过网络表达实现官民关系的正常化、民主监督的制度化并推动社会变革与进步才是无数人参与网络政治的梦想。从这个意义上说，一个时代真正有意义的讯息并不是媒介所传播的具体内容，而是新媒介的使用所蕴含的可能性与带来的社会变革。[2]

二、网络言论自由的中国实践

在20世纪末，虽然中国不断向社会主义市场经济体制转型，一些公权力也开始由政府向社会转移，但是政府对传统媒体依然实行严格管制。与此同时，中国政府将信息科技产业确立为我国经济发展的重要战略，高度重视信息产业和信息科技的发展。进入21世纪，伴随着互联网科技的日新月异，由互联网科技所提供的网络言论平台不断建构，从Web1.0的互联网工具、Web2.0的互联网平台再到网络自媒体技术，我国民众热情一下子迸发出来，成为互联网时代一道亮丽的风景线。"网络是一把双刃剑。我国目前正处于急剧的社会变革时期和矛盾凸显期，作为社会矛盾和社会利益冲突表现形式的突发事件近年频频发生，互联网作为一种便利而有效的工具，与各类突发事件密切联系在一起，形成一个强大的互联网舆情场，不仅影响着网络社会，也对现实社会产生了重要影响，给政府的网络应对带来了挑战。"[3]网络言论自由在中国的实践过程，是互联网科技不断进步和发展的过程，是民众权利意识和自由意识不断伸张的过程，也是政府权力向透明行政、开放行政变迁的过程。

概括而言，网络言论自由的中国实践大致存在以下几个主要特点：

第一，网络言论自由的中国实践与互联网科技发展密切相关。网络言论

---

[1] 参见吕宗力："汉代的流言与讹言"，载《历史研究》2003年第2期。

[2] 参见邱鸿峰、杨松："网络传播、公共领域与行政控制"，载《中国行政管理》2007年第6期。

[3] 曾润喜、徐晓林："社会变迁中的互联网治理研究"，载《政治学研究》2010年第4期。

自由在中国的实践过程，是互联网科技和计算机技术不断进步和发展的过程。网络言论自由是普通公众所享有的权利和自由，是非特权性的自由，是非精英化的权利，从这个角度而言，网络言论自由的中国实践是从21世纪初才真正开始的。虽然自20世纪90年代起，互联网就已进入中国的普通家庭，但是此时互联网的普及率非常低，上网人群也非常稀少，而且Web1.0时代的互联网是以门户网站为标志，普通公众一般只能被动地阅读和浏览，而不能主动发出自己的声音，此时的网络言论自由更确切地说应是网络内容和应用服务者的言论自由，而非普通网民的言论自由。进入21世纪后，以BBS、博客为标志的Web2.0和以微博、微信为标志的自媒体兴起后，普通公众才真正成为网络言论自由权利的主体，并开启了波澜壮阔的网络言论自由中国实践。

第二，生活化语言、日常化交流是网络言论自由中国实践的主要内容。在我国转型时期，确实存在一些利益或权利受损者，这些社会变革的受冲击者，通过造谣进而蓄意制造网络公共事件。[1]由于受某些有重大社会影响的网络公共事件影响，当前学术文献和传统媒体的关注焦点集中于对这些网络公共事件的分析与解读，容易给人造成一种只有这些网络公共事件才是网络言论表达的主流、网络上充斥着各种负面网络言论的假象，从而忽视了那些生活化网络语言、日常化网络交流的网络言论主体地位。客观而言，在数以万亿计的网络言论中，有社会影响的涉及网络公共事件的言论微乎其微，在我国每年最多也就数十件，绝大多数是普通民众的生活化网络语言、日常化网络交流，尽管有些言论未必完全真实，但也没有社会影响，缺少社会危害。

第三，网络言论自由中国实践与中国社会问题的关联性。尽管如前所述，生活化语言、日常化交流是网络言论自由中国实践的主要内容，但是由于转型中国的治理困境，这些现实的社会问题会通过互联网进行一定的表达，于是，同其他国家的网络言论实践相比，我国网络言论自由实践具有很强的社会问题关联性。但是，值得进一步指出的是，网络上所反映的绝大多数问题

---

〔1〕参见李若建："社会变迁的折射：20世纪50年代的'毛人水怪'谣言初探"，载《社会学研究》2005年第5期。

不是涉及敌我矛盾的政治问题，而是涉及具体利益纷争和权利争议的社会问题。

第四，不同主体在网络言论自由实践中话语权的差异。尽管普通网民、意见领袖、网络内容和服务提供者等主体都在网络社会中享有网络言论自由的权利，但是不同主体的网络言论话语权和影响力其实是有差异的。[1]普通网民尽管人数最多，但是由于力量分散，处于话语权的劣势地位。意见领袖虽然是有限的个体，但是他在某一领域具有社会影响力，使其成为网络社会的公众人物，"网络民意很容易受个别'意见领袖'的影响。'意见领袖'常常能引导、控制整个网民舆论的方向，情绪化的'意见领袖'也容易将网络民意带入情绪化的深渊"[2]。网络内容和服务提供者则享有网络信息的编辑权，可以限制某人发言，删除发言的内容，处于网络话语权的主导地位。

第五，网络言论自由实践对政府治理的革命性影响。互联网是新兴的事物和传播渠道，政府基于管理传统媒体所积累的经验和做法无法有效应对网络社会的言论表达和利益诉求。同时，网络言论又是现实社会各种问题的一面镜子。[3]由于相关权力监督和制约制度的缺失或不完善，公权力失范的情形在我国还偶有发生。由此，我国政府长期以来面临着网络问题与现实问题交织的双重困境和挑战，经过一段时间的适应与磨合，当前政府应对互联网社会问题的治理能力和处理现实社会问题的治理能力都有了长足进步。这也从另一个侧面揭示了网络言论自由实践对政府治理的理念和方式产生了深刻

---

[1] "网络话语权同样具有严格的等级特征：从宏观层次上看，'数字鸿沟'的存在使网络话语权力的核心依然牢牢把握在掌控着优势信息及技术的国家或集团手中；从微观层次上看，即使是在某一网络社区的内部，依然存在话语权力的分层。有人以 BBS 为例探讨了网络话语权的等级特征：网管作为网站从业人员掌握最终的生杀大权；斑竹（版主）通过删帖、改帖、置顶等权限引导 BBS 的趣味和方向，是 BBS 上的显性掌权者；资深网民是 BBS 上说话影响力较大的一群人；而普通网民构成了 BBS 上数量最多却最没有影响力的'沉默者'。"陈潭、罗晓俊："中国网络政治研究：进程与争鸣"，载《政治学研究》2011 年第 4 期。

[2] 陈柏峰："传媒监督权行使如何法治——从'宜黄事件'切入"，载《法学家》2012 年第 1 期。

[3] "作为人与人交往结果的网络社会，在本质上同于日常社会，它是日常社会的一部分，网络社会与日常社会的关系是'部分'与'整体'的关系。"参见童星、严新明："网络社会控制的悖论"，载《社会科学研究》2003 年第 2 期。

影响。

三、网络言论自由、公众参与和民主重塑

言论自由是现代民主法治国家普遍奉行的基本信念，它不仅是个人尊严和价值的基本体现，是文化和艺术进步的助推器，也是推进公共治理和公共政策正当性、合理性的思想支撑，当然，现代公民的培育和塑造也依赖于言论自由，通过言论市场的辩论与交流，公民的判断力和参与性才得以提升。民主的实现首先有赖于信息的获取、交流与传播，互联网时代的到来及其所引发的信息传播革命，有助于更好地实现公众参与，并促进代议制民主的重塑。"验证真理最好的方法，便是该想法在自由竞争的市场上是否能够逐渐获得接受，当信息的流通在市场不受限制时，人民取得据以行使治理权力所需的政治、社会、道德甚至美学相关意见和经验的管道不虞阻塞时，那么民主便有蓬勃发展的可能性。"[1]民主实践的发展依赖于言论自由，互联网则极大扩展了言论自由的广度和深度，互联网由此也成为民主的助推器。

（一）网络言论自由和公众参与

参与式民主的兴起是20世纪世界范围内的一股重要浪潮，公众参与和多元民主治理成为国家治理体系现代化的重要范畴，参与型政府的塑造也是现代法治政府的重要标志和重要内容。告别单一的、垄断性的、政府主导的一元化社会治理，推进多主体、协商式的、"政府—社会共治型"的多元化社会治理，成为世界各国推进政府再造、促进公共管理转型的普遍趋势。随着20世纪90年代社会主义市场经济体制改革的推进和民主法治化进程的加速，我国社会结构经历了深刻且意义深远的变迁，政府开始逐步摒弃传统的全能政府和政府大包干理念，通过《中华人民共和国行政处罚法》（以下简称《行政处罚法》）《中华人民共和国价格法》（以下简称《价格法》）《中华人民共和国立法法》（以下简称《立法法》）等法律规范鼓励和支持个人、组织参与国家的立法、行政等活动，"协商治理"等现代治国理念开始在中国兴起。"公众参与在中国早已不再是一个陌生的新鲜事物，无论是在国家立法层面还是在行政机关的行政活动层面都已有大量的公众参与实践，公众参与在

---

[1] Red Lion Broadcasting Co. v. FCC, 395 U.S. 367, 390, (1969).

中国的民主化道路上俨然已成为一道亮丽的风景线。"[1]参与型政府的基本内涵是通过制度化、规范化的渠道保障多元主体治理,实现治理主体的多元化,鼓励和保障公民和其他组织对立法、行政活动的参与,使政府获取更多有益的决策知识和信息,提升行政活动的正当性和可接受性,平衡行政过程中公民参与民主与行政机关的专业技术或专家理性。

网络言论自由极大丰富了公共信息的获取和交流,并扩展了公众对公共事务的监督。"随着互联网逐步发展,信息交流的扩展,人民的参与意识,特别是对政府的监督和诉求会越来越多。"[2]网络以其特有的互动性、匿名性和便捷性成为公民参与公共事务、社会事务和国家事务的重要平台,给公民提供与国家进行非面对面互动和交流的另一种渠道。网络已经成为新兴而且影响巨大的公众参与方式,以自身特有的方式在推动着我国公民社会的孕育。[3]由于行政机关不再局限于传统的政府公报、报刊、电视、广播等形式,通过政府网站、政府微博和政府微信公众号就可公开相应的政府信息,而行政相对人也可以通过简便的互联网申请方式或通过相关官方网络平台获取政府信息,于是,信息的充分获取或者知情权的充分保障就为网络言论自由提供了最基础的物质资源。知情权是网络言论自由的基础,同时,网络言论自由又促进了参与权和监督权的实现。通过不同主体之间信息的充分、自由交流与沟通,可以有效抑制公众参与形式化或虚置的信息因素,而涉及公权力、公共机构和公职人员的网络言论,又构成了公民监督权的内容。

(二)网络言论自由与民主重塑

民主是现代国家的基石,代议制民主解决了权力归属和政权正当性问题,但是随着社会进步和民主观念的变迁,代议制民主也面临着一系列困境,如何重塑民主并维系民主制度的活力便成为现代民主国家的重要课题。在互联网时代,网络言论自由通过重构信息公开制度、促进参与式民主、削弱传统

---

[1] 林华:"因参与、透明而进步:互联网时代下的公众参与和政府信息公开",载《行政法学研究》2009年第2期。

[2] 马怀德:"法治政府特征及建设途径",载《国家行政学院学报》2008年第2期。

[3] "网络和短信日益成为发起共同议题和组织民意的有效平台,虚拟的公共空间无疑构成公众参与重要的制度前提。"王锡锌主编:《公众参与和中国新公共运动的兴起》,中国法制出版社2008年版,第6页。

权力结构等途径，推进着代议制民主的重塑。

民主制度和信息公开存在着紧密的联系。"民主制度必须建立在公开的基础之上，而公开性又必须有具体的信息公开法律制度来加以保障和实现，这已经成为一种普遍的理念。"[1]当前我国政府信息公开制度还存在诸多不足。网络言论自由一方面扩散了政府公开的信息，推进了政府信息的便捷流通，从信息角度保障了公民的知情权，另一方面，网络言论自由中的监督内容和批评信息也可以形成完善政府信息公开制度的倒逼机制，促进该制度的发展与完善。通过政府信息公开制度的落实与完善，民主制度也就具有了可靠的信息基础和机制支撑。

网络言论自由是参与式民主的重要形式，也直接推动着参与式民主制度的发展，而以公众直接参与立法、行政决策、行政执法和司法活动为主要内容的参与式民主又可以弥补传统代议制民主的不少弊端，增强国家权力运行的正当性和民意基础，在互联网时代，网络言论自由又构成公众参与的必要基础和互动机制，从这个角度看，网络言论自由对传统代议制民主的重塑也具有重要的间接意义。"公众参与是在传统的代议制民主显现出了自身难以克服的弊端与无奈时所出现的另一种民主形式——参与式民主，其本身就彰显着民主精神，是一种广泛存在于普通公民间的虽普通又伟大的民主实践。从这个意义上而言，公众参与更是一个融合了高贵的民主精神与朴实的民主实践的现代话语。"[2]网络言论自由通过对公众参与的作用机制，推进着代议制民主的重塑与革新。

传统代议制民主建立在科层制基础上，科层制是代议制民主的具体运行机制之一。在西方国家，科层制一般仅适用于行政机关，立法机关和司法机关有自己特殊的运行机制。如果科层制的运行缺乏健全的法律制度和成熟的公务伦理作为支撑，极易发生权力的滥用和腐败，也会侵蚀民主制度的运行机制和民主制度的真谛，因此缺乏民主和法治支撑的科层制本质上是对代议制民主的损害。互联网具有平等性和开放性，互联网为言论自由和公民监督提供了便捷、全方位的平台，可以在很大程度上监督和约束科层制的运作，

---

[1] 朱芒：《功能视角中的行政法》，北京大学出版社2004年版，第134页。

[2] 林华："因参与、透明而进步：互联网时代下的公众参与和政府信息公开"，载《行政法学研究》2009年第2期。

从而解构原先高度集中、内在封闭的权力运行结构。"无论平等与否，互联网已在一定程度上以它独立的意志建构了一个权力系统并与现实权力系统并行或交叉运动着，最终改变了现实政治的权力格局和运行状态。"[1]当然，互联网对权力运行结构和权力格局的解构或冲击依然是有限的，毕竟互联网仍然是一种技术、一种工具，权力运行的真正变革或许仍然依赖于行政体制、政治体制的改革与完善。

第三节 网络言论自由的边界

作为基本权利的言论自由，尽管它有着明显的制度功效，对人类进步和社会发展也具有重要意义，但是如同其他权利一样，言论自由也并非绝对的权利，也有着权利正当行使的边界与限制。由于互联网的匿名性、即时性和跨时空性等特征，网络言论自由更容易发生滥用，损害个人利益、组织利益和社会利益等，[2]并且这种损害可能具有时间上的持续性、永久性以及空间上的无限延展性。如何设置合理的边界去规范网络言论自由的行使，这也是探讨网络言论自由价值和意义的应有之义。"如果我们希望保全自由，我们就必须比任何时候都更为珍惜地保卫它，并且我们必须为它做出牺牲。"[3]唯有实现网络言论自由的规范与正当行使，才会有每个人的网络言论自由，也才有网络言论自由的正面价值与实在意义。

网络言论自由是以互联网为平台的言论自由，从理论角度而言，网络言论自由存在三方面的边界，一是网络言论自由的法律边界，即在法律层面上网络言论自由所存在的限制和规范；二是网络言论自由的道德边界，即在道德层面上网络言论自由所存在的限制和规范；三是网络言论自由的技术边界，

---

[1] 陈潭、罗晓俊："中国网络政治研究：进程与争鸣"，载《政治学研究》2011年第4期。
[2] 不仅仅是网络平台上的个人言论，如果缺乏法治的监督和保障，传统媒体在互联网时代也可能会发生异化，沦为利益追逐的工具。"网络时代的传媒，对于法治建设而言也是一把双刃剑，缺乏对其的制约则会造成负面影响，成为私人和商业机构谋取私利的空间和手段，引发对国家和法律的怀疑、藐视和抗拒，消弭传媒监督权的公共性。"陈柏峰："传媒监督权行使如何法治——从'宜黄事件'切入"，载《法学家》2012年第1期。
[3] [英] 弗里德里希·奥古斯特·哈耶克：《通往奴役之路》，王明毅等译，中国社会科学出版社1997年版，第55页。

即在技术层面上网络言论自由所存在的限制和规范。[1]

一、网络言论自由的法律边界

言论自由是宪法规定的基本权利,既然是一项法律权利,按照权利义务相统一的基本原则,它也会存在相应的法律义务,这些法律义务就构成了网络言论自由的法律边界。如果违反了法律义务,超越了法律边界,那么就应当承担相应的法律责任。如果按照调整对象内容的差异,我们可以将涉及网络言论自由边界的法律规范分为三类:宪法中的相关法律条款、普通法律中的相关法律条款、互联网法律中的相关法律条款。

(一)宪法中网络言论自由的法律边界

宪法是国家的根本大法,是公民基本权利的宣言书,宪法中有关言论自由法律条款则在根本法层面上规定了言论自由的权利与义务,明确言论自由的宪法界限,是指导普通法律有关言论自由内容制定和法律实施的根本准则。我国宪法也从正面和反面两个角度规定了网络言论自由的法律边界。

《宪法》第35条是关于言论自由的直接规定,其规定:"中华人民共和国公民有言论、出版、集会、结社、游行、示威的自由。"此外,《宪法》第27条第2款、第41条第1款和第47条也间接规定了言论自由。第27条第2款规定:"一切国家机关和国家工作人员必须依靠人民的支持,经常保持同人民的密切联系,倾听人民的意见和建议,接受人民的监督,努力为人民服务。"第41条第1款规定:"中华人民共和国公民对于任何国家机关和国家工作人员,有提出批评和建议的权利;对于任何国家机关和国家工作人员的违法失职行为,有向有关国家机关提出申诉、控告或者检举的权利,但是不得捏造或者歪曲事实进行诬告陷害。"这两个法律条款直接确立了公民监督权,

---

[1] Lawrence Lessig 教授认为在互联网社会中,存在四种规制方式,包括法律、道德准则、市场以及架构。See Lawrence Lessig, *Code: Version 2.0*, *Basic Books*, (2006), pp. 124-125. 作为社会规范的法律和道德无疑可以构成对网络言论自由的限制,以价格机制为核心的市场手段难以实质性地作用于网络言论,而架构其实是以互联网技术为基础,不同的架构会形成不同的网络言论平台,但其实质是基于技术所形成的言论自由边界或限制。因此,本书将网络言论自由的限制或边界区分为法律边界、道德边界和技术边界。

公民有权对国家机关和国家工作人员进行监督[1]，而公民监督权蕴含着公共领域的言论自由，如果公民担心打击报复、担心被追究法律责任，不能享有在公共领域自由发表言论的权利，不能享有就公共事务提出批评、建议的权利，那么公民监督权也就无从谈起。从这个意义上讲，公共领域的言论自由是公民监督权的基础和前提。第47条规定："中华人民共和国公民有进行科学研究、文学艺术创作和其他文化活动的自由。国家对于从事教育、科学、技术、文学、艺术和其他文化事业的公民的有益于人民的创造性工作，给以鼓励和帮助。"科学研究、文学艺术创作和其他文化活动中必然包含着口头言论、书面言论或身体言论（比如身体艺术），因此，言论自由也构成了这些文化活动更为深层次的基础。

除了这些正面肯定言论自由权利的法律条款以外，宪法也对言论自由的行使作了若干法律限制，主要包括针对所有权利行使的原则性限制和针对言论自由行使的具体性限制。《宪法》第5条第5款、第33条第4款和第51条对包括言论自由在内的所有权利行使规定了基本原则。第5条第5款规定："任何组织或者个人都不得有超越宪法和法律的特权。"第33条第4款规定："任何公民享有宪法和法律规定的权利，同时必须履行宪法和法律规定的义务。"第51条规定："中华人民共和国公民在行使自由和权利的时候，不得损害国家的、社会的、集体的利益和其他公民的合法的自由和权利。"这些条款确立了法律适用平等原则和权利义务相统一原则，为不同权利冲突的平衡和协调设定了最根本准则。《宪法》第38条和第41条第1款则涉及言论自由行使的具体限制。第38条规定："中华人民共和国公民的人格尊严不受侵犯。禁止用任何方法对公民进行侮辱、诽谤和诬告陷害。"该条款尝试平衡言论自由与人格尊严的关系，公民在行使言论自由时不得对其他公民进行侮辱、诽谤和诬告陷害。第41条第1款在规定公民享有向有关国家机关提出申诉、控告或者检举权利的同时，也规定了不得捏造或者歪曲事实进行诬告陷害。

---

[1] 有关这两个法律条款的进一步深入解读，参见林华："信访性质的溯源性追问"，载《中国政法大学学报》2011年第6期。

(二) 普通法律中网络言论自由的法律边界

人是语言的动物,有人的地方就会有人的言论,就需要有言论自由的保障与规范。法律以人的行为及其形成的社会关系为调整对象,因此,法律所调整的各个领域、各个方面都可能会涉及言论自由的行使及其界限。如果按照这个思路去探寻普通法律中的网络言论自由法律边界,我们就会陷入法律规范的汪洋之中而迷失自己。网络言论自由的法律边界固然涉及义务性规范,但最终都会落实为相应的法律责任,而法律责任一般分为民事责任、刑事责任和行政责任,因此,如果我们能够将民事法律、刑事法律和行政法律中关于网络言论自由法律边界的最主要内容梳理清楚,也就大致厘清了普通法律中的网络言论自由法律边界。

1. 就网络言论自由的民事法律边界而言,《民法典》第1019条第1款规定:"任何组织或者个人不得以丑化、污损,或者利用信息技术手段伪造等方式侵害他人的肖像权。未经肖像权人同意,不得制作、使用、公开肖像权人的肖像,但是法律另有规定的除外。"第1024条规定:"民事主体享有名誉权。任何组织或者个人不得以侮辱、诽谤等方式侵害他人的名誉权。名誉是对民事主体的品德、声望、才能、信用等的社会评价。"第1032条第1款规定:"自然人享有隐私权。任何组织或者个人不得以刺探、侵扰、泄露、公开等方式侵害他人的隐私权。"因此,根据《民法典》规定,如果侵害他人肖像权、名誉权、隐私权的,需要承担民事责任。同时,《民法典》第1194条规定:"网络用户、网络服务提供者利用网络侵害他人民事权益的,应当承担侵权责任。法律另有规定的,依照其规定。"第1195条第1款、第2款规定:"网络用户利用网络服务实施侵权行为的,权利人有权通知网络服务提供者采取删除、屏蔽、断开链接等必要措施。通知应当包括构成侵权的初步证据及权利人的真实身份信息。网络服务提供者接到通知后,应当及时将该通知转送相关网络用户,并根据构成侵权的初步证据和服务类型采取必要措施;未及时采取必要措施的,对损害的扩大部分与该网络用户承担连带责任。"[1]《民法典》明确规定了网络侵权行为及其法律责任,并扩大了网络言论自由所

---

[1] 该条款被称为互联网服务的避风港原则,限制了网络服务提供者的法律责任范围,有利于互联网产业的创新与发展。

可能侵害的民事权益范围，将隐私权等权利也明确纳入其中。

2. 就网络言论自由的行政法律边界而言，《治安管理处罚法》是处理日常状态下网络言论自由法律问题的最主要法律，而《突发事件应对法》则是处理突发事件状态下网络言论自由法律问题的最主要法律。《治理管理处罚法》第25条规定："有下列行为之一的，处5日以上10日以下拘留，可以并处500元以下罚款；情节较轻的，处5日以下拘留或者500元以下罚款：（一）散布谣言，谎报险情、疫情、警情或者以其他方法故意扰乱公共秩序的；（二）投放虚假的爆炸性、毒害性、放射性、腐蚀性物质或者传染病病原体等危险物质扰乱公共秩序的；（三）扬言实施放火、爆炸、投放危险物质扰乱公共秩序的。"第29条规定："有下列行为之一的，处5日以下拘留；情节较重的，处5日以上10日以下拘留：（一）违反国家规定，侵入计算机信息系统，造成危害的；（二）违反国家规定，对计算机信息系统功能进行删除、修改、增加、干扰，造成计算机信息系统不能正常运行的；（三）违反国家规定，对计算机信息系统中存储、处理、传输的数据和应用程序进行删除、修改、增加的；（四）故意制作、传播计算机病毒等破坏性程序，影响计算机信息系统正常运行的。"第42条规定："有下列行为之一的，处5日以下拘留或者500元以下罚款；情节较重的，处5日以上10日以下拘留，可以并处500元以下罚款：（一）写恐吓信或者以其他方法威胁他人人身安全的；（二）公然侮辱他人或者捏造事实诽谤他人的；（三）捏造事实诬告陷害他人，企图使他人受到刑事追究或者受到治安管理处罚的；（四）对证人及其近亲属进行威胁、侮辱、殴打或者打击报复的；（五）多次发送淫秽、侮辱、恐吓或者其他信息，干扰他人正常生活的；（六）偷窥、偷拍、窃听、散布他人隐私的。"第47条规定："煽动民族仇恨、民族歧视，或者在出版物、计算机信息网络中刊载民族歧视、侮辱内容的，处10日以上15日以下拘留，可以并处1000元以下罚款。"第55条规定："煽动、策划非法集会、游行、示威，不听劝阻的，处10日以上15日以下拘留。"第68条规定："制作、运输、复制、出售、出租淫秽的书刊、图片、影片、音像制品等淫秽物品或者利用计算机信息网络、电话以及其他通讯工具传播淫秽信息的，处10日以上15日以下拘留，可以并处3000元以下罚款；情节较轻的，处5日以下拘留或者500元以下罚款。"因此，根据上述条款，《治安管理处罚法》对制造传播网络谣言、利用互联网扬言危害公共安全、利用互联网传播病毒等破坏性程序、利用互联网侮辱、诽谤他人和侵害他人隐私、利用互联网煽动民族仇恨和民族歧视等行为规定了行政责任。

《突发事件应对法》第 54 条规定："任何单位和个人不得编造、传播有关突发事件事态发展或者应急处置工作的虚假信息。"第 65 条规定："违反本法规定，编造并传播有关突发事件事态发展或者应急处置工作的虚假信息，或者明知是有关突发事件事态发展或者应急处置工作的虚假信息而进行传播的，责令改正，给予警告；造成严重后果的，依法暂停其业务活动或者吊销其执业许可证；负有直接责任的人员是国家工作人员的，还应当对其依法给予处分；构成违反治安管理行为的，由公安机关依法给予处罚。"《突发事件应对法》对突发事件状态下编造、传播相关虚假信息的行政责任作出了规定。

3. 就网络言论自由的刑事法律边界而言，《刑法》中有诸多罪名可能会涉及网络言论的刑事责任问题。

第 103 条第 2 款规定："煽动分裂国家、破坏国家统一的，处 5 年以下有期徒刑、拘役、管制或者剥夺政治权利；首要分子或者罪行重大的，处 5 年以上有期徒刑。"这是关于煽动分裂国家罪的规定。

第 105 条第 2 款规定："以造谣、诽谤或者其他方式煽动颠覆国家政权、推翻社会主义制度的，处 5 年以下有期徒刑、拘役、管制或者剥夺政治权利；首要分子或者罪行重大的，处 5 年以上有期徒刑。"这是关于煽动颠覆国家政权罪的规定。

第 181 条第 1 款规定："编造并且传播影响证券、期货交易的虚假信息，扰乱证券、期货交易市场，造成严重后果的，处 5 年以下有期徒刑或者拘役，并处或者单处 1 万元以上 10 万元以下罚金。"这是关于编造并传播证券交易虚假信息罪的规定。

第 217 条规定："以营利为目的，有下列侵犯著作权或者与著作权有关的权利的情形之一，违法所得数额较大或者有其他严重情节的，处 3 年以下有期徒刑，并处或者单处罚金；违法所得数额巨大或者有其他特别严重情节的，处 3 年以上 10 年以下有期徒刑，并处罚金：（一）未经著作权人许可，复制发行、通过信息网络向公众传播其文字作品、音乐、美术、视听作品、计算机软件及法律、行政法规规定的其他作品的；（二）出版他人享有专有出版权的图书的；（三）未经录音录像制作者许可，复制发行、通过信息网络向公众传播其制作的录音录像的；（四）未经表演者许可，复制发行录有其表演的录音录像制品，或者通过信息网络向公众传播其表演的；（五）制作、出售假冒他人署名的美术作品的；（六）未经著作权人或者与著作权有关的权利人许可，故意避开或者破坏权利人为其作品、录音录像制品等采取的保护著作权或者与著作权有关的权利的技术措施的。"这是关于侵犯著作权罪的规定。

第219条第1款规定："有下列侵犯商业秘密行为之一，情节严重的，处3年以下有期徒刑，并处或者单处罚金；情节特别严重的，处3年以上10年以下有期徒刑，并处罚金：（一）以盗窃、贿赂、欺诈、胁迫、电子侵入或者其他不正当手段获取权利人的商业秘密的；（二）披露、使用或者允许他人使用以前项手段获取的权利人的商业秘密的；（三）违反保密义务或者违反权利人有关保守商业秘密的要求，披露、使用或者允许他人使用其所掌握的商业秘密的。"这是关于侵犯商业秘密罪的规定。

第221条规定："捏造并散布虚伪事实，损害他人的商业信誉、商品声誉，给他人造成重大损失或者有其他严重情节的，处2年以下有期徒刑或者拘役，并处或者单处罚金。"这是关于损害商业信誉、商品声誉罪的规定。

第243条规定："捏造事实诬告陷害他人，意图使他人受刑事追究，情节严重的，处3年以下有期徒刑、拘役或者管制；造成严重后果的，处3年以上10年以下有期徒刑。国家机关工作人员犯前款罪的，从重处罚。不是有意诬陷，而是错告，或者检举失实的，不适用前两款的规定。"这是关于诬告陷害罪的规定。

第246条第1款规定："以暴力或者其他方法公然侮辱他人或者捏造事实诽谤他人，情节严重的，处3年以下有期徒刑、拘役、管制或者剥夺政治权利。"这是关于侮辱罪和诽谤罪的规定。

第249条规定："煽动民族仇恨、民族歧视，情节严重的，处3年以下有期徒刑、拘役、管制或者剥夺政治权利；情节特别严重的，处3年以上10年以下有期徒刑。"这是关于煽动民族仇恨、民族歧视罪的规定。

第250条规定："在出版物中刊载歧视、侮辱少数民族的内容，情节恶劣，造成严重后果的，对直接责任人员，处3年以下有期徒刑、拘役或者管制。"这是关于出版歧视、侮辱少数民族作品罪的规定。

第 278 条规定："煽动群众暴力抗拒国家法律、行政法规实施的,处 3 年以下有期徒刑、拘役、管制或者剥夺政治权利;造成严重后果的,处 3 年以上 7 年以下有期徒刑。"这是关于煽动暴力抗拒法律实施罪的规定。

第 286 条第 3 款规定："故意制作、传播计算机病毒等破坏性程序,影响计算机系统正常运行,后果严重的,依照第 1 款的规定处罚。"这是关于破坏计算机信息系统罪的规定。

第 291 条之一第 1 款规定："投放虚假的爆炸性、毒害性、放射性、传染病病原体等物质,或者编造爆炸威胁、生化威胁、放射威胁等恐怖信息,或者明知是编造的恐怖信息而故意传播,严重扰乱社会秩序的,处 5 年以下有期徒刑、拘役或者管制;造成严重后果的,处 5 年以上有期徒刑。"这是关于编造虚假恐怖信息罪和故意传播虚假恐怖信息罪的规定。

第 364 条第 1 款规定："传播淫秽的书刊、影片、音像、图片或者其他淫秽物品,情节严重的,处 2 年以下有期徒刑、拘役或者管制。"这是关于传播淫秽物品罪的规定。

第 373 条规定："煽动军人逃离部队或者明知是逃离部队的军人而雇用,情节严重的,处 3 年以下有期徒刑、拘役或者管制。"这是关于煽动军人逃离部队罪的规定。

第 378 条规定："战时造谣惑众,扰乱军心的,处 3 年以下有期徒刑、拘役或者管制;情节严重的,处 3 年以上 10 年以下有期徒刑。"这是关于战时造谣扰乱军心罪的规定。

第 433 条:"战时造谣惑众,动摇军心的,处 3 年以下有期徒刑;情节严重的,处 3 年以上 10 年以下有期徒刑;情节特别严重的,处 10 年以上有期徒刑或者无期徒刑。"这是关于战时造谣惑众罪的规定。

以上罪名都涉及网络言论自由的刑事法律界限问题。

(三)互联网专门法律中网络言论自由的法律边界

在调整互联网的法律规范中,全国人大常委会颁布了两个专门的法律决定,还有《网络安全法》《电子商务法》等。2000 年的《关于维护互联网安全的决定》对《刑法》中已作规定的故意制作、传播计算机病毒等破坏性程序攻击计算机系统及通信网络，利用互联网造谣、诽谤或者发表、传播其他有害信息，煽动颠覆国家政权、推翻社会主义制度，煽动分裂国家、破坏国家统一，利用互联网煽动民族仇恨、民族歧视、破坏民族团结，利用互联网损害他人商业信誉和商品声誉，利用互联网编造并传播影响证券、期货交易或者其他扰乱金融秩序的虚假信息，在互联网上建立淫秽网站、网页，提供淫秽站点链接服务，或者传播淫秽书刊、影片、音像、图片，利用互联网侮辱他人或者捏造事实诽谤他人等违法犯罪行为进行再次重申。2012 年的《关于加强网络信息保护的决定》第 7 条规定："任何组织和个人未经电子信息接收者同意或者请求，或者电子信息接收者明确表示拒绝的，不得向其固定电话、移动电话或者个人电子邮箱发送商业性电子信息。"该条明确了发送商业性电子信息的法律条件。第 10 条第 2 款规定："国家机关及其工作人员对在履行职责中知悉的公民个人电子信息应当予以保密，不得泄露、篡改、毁损，不得出售或者非法向他人提供。"该条款规定了国家机关及其工作人员对于公民个人电子信息的保密义务。《网络安全法》第 12 条规定："国家保护公民、法人和其他组织依法使用网络的权利，促进网络接入普及，提升网络服务水平，为社会提供安全、便利的网络服务，保障网络信息依法有序自由流动。任何个人和组织使用网络应当遵守宪法法律，遵守公共秩序，尊重社会公德，不得危害网络安全，不得利用网络从事危害国家安全、荣誉和利益，煽动颠覆国家政权、推翻社会主义制度，煽动分裂国家、破坏国家统一，宣扬恐怖主义、极端主义，宣扬民族仇恨、民族歧视，传播暴力、淫秽色情信息，编造、传播虚假信息扰乱经济秩序和社会秩序，以及侵害他人名誉、隐私、知识产权和其他合法权益等活动。"该条款对个人和组织的言论自由明确了法律界限。

除了这几个重要的网络法律外，我国还颁布了《计算机信息网络国际联网安全保护管理办法》《互联网新闻信息服务管理规定》《互联网信息服务管理办法》《互联网电子公告服务管理规定》（已失效）等互联网法律规范，其中也都有涉及网络言论自由法律边界的规定。通过对这些重要的互联网法律规范有关网络言论限制的规定进行梳理，发现它们基本都涉及网络用户不得在互联网上煽动抗拒、破坏法律实施，煽动颠覆国家主权、推翻社会主义制度等内容。这些内容最初是由 1997 年公安部发布并经国务院批准的《计算机信息网络国际联网安全保护管理办法》首先提出，该办法第 5 条规定："任何单位和个人不得利用国际联网制作、复制、查阅和传播下列信息：（一）煽动抗拒、破坏宪法和法律、行政法规实施的；（二）煽动颠覆国家政权、推翻社会主义制度的；（三）煽动分裂国家、破坏国家统一的；（四）煽动民族仇恨、民族歧视、破坏民族团结的；（五）捏造或者歪曲事实，散布谣言，扰乱社会秩序的；（六）宣扬封建迷信、淫秽、色情、赌博、暴力、凶杀、恐怖，教唆犯罪的；（七）公然侮辱他人或者捏造事实诽谤他人的；（八）损害国家机关信誉的；（九）其他违反宪法和法律、行政法规的。"这些内容基本上取自于《刑法》的相关条款，并为其他法律规范所借鉴。[1]

二、网络言论自由的道德边界

互联网技术的日新月异与法律的保守性、稳定性品格之间存在着紧张关系，于是相对稳定并有深厚社会民意基础的道德准则便成为应对许多互联网治理问题的重要社会规范，对于网络言论自由的规范而言也是如此。个体道德可能会随着年龄的增长而有所提高，但是社会群体道德水平并不必然随社会群体年龄的增长而提高，年龄和社会群体道德之间并没有绝对的逻辑联系。"在儿童心理学领域我们非常清楚地知道，儿童智力上可以极为迅速地发展，而其道德判断力和性情却仍旧保持在婴儿水平上，相同事情在社会群体的生活中同样可能存在。"[2]虽然各种可能侵害他人权利、危害公共利益的网络言论主要是由受过教育的成年人所发出的，但是许多成年人在互联网世界往往缺少道德的敬畏感。这在很大程度上是由于互联网的匿名性、虚拟性特征，自以为"戴着面具""披着马甲"发言的公众在没有现实社会中旁人和社会的关注和审视，在认为缺少舆论谴责和法律处罚的内在压力后，对自己行为的责任判断就极其模糊，因此，特别容易展示人性恶的一面。"网络社会行动的间接性、匿名性给了人们充分释放潜意识里面的'兴奋'、展现自己'魔鬼'的一面、可以随'心'行'迹'的可能，因此，网上的不道德行为就很多。"[3]因此，我们总是无奈地面对随处可见的互联网社会现象：成人化的网

---

[1] 参见《互联网信息服务管理办法》第15条、《互联网电子公告服务管理规定》（现已失效）第9条，《互联网新闻信息服务管理规定》第19条等。

[2] [德] 卡尔·曼海姆：《重建时代的人与社会：现代社会结构的研究》，张旅平译，生活·读书·新知三联书店2002年版，第35页。

[3] 童星、严新明："网络社会控制的悖论"，载《社会科学研究》2003年第2期。

络技术,婴儿般的网络道德。

强调互联网伦理教育、网络言论自由道德边界的重要性还在于,法律总是具有滞后性并存在立法空白,互联网技术的日新月异客观上需要与此相适应的社会规范做支撑。就这个角度而言,互联网道德经常具有比互联网法律更为及时有效的规范作用和约束意义。道德规范是针对人的行为的社会规范,无论是在现实社会还是网络社会,具有规范评价意义的对象总是人的行为,于是,现实社会的道德规范与网络社会的道德规范就具有很强的共通性。"虚拟社会是以遵循和超越现实社会规范的方式产生,它脱胎于现实社会,又存在和发展于现实社会之中。严格说来,虚拟社会不过是现实社会的一个子集,一个功能结构单位而已。虚拟社会和现实社会不是互为补集的关系,虚拟社会的补集不是现实社会,而是一个'概念化'了的'非虚拟社会'。"[1]当然由于互联网的虚拟性和个性化特征突出,某些网络行为的道德规范未必就和现实行为的道德规范完全一样,但是无论如何,道德规范的内核总是相同。对于网络社会的失范问题,相关行业组织也开始积极倡导并推进互联网社会的伦理与道德建设。美国计算机伦理协会曾经制定过著名的规范网络失范的"摩西十诫",我国的中国互联网协会也发布过《文明上网自律公约》《中国互联网协会抵制网络谣言倡议书》等涉及互联网道德伦理的规范。

就网络言论自由而言,从网络言论的社会影响和现实危害来看,普通公众和公职人员有着显著的差别,因此,公职人员网络言论自由的道德边界也具有不同的内容。公职人员作为行使公共权力的人员,除了应遵守普通民众应遵循的道德规范以外,还应遵守公职人员特别的公务伦理。[2]"公共权力总

---

[1] 李伦:"网络传播伦理的建构路径",载《道德与文明》2011年第2期。
[2] 目前学界一般将公职人员的职业伦理称为"行政伦理"。与此相类似的名称还包括"政治伦理""政府伦理"和"公务伦理"等。鉴于目前学界一般是从行政学的学科视角去分析和界定行政伦理(将行政伦理学作为行政学下面的分支学科)、行政伦理概念使用的杂乱与分歧、行政伦理概念无法包含立法人员司法人员和特定公共组织人员、国外的立法实践一般称之为 ethic in government(政府伦理)等因素,"行政伦理"概念自身存在着逻辑的混乱与概念的非周延;同时,我国的"政府"一般是指行政机关,与西方的包括立法机关、行政机关和司法机关的"政府"概念存在巨大的语境差异,"政府伦理"概念具有迷惑性;而使用"政治伦理"又会与伦理法制化形成政治与法律的并存,多少会对伦理法制化的内涵构成语词上的冲击。综合上述各种原因,本书将公职人员的职业伦理称为"公务伦理",凸显了公职人员的公务本质。

是伴随着伦理责任……权力越大，责任越大。"[1]虽然公职人员的许多言论和行为是个人的意思表示，不代表其所任职机构的想法，也不是职权行为，但是由于公职人员的特殊身份，他的个人化言论和行为容易被公众解读为是官方的职权性行为，并产生不必要的不良社会影响，于是，对公职人员的言论和行为就应该有更高的公务伦理要求。特别是在互联网领域，由于网络传播的即时性、便捷性和无国界性，公职人员的网络言论极易被他人曲解并无限地传播开去，从而造成不可挽回的不良社会影响，因此公职人员更应该具有强烈的道德主体意识和责任主体意识，应具有比普通民众更高的互联网伦理与道德。"由于公务人员这一群体的特殊性，他们的行为往往受到更多关注，特别是一旦出现网络失范行为的时候，就会引来大量网民的'围观'和'拍砖'。加强公务人员网络行为的管理，主要是针对失范行为的管理。"[2]就我国互联网的现实状况和公职人员的伦理水准而言，公职人员网络言论自由的道德边界或伦理规范应包括：不在私人的微博、博客等个人网络平台上添加自己的公职身份标签，不对未经证实的信息进行传播，不在私人网络平台上发布与公权力运作、工作状况等与公务直接相关的信息等。[3]

此外，还有一个重要问题，就是传统媒体的网络言论自由道德边界问题。虽然在互联网时代，互联网的兴起在很大程度上给传统媒体造成了巨大冲击，也削弱了它们的社会影响力。但是，传统媒体仍然具有权威性、严肃性等特征，仍然在信息传播和舆论监督方面发挥着不可替代的作用。然而，从社会现实来看，传统媒体也可能在网络传播过程中扮演负面角色，成为一些突发网络公共事件的推手。此外，传统媒体也应该继续重视调查研究，讲究事实和证据，保持客观中立的新闻姿态。"媒体关注的是事件的新闻性，偏好讨论事实真相和行为的道德性。这种关注应该有恰当的度，否则，媒体就很容易从自己的视角出发给事件定性，传媒监督就变成了'传媒审判'。因此，传媒

---

[1] ABA Committee on Government Standards, "Keeping Faith: Government Ethics & Government Ethics Regulation", *Administrative Law Review*, Vol. 45, (1993), p. 293.

[2] 龚成、李成刚：“我国公务人员网络行为管理制度的现状与创新分析”，载《现代传播（中国传媒大学学报）》2012年第11期。

[3] 这里的信息是指除了工作秘密以外的与公职人员工作情况相关的信息。至于工作秘密，我国相关法律已经做了明确禁止，比如《中华人民共和国公务员法》（以下简称《公务员法》）第14条规定："公务员应当履行下列义务：……（五）保守国家秘密和工作秘密……"

监督权在行使过程中，保持其中立立场就很重要。"[1]对于未经调查核实的网络信息，传统媒体应该恪守新闻伦理，做到最基本的不信谣、不传谣。传统媒体逾越了新闻伦理，就可能沦为社会混乱的制造者，并可能需要承担相应的法律责任。

三、网络言论自由的技术边界

除了法律和道德对网络言论自由进行规范和约束，构成网络言论自由的权利边界以外，网络言论自由事实上还存在着技术边界，互联网技术对网络言论自由的行使也有着重大影响或限制。互联网的技术性特征，决定了以网络为平台的言论自由的权利行使会受到互联网技术的极大限制。[2]互联网服务和内容提供者的各种软件、各种网站，既是网络言论的平台，其实也构成了网络言论的内在限制。"社会空间的确是首要，也是最后的现实，因为，它还支配着社会行动者可能有的表现。"[3]在由互联网技术所建构的网络空间中，互联网技术给予互联网行动者以行动平台，这个平台同时也构成了现实限制，支配或划定着行动者的活动范围或可能有的表现。同时，法律和道德对网络言论自由的规范要求也可能会转化为技术的规制，[4]法律所规定的不准传播的网络言论以及相应的法律责任，使得网络内容和服务提供者需要采取必要的技术措施，来对网络言论内容进行事前审查和限制。"网络使用者和网站经营者往往出于对执行标准的不确定和对执法单位强制性措施的惧怕，

---

[1] 陈柏峰："传媒监督权行使如何法治——从'宜黄事件'切入"，载《法学家》2012年第1期。

[2] 特别是在互联网发展的早期，互联网空间缺少政府的规制或伦理的约束，或者说政府还来不及去规制互联网，于是，互联网创立者或工程师发明的各种代码就是互联网社会中网络行为的基本规范。于是，Lawrence Lessig 教授提出了著名的命题"代码就是法律"。这些代码就是各种互联网技术，它们构成了网络行为的最主要边界或限制。See Lawrence Lessig, Code：Version 2.0, Basic Books, (2006), p.1.

[3] [法]皮埃尔·布尔迪厄:《实践理性：关于行为理论》，谭立德译，生活·读书·新知三联书店2007年版，第16页。

[4] 在黄仁宇先生看来，"技术问题和道德问题不可分离"（参见黄仁宇:《万历十五年》，生活·读书·新知三联书店2006年版，第59页），那么，在互联网领域中道德和技术的紧密联系就更为明显了。网络伦理需要借助互联网技术得以有效实施，互联网技术的发展也会受到互联网伦理的内在约束。对于法律和技术而言，也是如此：一方面，一些互联网技术或代码本身就是法律规范；另一方面，互联网法律规范需要借助互联网技术才能实施。

在信息发布前都进行严格的自我审查,导致网络言论自由受到极大的限制。"[1]此外,尽管网络表达平台也会随着互联网技术的进步而发展,而且互联网的创新会无穷无尽,但是在特定网络时代,网络言论自由无疑仍然会受到所在时代网络表达平台技术的限制和影响。大体而言,网络言论自由的技术边界主要可以分为表达平台技术对网络言论自由的限制和内容规制技术对网络言论自由的限制。

从 Web 1.0 到 Web 2.0 再到自媒体时代,基于不同互联网技术建构的网络表达平台,它们的传播方式、传播模式决定了网络言论自由的广度和深度。每个互联网时代都有各自时代的网络言论自由,网络言论自由便带有深深的时代烙印。这是从互联网载体层面对网络言论自由的技术限制,也是最为基础、最直接的网络言论自由边界。尽管网络信息传播的趋势是迈向更为便捷、更为开放、更为互动和更为个性化的未来,但是无论互联网技术如何创新和发达,网络信息传播如何便捷与开放,网络言论自由总会受到网络言论表达平台的基础限制。换一个角度,这或许也是时代给予网络言论自由的限制。

内容规制技术则构成了对网络言论自由的最重要限制。目前最主要的网络内容规制技术包括关键词屏蔽和过滤技术,这无疑对网络言论的传播构成了根本限制,也是对网络言论自由的根本限制。[2]此外,内容规制技术还包括内容分级技术、标识技术等。无论是奉行内容中立的国家还是坚持内容规制的国家,都会或多或少采取相应的网络内容规制技术。即使政府在某些时间在某些领域还未采取内容规制技术,但这并不代表着会一贯如此。很多时候自由的网络空间会由于政府的技术规制而瞬间形成网络言论自由的技术边界。"现在技术上对网络的硬性控制暂时未跟上,给人一种假象,似乎因特网

---

〔1〕 周勃:"Web2.0 时代网络文明现状及法律规制",载《理论月刊》2007 年第 5 期。
〔2〕 也有学者对这种技术的合理性和正当性提出质疑:"过滤软件虽然是一种技术手段,但过滤规则是人为设定的,无论这个'人为'出自一个机构、组织抑或是图书馆员个人,在本质上是一种由少数人决定多数人信息获取范围的审查机制。在图书馆层面,信息审查面临两个问题。一方面,信息的有益与有害应该由谁来判断?如何保证这种判断不带偏见……另一方面,即使在规则制定时尽可能做到了对有益与有害信息判断的客观中立,当用软件来执行时,技术上很难保证这种执行的准确性。"参见李超平等:"互联网时代的智识自由与社会责任之争——美国公共图书馆互联网过滤相关法案与判例研究",载《中国图书馆学报》2014 年第 4 期。

是一个自由主义的乐园。这只意味着权力组织尚缺乏管理经验,但并不意味着他们没有管理能力。因特网给权力组织出了个难题,可能暂时削弱了控制力量,但从长远看,硬性的控制会以同样大的科技手段实现,技术上获得自由和从技术上予以控制,从来是身影关系。"[1]互联网的发展历史,则更明显地说明了这一点。互联网逐渐从无规制的网络空间走向政府规制的网络空间,许多主张互联网应该坚持无政府状态、排斥政府规制的论断终究被证明仅仅是一种乌托邦。就互联网发展的未来而言,可规制性已经成为网络空间的重要特征,[2]内容规制技术永远构成对网络言论自由的有形或无形限制,也划定了网络言论传播的技术边界。

---

[1] 陈力丹:"论网络传播的自由与控制",载《新闻与传播研究》1999年第3期。
[2] Lawrence Lessig, *Code*: *Version* 2.0, Basic Books, (2006), p.23.

第三章
网络谣言治理的竞技场：政府与市场

与现实社会一样，网络社会也是人的社会，也存在这样那样的问题，也有不断的权利冲突和利益纠纷，也需要应对问题和解决纠纷。从国家和社会的二元划分以及治理的手段来看，政府和市场是两种最重要的机制。互联网治理也大致包括两种手段，一种是"有形的手"，即互联网治理的政府规制；另一种是"无形的手"，即互联网治理的市场机制。在互联网领域，网络治理更像是一场竞技，政府规制和市场机制存在着比其他领域更加明显的相互竞争和此消彼长的关系，一种机制的力量强些，另一种机制的力量就相对弱些。互联网是依据一定的技术标准和技术规范而运行的体系，从互联网发展的纵向历史维度看，互联网治理是政府规制不断强化、市场机制逐渐弱化的过程。"一个人成长的过程就是不断参与社会生活并逐步获得'限度感'的过程。"[1]互联网成长的过程也是不断接受政府规制并获得法律"限度感"的过程。原先处于无政府状态、不需要法律规制的互联网空间已经一去不复还了。"互联网诞生伊始，基于技术的开放与共享精神，在法律缺位的情况下通过技术规范调整因发展而产生的各种问题，进而业界达成行业共识；互联网发展到一定阶段，其自生机制已不能有效地解决问题，法律开始强行介入，首先涉及的是安全问题，诸如国家安全、信息安全、金融安全和交易安全等，之后是基本权利的保障，如隐私权、名誉权、知识产权和信息获得权等。"[2]在互联网发展初期，由于网络用户非常稀少，再加上网络使用者一般也是互联网的设计者或互联网技术规范的创立者，于是，在面对互联网这一人类的新兴事

---

[1] 郑戈：《法律与现代人的命运：马克斯·韦伯法律思想研究导论》，法律出版社 2006 年版，第 78 页。

[2] 张平："互联网法律规制的若干问题探讨"，载《知识产权》2012 年第 8 期。

物和高科技产物时,国家立法空白,互联网的技术规范和技术标准就成为网络社会中的法律,"代码就是法律"[1],此时的市场机制几乎完全主导着互联网的发展和网络空间的秩序。然而,随着 Web 1.0、Web 2.0 和网络自媒体时代的到来,互联网开始日益普及并进入普通家庭,网络安全、网络隐私、网络谣言等问题就成为亟需解决的社会问题,网络空间的"可规制性"日益凸显。[2]而传统的市场机制在面对这些问题时,存在着市场失灵现象,于是政府就开始大规模介入,并日益成为互联网治理的主要力量。

就网络谣言治理而言,自媒体时代网络信息传播的即时性、互动性、匿名性等特征使得公众发出的未经证实的信息可能给他人权利和公共利益带来重大损害,其中的很多权利纠纷无法由当事人自行解决,于是,政府对网络谣言的规制就具有了正当性。另外,谣言自古有之,政府都不会喜欢诽谤、流言、讹言、妖言之类官方难以控制的言论信息。[3]而且,很多网络谣言本身就是针对政府的公权力违法或滥用,那么政府对网络谣言进行规制就更加具有利益上的动力和压力。自从政府强势介入网络谣言治理后,互联网原先主要依靠自身市场机制应对互联网问题的治理结构就不断瓦解。

在互联网兴起初期,学术界就有关于互联网治理模式的讨论,到底是无需规制、政府规制还是自我规制[4]的争论到现在也没有完全平息。网络谣言治理是整体意义上互联网治理的一部分,梳理网络治理在世界范围内的不同模式有助于从宏观上思考我国网络谣言治理模式的选择;从我国现状来看,政府规制在网络谣言治理中占据绝对主导地位,为了避免政府权力的异化和滥用,我们需要分析政府在互联网空间中的身份和角色,政府规制网络谣言的法律界限以及如何对政府规制进行制约;网络治理的市场机制并不仅仅是以价格机制为核心的市场规制方式[5]或者是传统意义上的行业自律,它还应该包括互联网教育、技术治理等,市场机构的构成与运行也应成为我们思考

---

[1] Lawrence Lessig, *Code*: *Version* 2.0, Basic Books, (2006), p.1.
[2] See Lawrence Lessig, *Code*: *Version* 2.0, Basic Books, (2006), pp.31-79.
[3] 参见吕宗力:"汉代的流言与讹言",载《历史研究》2003 年第 2 期。
[4] Llewellyn J. Gibbons, "No Regulation, Government Regulation, or Self-Regulation: Social Enforcement or Social Contracting for Governance in Cyberspace", *Cornell Journal of Law & Public Policy*, Vol.6 (1997), p.475.
[5] Lawrence Lessig, *Code*: *Version* 2.0, Basic Books, (2006), p.124.

的内容。以上几个方面就构成了本章的基本框架。

第一节 网络治理模式初探

2003年信息社会世界峰会会议第一阶段会议通过的《日内瓦—原则宣言》指出："建设包容性信息社会需要各国政府和其他利益相关方（即私营部门、民间团体和国际组织）形成新型的团结精神、伙伴关系和合作关系。"在这方面，《日内瓦—原则宣言》认为不同的主体各有分工。与互联网有关的公共政策的决策权是各国的主权，而与此同时，私营部门应在互联网的技术和经济发展中发挥重要作用。[1]从世界范围内的网络治理模式来看，围绕着对政府规制、市场机制的功能和地位的认识差异，不同国家和地区的网络治理也有不同的模式。

一些学者已经对网络治理的模式尝试进行归纳，通过对这些文献的梳理，目前代表性的观点大致有以下几种：第一种观点着眼于治理主体，认为世界范围内的网络治理模式可划分为政府主导、政府指导下的行业自律、行业主导三种基本模式；[2]第二种观点着眼于具体的治理手段，将网络治理模式归纳为限制上网模式、严格立法和严格审查模式、行业自律模式；[3]第三种分类也是以治理主体为标准，分为政府主导模式和政府指导行业自律模式两类；[4]第四种分类着眼于互联网的历史发展，将历史上存在的网络治理模式总共分为互联网自生自发的自我治理模式、跨国机构和国际组织治理模式、互联网架构和代码治理模式、各国政府主导的治理模式，由市场力量主导的治理模式；[5]第五种观点以治理目标为参照，主张网络治理模式可以分为自

---

[1] Robert Uerpmann - Wittzack, "Principles of International Internet Law", *German Law Journal*, Vol. 11 (2010), p. 1258.

[2] 参见罗楚湘："网络空间的表达自由及其限制——兼论政府对互联网内容的管理"，载《法学评论》2012年第4期。

[3] 参见严久步："国外互联网管理的近期发展"，载《国外社会科学》2001年第3期。

[4] 袁方成："'软''硬'兼施：网络舆论监管的美国模式及其经验借鉴"，载《贵州社会科学》2012年第9期。

[5] Lawrence Solum, Models *of internet governance*, in Lee Bygrave and Jon Bing eds., Internet Governance: *Infrastructure and Institution*, Oxford University Press, (2009), pp. 56-57.

由至上模式、文化保护模式、社会控制模式和经济发展模式等四种。[1]

然而,通过对上述观点的认真审视与分析,它们或多或少都存在着一些逻辑上的困境与问题:第一种观点在本质上是通过是否为半官方的行业组织对互联网进行管理为标准,来区分政府指导下的行业自律和行业主导两种模式,日常性监管交由半官方行业自律组织的称为政府指导下的行业自律,非官方自律组织对互联网内容进行管理的则称为行业自律。但是,何为半官方的行业组织难以在法律上予以清晰界定,事实上,行业主导模式中也会存在着政府的指导。第二种观点考虑到了少数国家运用国家权力限制民众上网权利的情形,将其作为单独的类别,有一定的合理性,但是限制上网模式与严格立法、严格审查模式并非并列的概念,限制上网也可以通过严格立法、严格审查的方式进行,而严格立法和严格审查模式中也可能存在限制上网的措施。第三种观点区分了政府规制和市场机制的不同作用,但是政府主导和政府指导行业自律这两个概念的界定并非清晰,也存在许多重合和交叉之处。第四种观点和第五种观点同样面临着分类标准不统一的问题,互联网架构和代码治理与另外四种模式不是并列概念,自由至上与另外三种模式也并非并列的概念。另外,还有学者针对网络谣言治理提出了三种模式,彻底的市场化路径、集权主义路径和在完全的自由与严厉的管制之间寻找平衡的中间道路,[2]然而就网络谣言治理的现实来看,即使那些奉行自由主义理念的国家也并非彻底的市场化,它们对某些涉及国家安全、社会秩序特别是突发事件状态下的网络谣言也会进行直接规制。

互联网虽然是技术化的工具,但是由于每个国家和地区的情况和价值理念不同,现实中的互联网治理也会多少带有明显的偏向性。"'非中性'(Non-Neutral)指由于不同国家行为体在互联网方面的能力不同,互联网所具有的技术特性在实践应用中对不同国家行为体而言意义不同,或者指互联网能够借助国家对自己的使用和发展,逐步改变国际体系的权力结构,从而在其对具体国家行为体的作用结果上,具有偏向性立场。"[3]换言之,互联网是中性

---

[1] 参见李洪雷:"论互联网的规制体制——在政府规制与自我规制之间",载《环球法律评论》2014年第1期。

[2] 参见郭春镇:"公共人物理论视角下网络谣言的规制",载《法学研究》2014年第4期。

[3] 郑志龙、余丽:"互联网在国际政治中的'非中性'作用",载《政治学研究》2012年第4期。

的，而互联网治理却可能是非中性的。从表面来看，当前各个国家和地区网络治理模式的不同是由于对政府规制、市场机制作用和地位认识的差异，但是如果我们透过政府规制和市场机制的手段会发现，不同模式的真正差异其实在于治理理念或治理目的的不同，有些国家和地区偏重于对个人权利和自由的保护，另一些国家和地区则更注重社会秩序和整体利益的维护。因此，以此作为标准，可将偏重于个人权利和自由保护的模式称为自由主义的网络治理模式，将注重社会秩序和整体利益的模式称为权威主义的网络治理模式。这两个概念确实与政府主导模式和行业自律模式有相近的地方，但是它们可能属于更为学术化的理论概念，相对而言也更加准确。

一、权威主义的网络治理模式

就大多数没有经历过民主与法治洗礼的国家而言，政治体制或行政运作大都是偏向权力或者威权的。对于互联网治理而言更是如此，互联网给传统的国家统治和社会治理带来了颠覆性革命，于是传统型的国家就对其更为敏感，也愈加强调对其的全面约束。

权威主义的网络治理模式是指政府规制在互联网治理中占据主导地位，以社会秩序和整体利益优先为治理理念和治理目的的互联网模式。[1]这种模式的基本特点包括：

第一，在政府规制和市场机制的关系上，权威主义的网络治理模式强调政府规制在互联网治理中占据主导地位，政府负责制定互联网政策和规划，政府对网络言论内容实施控制，政府对互联网实施日常性监管。[2]它并非排斥市场机制的作用，只是行业自律、互联网社区自我净化等手段都处于辅助地位，服从于政府的直接领导。随着时代的发展，这些奉行权威主义模式的

---

[1] 且不管实行权威主义、带有家长制的国家是否在结果层面实现公共利益或人民利益，但它们至少都是以人民的名义去实施家长制或权威治理。"家长制政府总是以人民的名义来强制实行它们的家长制主义。" See Martin Shapiro, "APA: Past, Present, Future", *Virginia Law Review*, Vol. 72, No. 2 (1986), p. 470.

[2] 有些学者将是否通过立法和行政手段对互联网实施监管作为划分政府主导模式和行业自律模式的重要标准（参见罗楚湘："网络空间的表达自由及其限制——兼论政府对互联网内容的管理"，载《法学评论》2012年第4期；严久步："国外互联网管理的近期发展"，载《国外社会科学》2001年第3期），然而事实上，即使是那些被称为行业自律模式的国家也有互联网方面的法律，也通过行政手段对互联网实施监管，比如美国。

国家和地区目前也在鼓励行业组织和互联网企业参加互联网治理,鼓励行业自律组织制定自律公约,辅助政府管理。[1]

第二,在网络治理理念上,权威主义的网络治理模式坚持社会秩序和整体利益优先,注重维护国家安全、政治稳定和社会秩序,对于与主流价值观和社会整体利益不符合的网络言论采取较为强硬的态度。"它类似于经济学中的计划经济或中国传统法律思想流派法家的严刑峻法,主张对信息的传播进行严厉的控制,对违反规则的行为进行严厉的制裁。依照这种思路,要对言论进行事先的审查,通过控制言论的流转来避免侵权可能性。"[2]采取这一模式的国家和地区倾向于将互联网视为经济发展的工具,淡化互联网的政治色彩和言论自由载体功能,极力抑制互联网对本国意识形态和主流政治文化的冲击。

第三,在具体治理措施上,基于对政府规制和市场机制关系的认识以及所奉行的网络治理理念,实行权威主义网络治理模式的国家和地区通常会采取以下一些相对严厉的典型性措施:首先,为保护本国的互联网安全,往往对国际互联网接入入口进行控制,设置信息入侵检测系统以限制可疑的数据包进入,从而限制某些国外有害网络信息的输入,防止外部环境污染,[3]有些国家甚至对本国民众最根本的上网权利进行控制,只有极少数的人才有资格上网。[4]其次,坚持对互联网信息内容进行规制,对违反法律法规、不符合本国主流价值观的网络言论内容进行规制,比如删帖、撤销网络账户等。再次,实行互联网的许可和注册登记制度,以保证网络服务提供者的合法性与正当性。比如,"新加坡对于互联网服务提供商采用事前许可体制,所有'从事与新加坡相关的政治或者宗教宣传、推广或者讨论的'接入服务商与内

---

[1] 参见罗楚湘:"网络空间的表达自由及其限制——兼论政府对互联网内容的管理",载《法学评论》2012年第4期。

[2] 郭春镇:"公共人物理论视角下网络谣言的规制",载《法学研究》2014年第4期。

[3] "有的国家采取控制计算机网络国际联网出入口信道的方式,如沙特阿拉伯、新加坡。"冯军:"互联网不能不管,但要善管",载《环球法律评论》2001年春季号。

[4] "如缅甸采取禁止普通人上网的政策,在其4800万公民中,能在政府的严密控制下使用电子邮件的还不足1000人。如果有人被发现未经授权而拥有调制解调器,就会被判处7年~15年徒刑。"参见严久步:"国外互联网管理的近期发展",载《国外社会科学》2001年第3期。

容提供商均需要在新加坡媒体发展署登记，并受《互联网行为规范》的约束"[1]。要求注册登记的有因特网接入服务提供商、因特网服务代理商以及在学校、公共图书馆、社会中心和网吧等公共场所提供服务的机构。[2]最后，实行网络实名制。为了应对互联网的匿名性所导致的民众责任意识下降以及对网络违法行为侦查的困难，网络实名制往往为权威主义治理模式的国家所青睐。

二、自由主义的网络治理模式

自由主义的网络治理模式是指市场机制在互联网治理中占据主导地位，以个人权利和自由优先为治理理念和治理目的的互联网模式。这种模式的基本特点为：

第一，在政府规制和市场机制的关系上，自由主义的网络治理模式强调市场机制在互联网治理中占据主导地位，互联网服务提供者对互联网进行日常性监管，政府奉行内容中立原则，一般不对网络言论进行直接规制，政府仅对涉及国家安全、突发事件应对等方面的网络信息进行规制，同时基于对青少年的保护，特别注重对青少年免受网络色情信息侵害的规制。美国就对互联网治理采取自由至上模式，奉行网络中立原则，强调行业自我规制，最大限度地减少政府规制。这集中体现在克林顿和戈尔于1997年7月1日发布的《全球电子商务框架》（A Framework for Global Electronic Commerce）报告中。[3]在此也需要对英国的情形作些解释。英国的网络管理工作主要由网络观察基金会负责。这个半官方组织由英国网络服务提供商于1996年9月自发成立，在英国贸易和工业部、内政部和英国城市警察署的支持下开展日常工作[4]。英国虽然由半官方的行业自律组织对互联网进行日常监管，从而与其他采取自由主义模式的国家或地区有所区别，但是在政府规制和市场机制的关系上，英国仍然强调市场机制的主导地位，也奉行私人权利与自由优先的

---

[1] 周汉华："论互联网法"，载《中国法学》2015年第3期。

[2] 参见周逵、朱鸿军："新加坡互联网治理的3C原则——访新加坡国立大学政策研究所阿龙·玛希哲南副主任"，载《传媒》2010年第5期。

[3] 参见李洪雷："论互联网的规制体制——在政府规制与自我规制之间"，载《环球法律评论》2014年第1期。

[4] 参见罗静："国外互联网监管方式的比较"，载《世界经济与政治论坛》2008年第6期。

理念，所以，英国在本质上也属于自由主义的网络治理模式。

第二，在网络治理理念上，自由主义的网络治理模式坚持个人权利和个人自由优先，注重维护个人利益，对于政府权力和政府规制有很强的警惕心理，主张每个人都能通过互联网寻求更大的权利和自由；对于网络言论采取比较宽容的态度，奉行思想市场理论，主张让各种言论和观点在思想市场中进行竞争，通过公众的争辩和讨论，让那些在辩论中胜出的最能为人们所接受的网络言论保留下来。"检验真理的最好办法是在让思想自身的力量在市场竞争中被接受……除非某种观念将要造成的危害已经迫在眉睫，只有立刻加以控制方能拯救国家，否则就应当对加诸观念表达的控制始终保持警惕。"[1] 采取这一模式的国家和地区不但将互联网视为是经济发展和社会创新的工具，而且也认为互联网有利于促进言论自由的实现，推动社会民主和进步。当然，在自由主义理念之下，有些国家为了保护本国的文化，抵御他国的互联网文化侵蚀，也会对互联网内容采取一定的规制措施，比如在法国，"互联网并不是价值中立的，由于美国在互联网发展中的主导作用以及英语的强势地位，互联网实际上成为美国文化传播的最佳平台，为了保护法兰西的独特语言、文化和价值观，法国必须对互联网予以特别规制。为此，法国要求设在法国的网站必须要有一定数量的法语内容"[2]。但是这种规制并非是针对网络内容本身的直接规制，而是针对内容语言形式的规制措施。

第三，在具体治理措施上，基于对政府规制和市场机制关系的认识以及所奉行的网络治理理念，实行自由主义网络治理模式的国家和地区通常会采取相对温和与宽容的典型性措施：首先，维持互联网的开放性和创新性，坚持网络中立原则，主张所有人都应该不受歧视、不受限制地拥有接近互联网的权利；其次，奉行内容中立原则，一般不直接对网络言论的内容进行审查，最大限度地保护公民的言论自由；最后，对于危害青少年身心健康的网络色情信息、危害国家安全的恐怖主义信息等进行必要的规制。"在美国有关网络管理的决策宗旨中，强调了因特网管理决策要慎重，不能妨碍因特网的发展并因此影响经济的发展。对于控制方法，强调使用技术手段和业界自律，重

---

[1] Abrams v. United States, 250. U. S. 616, 630 (1919). (Holmes, J., Dissenting Opinion).
[2] 李洪雷："论互联网的规制体制——在政府规制与自我规制之间"，载《环球法律评论》2014年第1期。

视政府、学术界和网络业界进行交流对话,对于业界制定一系列规则和行动标准以进行自律并领导因特网发展的重要性,提出所有立法者都需要了解因特网的动作,都应向专家请教;倾向于倡导因特网发展由业界领导和市场驱动。"[1]在具体的互联网规制手段上,也强调外部知识和行业自律的参与。

三、第三条道路与中国的模式选择

以政府规制为主导的权威主义网络治理模式能够较好地维护国家安全和社会秩序,但是这种带有集权式的网络治理容易导致政府权力的滥用,侵害公民言论自由的基本权利,它所采取的控制网络连接端口、网络实名制、技术过滤等措施确实也存在着侵害公民基本权利之嫌,容易被某些国家说成是在树立"网络柏林墙"。同时,这种表面稳定秩序的建立是以大规模的政府投入为代价的,从规制成本收益的视角来看,可能并不经济。这种模式也容易使政府与互联网行业之间存在较大的沟壑,政府缺乏对互联网服务商和网络用户切实感受的直接了解,政府的相关决策可能会与互联网现实脱节。特别是互联网技术和互联网产业日新月异,政府在日常阶段的直接规制难以有效适应快速变化的互联网格局。"由于政府管理线程较长、反馈信息有时滞,较容易出现管理缺位与行政不作为现象,往往是等问题出现并已造成较大影响后才滞后地制订解决方案,方案的实施又需要一定的时间。"[2]与此相伴的是,政府决策程序也相对地缺乏透明与公开,难以很好地满足程序正义的要求。另外,还需考虑的是,以严格管制为特征的言论表达制度,随时可能会随着社会经济制度改革的瓶颈而破裂,从而影响政权和社会稳定[3]。这种以规制过剩为主要特征的网络治理模式的直接后果就是互联网领域的政府规制失灵。

以市场机制为主导的自由主义网络治理模式虽然以个人自由和权利保护为理念,但是思想市场和言论市场的竞争并非总是有效和充分的。"在现实中,市场总是不完全的,竞争也是不充分的。所以,市场扭曲和失灵的情形

---

[1] 陈燕、王敬红:"网络传播:研究方法的困惑与思考",载《现代传播》2003年第1期。

[2] 朱新力、魏小雨:"网络服务提供者的规制模式",载《浙江大学学报(人文社会科学版)》2014年第6期。

[3] 参见胡凌:"网站治理:制度与模式",载《北大法律评论》2009年第10卷第2辑。

难以避免。费斯更进一步强调,即使市场是完整的,市场本身就是一种'结构性的限制'(a structure of restrain)。"[1]特别是在互联网时代,网络信息漫天飞舞和碎片化,互联网一天产生的信息和言论,一个人可能一辈子也看不完,于是组织化利益参与的网络言论总是比个体化的网络言论有优势,多元网络言论竞争的理想也可能会遭受市场竞争所导致的言论控制和奴役,从而成为一种乌托邦。如果缺乏政府的适度有效规制,网络言论的市场可能总是会偏向于有组织的一方,而它们事实上就主导了网络言论的走向与趋势。因此,这种以自律过剩为主要特征的网络治理模式也容易导致市场失灵。

本章所要探讨的第三条道路并非是某些学者所言的中间路线,"即在完全的自由与严厉的管制之间寻找一个'中道'。也就是说,立足于言论的表达者和受众之间的权利诉求和公共利益,在表达自由、信息的自由流转与个人名誉与隐私权之间寻找一个平衡点"[2]。事实上,上述两种模式都存在着对不同权利的平衡,它们也并不代表着完全的自由与严厉的管制这两个极端。此外,当前两种模式的困境也并非在于只有一种机制在运作,其实权威主义的网络治理模式包含着市场机制,自由主义的网络治理模式也会有政府规制,问题的核心其实可能还在于现有的两种模式都缺乏对政府规制和市场机制的有效整合,政府规制和市场机制缺少某种制度化和法治化的协同与合作。因此,本章所要初步提出的第三条道路就是政府规制和市场机制协同合作的网络治理模式(以下简称协同合作的网络治理模式)。

由于互联网产业的特殊性,网络治理不能只是一方机制对另一方机制的简单配合或服从,而应是在法治框架下双方的有效协调与合作。"合作主义对法律的最明显的影响就在于,它有助于一套打破了传统公法与私法界限的规则之形成。"[3]互联网作为一种法律背景,调整互联网社会问题的互联网法是融合公法和私法的法律规范体系。由于互联网问题的辐射性、多元化、复杂性,解决这些问题不应再固守传统的区分公法和私法的规范主义立场,而应转向以问题为导向,整合不同知识和制度(包括公法和私法)的功能主义路

---

[1] 汪庆华:"言论自由与国家角色:科斯 v. 费斯",载《政法论坛》2009年第4期。
[2] 郭春镇:"公共人物理论视角下网络谣言的规制",载《法学研究》2014年第4期。
[3] [美] R. M. 昂格尔:《现代社会中的法律》,吴玉章、周汉华译,译林出版社2001年版,第194页。

径。就我国国情而言，更为充分地发挥市场机制的作用、让市场充当互联网日常规制的主体就越显必要。另一方面，新中国成立后长期处于计划经济时代，行业缺乏自律或自治的传统，互联网行业虽然已具有较大的自主性，但是其与政府规制的关系仍然没有得到法律清晰明确的界定，而且一些互联网市场主体也利用转型期法律制度的缺陷，从事一些网络违法行为，侵害他人权利和社会公共利益。"互联网环境下，单靠某一个主体或者某一种治理手段，不可能奏效。发达国家的互联网治理与互联网法普遍强调多元利益相关方的共同责任，既依靠传统法律执行机制如刑事制裁、民事责任追究等，又针对互联网带来的全新变化，充分发挥市场机制、技术标准、行业自律与社会自治等治理机制的作用，构筑多元治理格局。"[1]因此，从我国互联网的未来发展来看，建构一种法治框架下的协同合作网络治理模式，一方面可以将政府从繁重但效果不佳的网络规制中解脱出来，另一方面也有利于推进互联网行业的自律和日常规制，真正促进我国互联网产业的健康发展。

第二节 网络谣言治理的政府规制

随着政府对互联网产业和技术的逐渐熟悉，政府已不再是互联网治理的局外者，而是强势地进入互联网领域，并在互联网治理问题上掌握着主导性的话语权。不论是权威主义的网络治理模式还是自由主义的网络治理模式，政府规制都在其中扮演着重要的角色，特别是在互联网安全、网络犯罪、网络恐怖主义、网络色情信息规制等领域。"各种信息安全事件和网络犯罪活动的频繁出现，使得各国政府都加强了对互联网的监管。但是面对互联网匿名性、非中心性等特点，政府的监管往往感到力不从心，易于产生完全控制互联网的冲动。"[2]无论就理论而言，还是从实践来看，政府完全控制互联网都只不过是一种规制意义上的乌托邦，政府规制互联网有着法律上的界限，而且政府权力容易滥用，于是对政府的规制也需要进行有效的制约和监督。网

---

[1] 周汉华："论互联网法"，载《中国法学》2015年第3期。
[2] 严超、赵成根："互联网侵权交易的政府监管"，载《中国行政管理》2012年第4期。

络谣言只是未经证实的信息,并非完全没有价值。[1]那么,政府规制网络谣言的正当性基础是什么?政府规制的法律界限在哪?又如何防止政府规制的滥用?本节尝试对这些问题进行回应。

一、互联网中政府的双重身份:规制主体和监督客体

探讨政府规制在互联网中的法律界限以及对政府规制的制约,首先得明确政府在互联网社会中的角色和身份,这是政府规制的一个理论前提问题。

根据《宪法》第89条、第107等规定,国务院及地方人民政府作为国家权力机关的执行机关,有权对包括互联网在内的各项经济事务、社会事务、文化事务等进行管理,这是政府作为规制主体的根本法依据。同时,《宪法》第41条第1款又规定:"中华人民共和国公民对于任何国家机关和国家工作人员,有提出批评和建议的权利;对于任何国家机关和国家工作人员的违法失职行为,有向有关国家机关提出申诉、控告或者检举的权利,但是不得捏造或者歪曲事实进行诬告陷害。"这是政府作为被监督对象或监督客体的宪法依据。由此看来,在现实社会中,政府就已经集合了规制主体和监督客体这双重身份于一身,体现了权责一致的法律原则。这意味着,一方面要赋予政府以规制权力,同时又要对其规制权力进行监督和制约。然而,在现实的法律实施过程中,权力行使的过程和权力监督的过程并非总是同步,两者的力量也非均衡,权力总是倾向于膨胀和扩张,人民的监督权又容易受限。于是,政府权责分离的情形经常出现,政府作为规制主体和政府作为被监督对象这两种身份之间的紧张关系也持续存在。

在互联网社会里,政府的这种不同身份之间的紧张关系更为突出。一方面,互联网是技术的产物,互联网最初通过一套技术标准和技术规范进行管理,是无需政府和权力的空间,行业自律的特征异常明显[2],但是随着互联网领域的安全问题和权利侵害现象不断凸显,法律和政府开始进入互联网领域,于是有着自治传统的互联网对于政府作为规制主体的介入总是存在本能的距离感和排斥感;另一方面,互联网的现代传播特征更便于民众对政府权

---

[1] 参见刘浩、王锴:"网络谣言的宪法规制",载《首都师范大学学报(社会科学版)》2015年第5期。

[2] Lawrence Lessig, *Code*: *Version* 2.0, Basic Books, (2006), p. 1.

力进行监督，无论是网络化的政府信息公开还是以互联网为平台的网络言论自由，都使得透明政府、公开政府更接近现代民主法治国家的制度梦想，因此，政府受监督的压力和密度都是前所未有的。在这样一种背景下，政府若要对网络言论进行规制，就会首先遭遇规制的困境和悖论，这使得规制主体和被监督对象这双重身份之间的紧张关系就越发明显。"在网络媒体政府管制中存在着一个悖论：一方面网络刊载内容所衍生出来的问题，已不断影响到现实的秩序，如果放任网络媒体，让其自由发展，它会给人类带来诸多的负面影响；另一方面，政府本身是网络媒体监督的对象之一，由政府这个被监督的对象对网络媒体实行管制，过于彰显这种干预方式，也难免被某些不明真相者视为政府反制网络媒体的滥权行为。"[1]如何应对这种身份上的悖论及其规制层面上的具体困境就决定着政府规制网络言论（包括网络谣言）的正当性基础。

特别是在转型中国的语境下，一方面，很多网络言论侵害了他人合法权利、社会公共利益和社会秩序，需要政府的有力规制，以净化网络空间，实现不同权利的平衡。而且，很多有助于社会公共利益的言论可能会受到某些利益团体或既得利益者的压制，也需要政府规制以保护这些多元言论的平等传播。另一方面，由于我国当前公权力失范现象还偶有发生，公权力运行和行使还未彻底得到有效的控制和规范，贪污、腐败以及渎职等职务违法犯罪行为仍有发生，再加上权力监督制度的不完善和权利救济途径的不通畅，针对公权力和公职人员的网络言论仍然是网络社会中的热点和焦点，极易引发网络群体性事件。转型中国的矛盾和纠纷的积累、沉淀，同时又没有得到有效充分地释放，偶然的信访成功案例刺激了更多的人去寻求信访甚至是群体性信访。[2]考虑到现实生活中信访成本很高、不易引起关注、成功率也较低的问题，将互联网作为信访平台的做法就成为很多民众的理性选择，许多人刻意传播涉及公权力和公职人员的网络言论甚至是网络谣言。信访的网络化也在考验着各级政府（特别是基层政府）的互联网规制能力。

---

〔1〕张小罗："网络媒体政府管制的正当性研究"，载《政治与法律》2009年第12期。
〔2〕参见林华："信访性质的溯源性追问"，载《中国政法大学学报》2011年第6期。

二、政府规制网络谣言的法律界限

由于互联网在成立之初所形成的自治、自律传统,使得政府对互联网的介入总是多少有点不受欢迎。有学者就认为:"既然互联网的力量在于使信息不受特定秩序的约束,那么,为什么要将这种可贵的自由置于固有秩序和模式的束缚之中呢?"[1]但是,互联网市场机制失灵所无法解决的互联网安全、网络隐私受侵害等严峻问题已经使政府的适度规制变得越来越有必要。然而,政府规制的必要性并不等于政府规制的无界限。网际网络最大的特色便在于其分权化、分殊化与全球化的特性。除了少数几个技术层面的问题,例如 IP Address、Domain Name Service 以及 Routing Tables 的分配,是以透过单一组织、以集权化方式运作以外,网际网络本身基本上乃是依循分权化的哲学进行运作。分权化的互联网架构决定了集中式的政府规制不能包办和解决互联网的一切问题,政府规制自身也存在必要的法律界限,特别是在针对网络谣言这一涉及网络言论内容和公民基本权利的规制问题上,政府规制更是需要审慎进行。在探讨政府规制网络谣言的法律界限时,首先分析政府对待网络谣言的理性态度很有必要,如果政府对待网络谣言的态度相对理性,那么政府规制网络谣言的法律界限也就相对清晰。

(一) 政府对待网络谣言的理性态度

谣言自古有之,也从未完全根除。只要有人的地方,就会有人传播的谣言,谣言有着复杂的生长机制和传播机理,并不会因为政府的强制介入和规制就简单褪去,事实上,很多谣言内容本身就是针对政府和公权力,缺乏公信力的政府的介入只能进一步扩大谣言的影响力和社会危害性。"无论在古今中外,谣言都是一个重要而又难以界定的概念,因此,大众对于谣言的认知也是模糊的。同时,面对谣言的大量传播,很多学者提出了信息公开、透明的应对方法,认为只要信息足够公开并且透明,谣言就会消亡。但是,新媒体时代的谣言生成与传播更加复杂,简单地及时公布真相并不能完全阻断数

---

[1] 李超平等:"互联网时代的智识自由与社会责任之争——美国公共图书馆互联网过滤相关法案与判例研究",载《中国图书馆学报》2014 年第 4 期。

目巨大的谣言的传播。"[1]同时,许多民众愿意传播谣言,并非在乎谣言内容是否真实,而主要在于谣言内容满足了他们的内心情感和集体记忆,即使谣言事后被权威主体证实为虚假,也不妨碍民众对谣言的原始认同心理。"人类天生具有好奇心,不同于常态的生活、'赚眼球'的事件往往会引发强烈关注。即便是对谣言进行纠正,纠正后的信息也未必会为公众所关注和接受,因为它既不新奇又不符合某种'真实'的社会心理和公众预期。"[2]尽管内容层面上的"未经证实"是谣言的本质特征,但是,复杂的心理机制才是驱动谣言传播的最大动力。实践中,推动网络谣言传播的主要动力机制,并不是内容本身的真实与否,而是在于广大民众的心理与情感。从这个意义上讲,网络谣言传播在很大程度上是主观的,而非客观的。因此,政府若要有效规制网络谣言,首先得对网络谣言有一种理性的认识和态度。

就像反腐败一样,腐败有着复杂的人性因素和制度根源,不会因为反腐败或腐败治理就会消失,对待腐败的理性态度是将腐败纳入法律的日常治理。对待网络谣言也是如此,既然很多网络谣言不会因为政府规制或信息公开就自动消亡,既然民众对谣言的认同并非与谣言内容的真实有必然联系,那么,政府就应该以一种平常心对待网络谣言,并将其纳入法治化的日常治理,依法治理网络谣言,而不是一旦有不利于政府的网络言论出现,就频繁发起治理网络谣言的运动,造成"网络谣言、人人喊打"的局面。"一是当你听到谣言的时候,该吃,吃;该喝,喝,就当什么事都没有发生,照常消费,叫作消费谣言。二是当你听到谣言的时候,你还可以把它当作一种文化或文章进行消费,叫谣言消费,以'奇文共欣赏,疑义相与析'的大度进行消费。从某种意义上说,谣言消费是一种文化消费。"[3]事实上,政府的过分关注和无谓紧张,恰恰刺激了一些别有用心之人去制造和传播网络谣言。

政府对待网络谣言的理性态度还表现在规制措施的选择适用上,并非针对所有的网络谣言都采取相同的规制措施,而应区分谣言的内容、性质、社会危害性以及危害是否紧急等因素进行综合判断。就措施的内容而言,规制

---

[1] 雷霞:"'信息拼图'在谣言传播中的作用研究",载《新闻与传播研究》2014年第7期。
[2] 郭春镇:"公共人物理论视角下网络谣言的规制",载《法学研究》2014年第4期。
[3] 夏学銮:"网络时代的谣言变局",载《人民论坛》2009年第23期。

措施可以区分为针对人的规制措施和针对信息的规制措施。由于互联网的虚拟性和匿名性,针对人的规制措施必然要付出更多的成本,而针对信息的规制措施则相对简便。"对于某些信息(如恐怖主义信息、犯罪信息等),不但要进行网上信息管理,还要从信息入手直接追究到现实主体('落地查人');对于很多信息(比如发帖人与服务器均在境外的信息、匿名信息等),只能停留在网络管理层面('一删了之'),不可能也不需要都去落地查人。"[1]政府在对待网络谣言时,也应根据不同情形选择适用不同的规制措施,对于一般性的网络谣言,进行相应的信息处理即可,对于具有重大社会危害性的网络谣言,则可以综合进行信息处理和追究违法者法律责任。换言之,政府应摒弃以惩罚为目的、以违法者为中心的规制策略,更为理性地看待网络谣言,否则政府将淹没在网络谣言调查与追究的汪洋中而无法自拔。

(二) 政府规制网络谣言的逻辑

"从纯粹的并且真心真意的理想家到狂热者往往只不过一步之遥。"[2]政府在互联网规制过程中也极易从规制的理想者转变为规制的狂热者,因此,政府规制互联网应该有一个正当与合理的法律界限。政府既然不能对所有的网络言论进行规制,那么政府应该对哪些网络谣言进行规制呢?从政府规制的成本收益视角分析,从各国的制度和我国的实践来看,政府规制的网络谣言范围应该限于以故意传播的、以公共事务为对象、具有社会危害性的事实信息。下面从言论的对象、言论的内容、言论的主观心理、言论的性质和言论的社会后果等五个方面进行阐述。

1. 言论的对象:个人事务还是公共事务?

按照言论对象的不同,网络谣言可以分为针对私人事务的网络谣言和针对公共事务的网络谣言,前者针对的是个人或者私人企业的私人事务,[3]后者针对的是公职人员或者公共机构的公共事务。对于针对个人或者私人企业私人事务的网络言论,基于每个人都是自己利益的最好照顾者这一基本原理,

---

[1] 周汉华:"论互联网法",载《中国法学》2015年第3期。
[2] [英]弗里德里希·奥古斯特·冯·哈耶克:《通往奴役之路》,王明毅等译,中国社会科学出版社1997年版,第57页。
[3] 如果是针对公职人员的纯粹私人事务,也属于私人事务的网络言论。

政府可不必主动对这类网络谣言加以规制，而应根据私法的侵权法机制和民事责任原则，由受害主体自己寻求权利救济。否则，政府如果介入数量无法计算的私人事务类网络谣言，就必然会存在着选择性执法，导致执法标准不统一，违反行政公平原则，同时也不符合行政规制的成本收益原则。此外，即使存在针对私人主体的网络谣言，但是作为受害者的私人主体抱着置之不理、不予追究的态度（相当于放弃了自己的法律权利），如果这时政府规制主动介入，就等于是变相制造了社会纠纷和矛盾，破坏社会主义和谐社会建设。而对于针对公职人员或者公共机构公共事务的网络谣言，由于其侵害的是公共利益和社会秩序，很多时候也缺少公共利益的守护者，于是政府的规制（包括信息公开、突发事件状态下的强制删帖和销号等）就很有必要。仍需强调的是，此时政府规制的是针对公共事务的网络谣言，即未经证实的事实信息，如果网络言论属于主观性的意见和建议（比如学术批评、艺术创作等），那么这部分的公共言论也应该受到法律保护。

当然，私人事务类网络谣言和公共事务类网络谣言的划分并非绝对的泾渭分明，在很多时候，一个网络谣言可能同时包含着个人事务和公共事务，比如关于"河北艾滋女事件"的网络谣言，该网络谣言虽然直接针对的是私人，但是由于其内容涉及民众普遍关心的艾滋病传染事务，就具有了公共性，政府也应该适时对此类网络谣言进行规制和治理。此外，私人事务类网络谣言和公共事务类网络谣言也可能存在转换的问题。[1]比如针对诋毁一个企业商业信誉或商品声誉的网络谣言，在该企业上市前，它属于私人事务类的网络谣言，但是该企业上市后，它就可能转换为公共事务类的网络谣言，政府就有必要配合企业对网络谣言进行必要的规制。

2. 言论的内容：事实还是意见？

前已述及，网络谣言是在网络上广为传播的，未经特定环境下权威主体证实的事实信息，事实是客观的、可证伪的，意见则是主观的、不可证伪的。所以，政府若要以网络谣言治理为名对网络言论进行规制，那么它针对的应是可证伪的事实信息。当然，很多网络言论并非单纯的事实信息或者单纯的

---

[1] "当然，对于一则谣言是具有公共性还是私人性，有时认定并不十分容易，因而很难直接将之归入是发生于公共领域的谣言，还是发生于私人领域的谣言。这种情形往往是因为两者具有一定的牵连性和可转化性。"周安平："公私两域谣言责任之厘定"，载《法制与社会发展》2015年第2期。

意见信息,而是两者的融合,这时就应该看该网络言论的主要内容和核心内容是什么,如果该言论的主要内容和核心内容都是事实信息,如果事后被权威主体证实为虚假的,则为网络谣言,如果该言论的主要内容和核心内容都是意见信息,其中包含的事实信息仅仅是为意见信息所服务,是辅助部分,那么它就不属于网络谣言。不属于网络谣言的言论并不意味着不需要规制,只是不能以网络谣言治理为名进行规制,根据我国相关法律规定,有些属于意见信息的煽动型言论会对国家安全、国防安全和社会秩序等造成重大损害,对这些网络言论也需要进行规制。但是对于那些不属于煽动型言论,而是对党和政府及其工作人员的具体工作和措施提出批评和建议的网络公共言论,应给予较大的法律保护,这也是宪法规定的公民监督权的具体体现。

3. 言论的主观心理:善意还是恶意?

在网络言论的主观心理方面,政府规制网络谣言的界限是基于恶意制造和传播的网络谣言,如果是非恶意的网络谣言,政府也不宜进行规制。实际恶意(actual malice)标准也是公共人物理论的重要内容,[1]它是保护公民言论自由和新闻自由、有效监督公共机构和公职人员的重要基础。有学者也据此将网络谣言区分为善意的网络谣言和恶意的网络谣言。"在我们定为网络谣言的言语中再根据'真诚性'要求进一步将网络谣言划分为'善'的网络谣言和'恶'的网络谣言。"[2]特别是在《关于办理利用信息网络实施诽谤等刑事案件适用法律若干问题的解释》通过以后,许多学者都担心有关网络谣言的犯罪会扩大化,进而损害公民言论自由。"要坚持主客观相统一的原则,只打击故意造谣传谣行为、恶意造谣传谣行为和出于牟利等特定目的的造谣传谣行为,反对任何形式的客观归罪。"[3]实际恶意标准也是体现刑法谦抑性、坚持罪刑法定原则和保障基本人权的重要内容。

4. 言论的性质:部分虚假或者全部虚假?

网络谣言的一个重要特征是在特定环境下被权威主体证明为虚假,如果网络信息是真实的,就无所谓网络谣言,也无所谓网络谣言的规制。这里存

---

[1] New York Times Co. v. Sullivan, 376 U.S. 262, (1964).
[2] 丁社教、吴江:"网络谣言及其治理模式的创新——以哈贝马斯商谈论为视角",载《中共浙江省委党校学报》2015年第1期。
[3] 胡云腾:"遏制网络谣言重在建设网络诚信",载《法制日报》2013年8月28日第9版。

在两个问题：一是，政府在规制网络谣言时，该信息可能还未经权威主体证实为真实的抑或虚假的，那么，政府是否可以进行规制？政府也是权威主体之一，根据行政行为公定力理论，行政机关的行政行为一经作出，不论是否合法，都具有被推定为合法的法律效力，因此，政府可以依据自己的判断，认为网络言论构成网络谣言并具有社会危害的，依法进行规制和治理。当然，政府对网络信息真实性的判断并非终局，当事人如果不服的，可以依法向法院提出诉讼，由法院对政府规制网络谣言的合法性和合理性作出最终裁判。二是，如果网络信息被证实为部分虚假，应该如何处理？比如有人在网络上发布信息说某煤矿发生矿难，死亡10人，但经调查证实死亡8人。在这种情况下，应该根据部分虚假信息的性质而定，如果该部分虚假信息不对网络言论反映的整体事实构成实质性的影响，就不应认定为网络谣言；如果部分虚假信息对网络言论反映的整体事实构成实质性的影响，虽然其他部分信息为真实，也应认定为是网络谣言，可以依法进行规制。

5. 言论的社会后果：虚拟危害还是现实危害？

有学者区分现实社会和网络社会、现实秩序和网络秩序，认为当前是一个"现实社会"和"网络社会"同时存在的"双层社会"，网络空间中的"秩序"独立于现实空间而存在，网络空间中的妨害秩序犯罪比起现实空间更为多发、猖獗，同时却更为隐蔽和难以套用传统标准进行解释。按照这样的逻辑，这种观点也就对现实危害和虚拟危害进行了区分。但是，如果网络言论仅仅可能对网络秩序造成损害，却没有波及现实秩序，对这样的网络言论进行规制和处罚可能并不符合比例原则。比如一个人用网名在一个网络论坛里对另一个人（也是网名）进行侮辱或诽谤，这是典型的虚拟危害，可能破坏了网络秩序，但是由于都是使用网名，因此这种网络言论可能并没有给现实社会和现实秩序造成损害，当然如果另一方作为网络人物已经在互联网社会中成为公共人物的除外。另外，还存在一种情形，比如某人发布了一条善意的网络谣言，事后也被证实为虚假，它无疑在网络上造成了轰动性效应，对网络秩序存在危害，但是它在客观上却起到了一定积极的作用，如果对这种网络言论也追究法律责任，可能就过于严苛。特别是在对网络谣言追究刑事责任时，界定和分析网络言论的现实危害是必要的条件，唯此才能更好地保障言论自由，不至于造成寒蝉效应。"如果一个人捏造事实只是为了向特定的单位和个人发泄不满,或者只是把谣言保存在很小的网络群体内,没有希望或者放任向社会公众传播的主观心态,就不宜以犯罪论处。此外,还要坚持社会危害后果原则,即只有社会危害性达到严重程度的才应当以犯罪论处。何谓严重程度,一要看传播的时间和受众范围,二要看谣言本身的严重程度,三要看行为人主观恶性程度,四要看谣言造成的现实危害等。"[1]只有综合考虑行为的性质、行为人的主观恶性程度、行为的现实危害等,才能准确认定网络谣言的法律责任。[2]

此外,为了与市场机制相协调并保障言论自由,通过个人言论的竞争和讨论来决定网络言论的命运,政府所欲规制的网络谣言,或许不仅应具有现实危害,而且还应具有明白和即时的现实危害,即,政府如果不及时加以规制,就会造成不可挽回的重大后果。"强制只能在为了防止对他人造成伤害时,才能够得到证成。"[3]如果网络谣言尽管会有现实危害,但是却是模糊和非即时的危害,政府就不宜对网络谣言采取强制性措施,而应由市场机制来调节和应对。

三、对政府规制的权力约束

政府对网络言论(包括网络谣言)的过度规制,容易导致权力的滥用和腐败,造成寒蝉效应。此外,从规制的成本收益视角来看,过度的政府规制需要大规模的政府投入,制度效益并不明显。"Posner亦指出言论是一种商品,所谓的事实或真理指的是多数人所接受的意见,保障言论自由的主要理由在于(1)政府过度介入管制言论市场会危及民主程序,可能会造成政府权力膨胀、无人监督的情况,以及(2)信息市场的脆弱性,因为信息具有外部性,单纯的意见很难以创设财产权的方式保护之,信息的生产很可能是不充分的,而政府管制言论市场可能会对言论的供给产生寒蝉效应,影响信息的

---

[1] 胡云腾:"遏制网络谣言重在建设网络诚信",载《法制日报》2013年8月28日第9版。
[2] 有学者认为,谣言的直接后果与间接后果对于发生在公共领域和私人领域的谣言也具有不同的意义。发生私人领域的谣言,传播即有危害,如"某演员到一家酒店嫖娼"这样有损公民人格的谣言。而发生公共领域的谣言,传播并不构成法律上的危害,而必须要求有间接的或说是次生的危害后果,如"电影院起火了"的谣言。周安平:"公私两域谣言责任之厘定",载《法制与社会发展》2015年第2期。
[3] [英]H·L·A. 哈特:《法律、自由与道德》,支振锋译,法律出版社2006年版,第45页。

提供。"[1]在现实生活中,网络谣言的政府规制主要表现为两种形式,第一种为直接规制,即政府直接对网络谣言进行规制,比如相关事件调查、公开网络谣言所涉及的信息、行政处罚等;第二种为间接规制,即政府通过网络服务提供者间接规制网络谣言,比如命令网络服务提供者删除发言、注销账号等。无论在直接规制还是间接规制中,"在政府的任何行为中,还有在政府大楼的任何一个角落里,都是找不到德行这个词的,所以我们需要警惕的是,政府不仅会运用其管制职能来压制媒体,更通过分配资源的权力来收买媒体。媒体对现行的体制丧失自己的反思能力,而现行体制也丧失了自己的纠错功能"[2]。某些互联网监管部门和网站管理人员并没有依法、合理地行使网络规制的权力,一些简单粗暴、缺乏公开透明的规制措施也容易导致政府与民众在互联网上的二元对立。"长期任职的官员会勾画出自己的活动范围,他们把这一范围视为自己的特殊领地。随着时间的推移,他们与处在类似地位的其他个人之间还发展出一种认同感,从而使'自己人'和'外人'之间的界限变得日益牢固。"[3]同时,当前法律制度的不完善也导致相关互联网管理人员无序删帖、随意封号等行为,严重损害了公民的言论自由。[4]因此,一方面,由于市场失灵,需要政府规制;另一方面,由于政府失灵,也需要对政府规制进行监督。对网络谣言政府规制的监督或制约主要表现在三个方面:一是对权力授予的权源性限制,二是权力行使的程序性限制,三是权力违法的监督性限制。

第一,政府规制网络言论的权力需要有法律的明确授权。"任何活动的基本处理模式是自治的、私人的行动;政府权力被假定为是不受认可的,除非政府权力的支持者们承担给予政府权力行使以正当化理由的责任。"[5]《立法法》第8条规定:"下列事项只能制定法律……(五)对公民政治权利的剥

---

[1] 廖淑君:"论网际网路言论活动之规范:法律经济分析观点",载《资讯、科技与社会学报》2006年第10期。

[2] 汪庆华:"言论自由与国家角色:科斯 v. 费斯",载《政法论坛》2009年第4期。

[3] [美]米尔伊安·R. 达玛什卡:《司法和国家权力的多种面孔——比较视野中的法律程序》,郑戈译,中国政法大学出版社2004年版,第28页。

[4] 参见李希光、郭晓科:"网络治理与国家认同",载《中国党政干部论坛》2014年第5期。

[5] Ronald A. Cass, "Privatization: Politics, Law, and Theory", *Marquette Law Review*, Vol. 71 (1987-1988), p 463.

夺、限制人身自由的强制措施和处罚……"网络言论自由属于公民政治权利，因此，如果政府想要采取删帖、销号等直接剥夺言论自由的措施，需要有法律的明确授权，否则就属于违法。这是法律保留原则的基本内容，也是从权力授予的权源方面对政府规制的限制。当然，法律在授予互联网监督管理部门相关权力时也会规定具体的行使部门、职责权限、权力运作方式和法律责任等，这些组织法方面的内容都构成了政府规制网络谣言的权源性限制。

第二，政府规制网络言论的权力行使不仅要符合实体程序，更要符合程序正义。对行政权力的程序控制是现代民主法治国家的基本要求。对政府规制网络谣言的程序性限制主要包括：首先，公开是最好的防腐剂。政府规制权力容易滥用，因此政府规制网络谣言的措施及结果应该及时公开，接受社会的监督。其次，在行政机关对网络谣言的制造者和传播者作出不利决定时，应该听取相对人的意见，这也是自然正义原则的基本要求。[1]再次，政府在制定相关互联网立法和政策、作出规制措施、进行网络谣言事件调查等活动时，应该创造各种途径让广大民众参与政府规制。"行政的民主化是现代社会的一项基本要求。现代行政不仅要求必须依据民意的法律来行使行政权，而且要求在行政权行使的过程中，必须尊重可能受行政权作用的相对方的意见；在行政权行使的方式上，单方面的'命令——服从'的模式逐步让位于通过吸纳相对方的参与和理性对方而作出行政决定的模式。"[2]信息公开、听取意见、公众参与是现代社会程序正义的重要内容。

第三，政府规制网络言论的权力需要接受监督，存在违法或不当情形的，需要承担法律责任。政府规制网络言论存在成本，一是管制言论所造成的信息流失问题，二是法律错误的成本（cost of legal errors）。[3]因此，当政府规制违法或不当时，应该有相应的监督救济措施，才能促进行政机关依法行政，也能保证相对人的合法权益，于是公民对规制行为正当性的诉权制度[4]就成为权力违法的监督性限制。如果相对人对政府规制网络谣言的措施不服时，

---

[1] 参见王名扬：《英国行政法》，中国政法大学出版社1987年版，第152页。
[2] 王锡锌：《行政程序法理念与制度研究》，中国民主法制出版社2007年版，第46页。
[3] 参见廖淑君："论国际网路言论活动之规范：法律经济分析观点"，载《资讯、科技与社会学报》2006年第10期。
[4] 参见周永坤："网络实名制立法评析"，载《暨南学报（哲学社会科学版）》2013年第2期。

可以依法申请行政复议或者提起行政诉讼。行政机关对网络谣言违法的认定是第一步判断，法院的裁判才是终局判断，司法监督也是保障政府规制网络谣言正当性的最重要屏障。"法院通过网络行政诉讼保持对网络行政管理部门的司法监督和审查，是防止行政机关滥用权力、对网络发展进行不当管制和干预的不可或缺的手段，也是衡量我国网络法治水准的一项基本指标。"[1]就我国实际而言，强化事后监督、完善权利救济渠道对于约束和规范网络言论规制权力、防止互联网规制权力的任性和恣意、保障公民合法权益具有特殊意义。

第三节 网络谣言治理的市场机制

我国当前建立的是以政府主导为鲜明特征的网络治理体制，但政府也并非完全排斥市场，也注重发挥市场机制在互联网治理体系中的重要作用。[2]正如我国政府发布的白皮书所言："中国坚持依法管理、科学管理和有效管理互联网，努力完善法律规范、行政监管、行业自律、技术保障、公众监督和社会教育相结合的互联网管理体系。"[3]然而，在现实的互联网治理实践中，政府规制仍然占据明显的支配地位，市场机制具有从属性，它在很长时间内作为政府规制的工具或补充而存在，两者之间并没有形成制度化的协同或者策略性合作。网络平台已经成为网络空间的"新管理者"，[4]市场并非仅是外生性的事物，还有着内在的运行逻辑与演进规则，通过群体的理性行动及其形成的理性社会关系能够大致形成市场自身的结构性平衡。[5]我国试图在

---

[1] 冯军："互联网不能不管，但要善管"，载《环球法律评论》2001年春季号。

[2] 当前《电子商务法》《中华人民共和国消费者权益保护法》（以下简称《消费者权益保护法》）等法律都课以网络平台审核信息等公法义务，这也体现了互联网行业在互联网治理体系中的功能，但也要注意随之可能产生的网络平台公法义务权力化、政府借助平台逃逸公法责任等现象。

[3] 中华人民共和国国务院新闻办公室：《中国互联网状况》（2010年6月），国务院新闻办公室网站 http://www.scio.gov.cn/zfbps/ndhf/2010/Document/662572/662572_7.htm，最后访问时间：2020年1月2日。

[4] Kate Klonick, "The new Governors: the people, rules, and processes governing online speech", *Harvard Law Review*, Vol. 131, (2018), p. 1599.

[5] "在韦伯的分析视角中，市场不仅仅是一种交易场所，而且是一种人们以理性的社会行动来建构理性的社会关系的一种过程性结构。"郑戈：《法律与现代人的命运：马克斯·韦伯法律思想研究导论》，法律出版社2006年版，第94页。

政府能动、权力主导的基础上形成政府规制的权威性与威慑力,但这实质上掩盖的是互联网市场自我约束和市场调节机制的困乏与贫瘠,以及政府与市场关系的深层次、结构性失衡。政府的家长制作风在互联网领域有着根深蒂固的传统〔1〕,于是政府规制越是过度,社会化的市场机制空间就越狭小,从而深刻影响互联网行业的长远发展和互联网秩序的治理生态。

任何时代的言论自由问题都受制于通讯科技的发展。〔2〕网络谣言是我国当前互联网治理的热点和难点,如何在保障言论自由和维护社会秩序之间实现艰难与微妙的平衡考验着政府的治理策略与智慧。学界在探讨网络谣言的法律规制时,多偏重对政府规制的深入分析,〔3〕疏于对市场机制的专门梳理。在协同合作的网络治理模式下,市场机制应是日常性、常态化的治理主体,是网络谣言治理的第一线主体和直接主体,政府规制宜在市场机制无法有效运作或突发事件状态下强力介入。〔4〕从这个视角看,市场机制在网络谣言的法律治理体系中具有更为基础、决定性的作用。明确市场机制的范围、关系与界限,才能更好发挥政府规制的功能,促进政府规制和市场机制协同合作关系的形塑。在网络谣言治理体系中,市场机制究竟由哪些部分构成,相互间有什么关系,不同部分的运作逻辑又是怎样的。本节将围绕上述基础性问题进行理论展开,首先阐述市场机制的体系性构造,接着依次分析互联网行业自律、互联网教育、互联网技术等不同市场机制的运行逻辑和功能。

一、网络谣言治理市场机制的图景

(一) 市场机制的体系性构成

《中共中央关于全面深化改革若干重大问题的决定》(以下简称《关于全

---

〔1〕 Jack Goldsmith, *Tim Wu*, *Who Controls the Internet? Illusions of a Borderless World*, Oxford University Press (2006), p. 104.

〔2〕 Jack M. Balkin, "Free Speech in the Algorithmic Society: Big Data, Private Governance, and New School Speech Regulation", *U. C. Davis Law Review*, Vol. 51, (2018), p. 1151.

〔3〕 参见湛中乐、高俊杰:"论对网络谣言的法律规制",载《江海学刊》2014年第1期;李大勇:"谣言、言论自由与法律规制",载《法学》2014年第1期。

〔4〕 政府直接规制网络谣言,在言论对象、言论内容、言论的主观心理、言论性质和言论的社会后果等方面都有一定的法律界限,具体内容参见林华:"网络谣言治理的政府规制:法律界限与权力约束",载《财经法学》2019年第3期。

面深化改革若干重大问题的决定》)提出:"经济体制改革是全面深化改革的重点,核心问题是处理好政府和市场的关系,使市场在资源配置中起决定性作用和更好发挥政府作用。"这段关于经济体制改革的论述其实也适用于网络谣言的治理。网络谣言治理的核心问题也是处理好政府规制和市场机制的关系,使市场机制在网络谣言规制中起决定性作用和更好发挥政府作用。市场机制在网络言论日常规制中的决定性作用,既是理性逻辑的结果,也是实践经验的启示。在现实生活中,政府对言论的过度规制更容易导致人民和政府之间的委托代理关系颠倒,使得民主机制的运作失灵,并造就懒惰顺从、疏于思考的人民。而"网络化信息经济的涌现能够潜在地提升个人自治"[1]。因此,发展和完善网络谣言治理的市场机制对于克服政府规制失灵、保障言论自由、促进互联网的健康发展具有重要意义。

网络服务提供者基于互联网技术的实现载体为网络用户提供网络服务,这是网络空间的运行逻辑,三者也构成了互联网服务关系的基本框架。有些学者在论述与政府规制相对的概念时,使用的是行业自我规制或行业自律[2],但是这一概念可能并非严谨。就通常含义而言,行业是工商业中的类别,泛指职业的类别[3]。所以,从字面意思来看,互联网的行业自律应该指的是互联网服务提供者的自律,而不包括广大的互联网用户。然而,事实上除了互联网行业自律(网络服务提供者的自我规制)以外,通过互联网教育提高网络服务用户的网络伦理和素质,进而实现网络社区的自我净化,也是市场机制的重要组成部分。[4]此外,由于互联网的技术性,互联网技术是互联网平台的技术体现,也是网络谣言规制的重要途径,代码是法律,[5]于是,将互联网技术单列为市场机制的构成也具有现实的必要性。因此,从网络空间的运行逻辑和体系构成来看,网络谣言治理的市场机制是"平台—用户—技术"

---

[1] Yochai Benkler, *The Wealth of Networks*, Yale University Press (2006), p. 133.

[2] 比如,廖淑君:"论网际网路言论活动之规范:法律经济分析观点",载《资讯、科技与社会学报》2006年第10期。

[3] 参见中国社会科学院语言研究所词典编辑室编:《现代汉语词典》(第6版),商务印书馆2012年版,第514页。

[4] "道德准则通过共同体施加的名誉减损进行约束。" See Lawrence Lessig, *Code: Version* 2.0, Basic Books, (2006), p. 124.

[5] Lawrence Lessig, *Code: Version* 2.0, Basic Books, (2006), p. 1.

的三重逻辑，主要包括互联网行业自律、互联网用户教育以及互联网技术治理。[1]

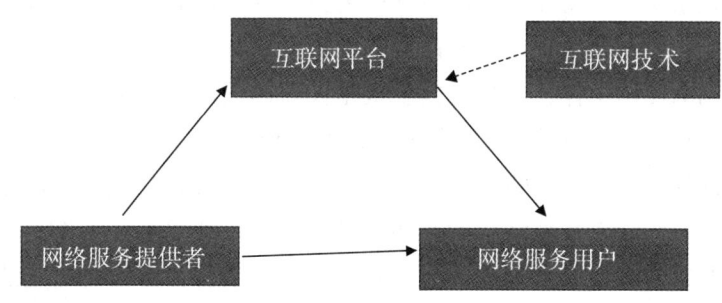

图 2　网络谣言治理市场机制的构成

(二) 市场机制的内在逻辑

从逻辑上看，不同机制处于不同的层次，承载着不同的功能。互联网行业自律是市场机制的核心，是网络谣言治理的直接形式；互联网教育及其形成的互联网伦理是市场机制的基础，是网络谣言治理的深层渊源；互联网技术治理是市场机制的保障，是网络谣言治理的外在载体。

第一，网络谣言的传播载体是由互联网服务提供者所提供，从理论上而言，网络谣言的产生和传播都应该由互联网服务提供者首先发现，缺少了互联网服务提供者提供的各种网络平台，网络谣言的传播也就成了无源之水。因此，如果互联网行业能够形成良好的自律机制，恪守基本的职业伦理，就等于是在源头上控制了网络谣言。而且，无论是互联网教育还是技术治理，最终都需围绕互联网行业提供的网络平台进行，也依赖于互联网服务提供者的相应措施，因此互联网行业自律是市场机制的核心与中枢。

第二，由于互联网服务提供者作为行业主体的天然自利性，它们为了追求自己的商业利益和品牌的社会影响，有时可能并不以公共利益为依归，而

---

[1]　国务院新闻办公室发布的《中国互联网状况》中提到的互联网治理措施包括法律规范、行政监管、行业自律、技术保障、公众监督和社会教育，其中法律规范和行政监管属于政府规制的内容，后四个属于市场机制的内容，而公众监督和社会教育其实都是针对广大民众而言，着眼于网络社区的自我净化，可以进行相应的整合。本书基于网络空间的基本构造，将网络谣言治理的市场机制归纳为三个层面。

放任某些带有社会危害性但能显著增加网络流量的网络谣言传播,在政府和平台的"平行审查"[1]下仍然会有一些有害言论,于是如何提高广大网民的互联网伦理素质,进而在特定网络社区内自觉抑制网络谣言的恶性发酵,就成为网络谣言治理的关键。互联网服务的出发点和落脚点都是广大网民,网民是互联网的使用主体,某种程度上也是互联网违法行为的监督主体,调动网民的治理积极性,可以极大降低网络谣言治理的成本并提高治理的针对性,因此互联网教育以及相应的公众监督是市场机制有效运转的基础和依托。

最后,互联网本身是技术的产物,代码也是一种技术,无论是互联网行业自律、互联网教育以及相应的公众对互联网的监督,都需要一定的互联网技术为支撑和保障,脱离了互联网技术,行业自律和网络教育的实施难度和成本都将显著增加。可以说,互联网技术使得网络谣言的及时有效治理成为现实,变得不再奢侈。因此,互联网技术是市场机制的保障。

二、网络空间的行业自律

从互联网行业的灵活性与行业发展来看,互联网技术瞬息万变,网络传播方式和模式也在经历着深刻变化,作为提供网络言论平台的互联网服务提供者,如果相互之间能够形成自律并监督他人的行为,就可以减少政府强制性干预的机会,通过行业自律维持更多的灵活性,去应对快速变化的网络环境和互联网产业。"网络空间的共同体变得越有责任感,现实空间的政府就越是可能通过豁免准则去遵从这些共同体制定的规范准则。"[2]从规制的成本收益来看,政府并不直接控制网络平台,再加上政府规制的潜在外部性,互联网行业自律能够将规制成本内化为经营成本,并更有效地直接规制网络谣言,是一种成本较低、收益更高的手段。[3]盖网络资源的流传,网络服务提供者扮演着不可或缺的角色。理所当然地,网络服务提供者如果能够自行过滤或删除有害资讯,从公权力的角度而言,不但省却政府介入的成本,更可提升

---

[1] Jack M. Balkin, "Free Speech in the Algorithmic Society: Big Data, Private Governance, and New School Speech Regulation", *U. C. Davis Law Review*, Vol. 51, (2018), pp. 1176-1177.

[2] Lawrence Lessig, *Code*: Version 2.0, Basic Books, (2006), p. 290.

[3] 当然,从经济角度看,网络服务提供者对一些恶意的网络言论进行治理也能够提升网络用户的信任度,增强公司在广告等方面的经济效益。Kate Klonick, "The new Governors: the people, rules, and processes governing online speech", *Harvard Law Review*, Vol. 131, (2018), p. 1627.

管理的效率。此外，从互联网行业的亲和性和可接近性来看，与以国家暴力机器为后盾、以命令服从为主要权力运行方式、以强制性为主要特征的政府规制相比，互联网行业自律更为民众所接受和认可，公信力也更强。

当然，互联网行业自律并非十全十美，柔性的自我规制也隐藏着不足与缺陷。"其面临的主要问题在于，如何通过参与规制来平衡微观个体发展需求与宏观社会责任承担之间的矛盾。由于网络服务提供领域门槛几乎为零，行业内激烈的竞争促使所有服务提供商必须降低营业成本、提高品质并符合消费者多样化的需求。这些挑战迫使提供商们采取更为弹性化的经营法则。但规制目标中又不可避免地要求提供商们承担更多的社会责任，导致经济与政治上的服务成本上升。"[1]首先，互联网行业的门槛较低，一个人只需要很少的投入就可以设立一个互联网公司，创设一个网站，由此所导致的直接后果是不同互联网服务提供者的经济能力和伦理素质参差不齐，想要达成一个拥有广泛共识、普遍适用的行业自律公约并不简单，即使在几个行业主导者的推动下勉强达成，这种公约的执行与实施也将面临巨大困境。其次，互联网行业自律与行业组织的公信力、成熟度密切相关，如果互联网行业组织由政府主导或者带有半官方色彩，那么在中国语境下，行业组织就可能会成为政府的规制傀儡，缺乏必要的公信力，也将很难获得广大互联网服务提供者的信任与支持。再次，互联网行业自律也需要一套行之有效的纠纷解决机制和成员约束机制，如果缺乏公正的纠纷解决机制和有效的成员约束机制，不断产生的内部纠纷和带有示范效应的成员违规行为可能使得行业自律成为一个想象意义上的互联网规制乌托邦。最后，互联网行业并非独立于现实社会，互联网行业自律与现实社会的社会伦理、社会诚信等密切相关，需要社会整体环境的支撑。如果整个现实社会诚信缺失、道德水平低下，那么片面去追求所谓的互联网行业自律无异于痴人说梦。可能的现实是，互联网行业极易为了自己的商业利益、扩大自身的市场占有率而置公共利益于不顾，从而在客观上助推着包括有害网络谣言在内的各种违法网络言论的泛滥。

因此，为了使互联网行业自律有效运行，进而建构良好的行业秩序以及

---

[1] 朱新力、魏小雨："网络服务提供者的规制模式"，载《浙江大学学报（人文社会科学版）》2014年第6期。

和谐的网络空间，就制度建构而言，应采取以下措施：

第一，淡化政府对互联网行业组织设立和运行的直接控制，提高行业组织的代表性和权威性。要吸收不同互联网行业的服务商代表参与行业组织，完善行业组织内部的组织机构、运行机制和程序、代表遴选机制等，保障行业组织的独立、公正、有效运行。行业组织的独立性、广泛代表性和公正性是实现互联网行业自律的基础和前提。

第二，完善互联网行业自律公约制定程序，推进公众参与和保障程序正义。互联网行业自律公约想要获得行业内服务商的认可和接受，广泛的代表性必不可少，不仅要实现行业内的广泛参与，同时，由于自律公约也会涉及网络用户的权利与义务，因此，还需要吸纳一定的网络用户代表参与。除了为相关利害关系主体提供参与途径外，互联网行业组织还应完善信息公开机制和听取意见机制，实现行业内的透明治理和民主治理。

第三，将传统媒体自律纳入到互联网行业自律的整体框架中，提供传统媒体的新闻伦理水平。网络时代和全媒体时代的到来，让传统媒体编造、传播信息的偶发事件被无限放大，引发全社会的关注，同时，传统媒体网络化倾向的逐渐强化，也让传统媒体实施编造、传播谣言的可能大为增加。基于广大民众对传统媒体的偏好与信赖，传统媒体造谣、传谣的危害性更大，也在深层次损害着新闻公信力，因此，传统媒体需要更加重视新闻伦理，推进行业自律机制，坚持实事求是，重视调查研究。

第四，建立和完善互联网行业内部因违反自律公约的争议解决机制。一是互联网服务提供者与网络用户之间因违反自律公约的争议解决机制。主要的形式有和解、调解、仲裁等，当然这些机制都需要结合互联网的规律进行。"互联网上的自律以合同为准则，欲使用其服务必须首先与服务提供商签订合同，同意遵守已建立起来的一系列规范，如果违犯便要出局；或者别的用户便不愿与他互动交流。如果对于规范或规则有异议，网络空间还创造出了一些解决争议的方法，可进行在线调解，或进行网上仲裁。"[1]二是互联网服务提供者之间因违反自律公约的争议解决机制，可采取调解、仲裁等方式，同

---

[1] 蔡文之："自律与法治的结合和统一——论网络空间的监管原则"，载《社会科学》2004年第1期。

时为了保障自律公约的权威性和严肃性，还需建立一定的违反自律公约的行业处罚机制和成员约束机制。

第五，加强政府对互联网行业组织的有效监督，防止互联网空间的无秩序竞争和无伦理经营。"政府要有权力和能力对自我规制进行监督。成功的自我规制，大多有政府监督隐藏于后。一个好的规制体制是能够充分发挥二者的优势并同时控制其滥用的体制。"[1]政府监督是互联网行业自律的重要保障，也是推进网络社会法治化的必要条件。特别是对于我国这样缺乏行业自治传统的国家而言，一定程度与一定范围的政府外部监督有利于更好地促进互联网行业内部自律。

三、互联网教育与网络社区的自我净化

随着传统媒体时代向互联网时代的变迁，普通民众的媒体角色地位也发生了革命性变化，他们由原来被动、消极的信息观赏者、消费者、有限参与者变成了主动、积极的信息制造者、传播者、多重身份者。伴随着普通民众媒体角色地位变化的，则是日益严峻的网络言论失范。"传统媒体时代，把关人往往决定了哪些信息被传播。然而在新媒体时代，'把关人'的作用被弱化、缺失。部分新媒体平台上的信息甚至不经把关便可以进行自由的流通。在此情况下，信息的发出者兼具了发布者和'把关人'的双重身份，网络舆论的环境几乎完全由公众的素质所决定，把关标准自然随着'把关人'的缺失而模糊。不实信息、谣言在这样的环境下更加难以控制，信息证实也随之遭受更严峻的挑战。"[2]在面对每天数以亿计的网络言论或者网络谣言时，即使是再庞大的政府、再有效的政府规制也总是会显得捉襟见肘，即使是再完善的行业自律机制也无法应对所有的互联网问题。在网民自己主导信息生产、传播、流转的自媒体时代，互联网用户共同体的自我约束与规范才是有效规制网络谣言、实现良好互联网秩序的根本。"一种被公众所认可的道德对于社会存在之重要性堪比一个已被认可的政府。"[3]在互联网治理体系的构建中，

---

〔1〕 李洪雷："论互联网的规制体制——在政府规制与自我规制之间"，载《环球法律评论》2014 年第 1 期。

〔2〕 陈虹、沈申奕："新媒体环境下突发事件中谣言的传播规律和应对策略"，载《华东师范大学学报（哲学社会科学版）》2011 年第 3 期。

〔3〕 [英] H. L. A. 哈特：《法律、自由与道德》，支振锋译，法律出版社 2006 年版，第 48 页。

互联网教育及互联网伦理必不可少,它与我们个人或集体所依赖的信息安全密切相关。[1]从根本上说,由于法律的滞后性和技术的中立性,互联网用户共同体的素质与伦理在很大程度上决定着互联网治理体系的运作有效性。

当然,网民的自我约束与规范仅仅是一个量的问题,任何一个社会都存在一些故意侵害他人合法权利、蓄意破坏社会秩序的人,在互联网时代,更是如此,互联网的匿名性、虚拟性特征,更会让一些违法者有恃无恐。"在交互的互联网环境中,互联网通讯协议技术特征的影响,信息在传输过程中仅体现信息发送者和接收者的 IP 地址,信息发送者和接收者的身份都是以一定的数字 ID 加以表示,因而网络端点之间信息的利用和发布多数是匿名的。"[2]"端对端"原则是互联网传输的根本特征,也是保持互联网开放性的基石[3],但与此同时,这一原则对主体、内容、地址等信息缺少关注,也在很大程度上造成了传统行政规制路径的困境。因此,一定数量的违法网民都是正常现象,互联网教育的任务并非实现全民的绝对守法和规范,而是绝大多数民众的自律和约束,推进互联网共同体道德伦理约束机制的形成,进而通过绝大多数民众互联网伦理水平和现代公民意识的提高[4],监督和约束少数互联网违法者的行为,最终实现互联网治理机制的良性运行。

无论是权威主义的网络治理模式还是自由主义的网络治理模式,法治发达国家都注重将民众的网络媒介素养和互联网伦理培育纳入国民教育体系,引导民众树立理性、科学的网络信息生产和传播意识以及公共理性精神,增强对网络谣言的判断力和鉴别力,并倡导依靠广大网民的力量净化网络空间,加强和鼓励网民对网络违法行为和有害网络信息的举报和监督。"道德比其他一切是更使我们关心的一个论题:我们认为,关于道德的每一个判断都会与社会的安宁利害相关;并且显而易见,这种关切就必然使我们的思辨比起问题在很大程度上和我们漠不相关时,显得更为实在和切实。"[5]近些年来,我

---

〔1〕 Tim Wu, *The Master Switch: The Rise and Fall of Information Empires*, Alfred A. Knopf (2011), p. 316.

〔2〕 张平:"互联网法律规制的若干问题探讨",载《知识产权》2012 年第 8 期。

〔3〕 Barbara van Schewick, *Internet architecture and innovation*, The MIT Press, (2010), p. 37.

〔4〕 "现代公民意识应当包括:权利意识、责任意识、自律意识、宽容意识、竞争意识和参与意识等。"参见曾润喜、徐晓林:"社会变迁中的互联网治理研究",载《政治学研究》2010 年第 4 期。

〔5〕 [英]休谟:《人性论》,关文运译,商务印书馆 1980 年版,第 495 页。

国也一直在推进以公众为主体的互联网教育，推动互联网法制教育和道德教育进入中小学，发挥共青团等人民团体在普及互联网知识方面的作用，并成立了中国互联网违法和不良信息举报中心[1]、网络违法犯罪举报网站[2]、12321网络不良与垃圾信息举报受理中心[3]等公众举报受理机构，发布了《举报互联网和手机媒体淫秽色情及低俗信息奖励办法》，积极倡导通过公众对互联网服务的监督来净化网络社区。但是，我国当前的互联网教育在实施重点、社会支持以及监督区域等方面仍然存在一些问题，亟待进一步发展和完善。

第一，实施以学校和其他公共机构为重点的互联网伦理教育。青少年学生是网民的主体，同时由于他们社会经验不足、阅历不深、年轻冲动，因此更易成为网络违法行为的实施者和受害者，也更容易成为有害网络谣言的轻信者和传播者。提高他们的互联网辨识和控制能力，是互联网伦理教育的基础内容。公职人员代表国家行使公共权力，同时又有自己的私人空间和交往平台，互联网为他们言论表达提供了便捷平台，同时也容易使他们的个人言论被社会和公众所误读，进而损害公共机构和国家权力的公信力，因此针对公职人员的互联网伦理教育更具有特殊重要的治理意义。

第二，互联网伦理教育与现实社会的道德建设相结合。互联网伦理教育是现实社会道德和伦理建设的一部分，同时，现实社会的整体伦理水平又会给互联网伦理教育带来重大影响。尽管现实社会的道德与网络空间中的伦理并不完全一致，但是前者是后者的基础，网络空间伦理是现实社会道德的镜像。"网络治理的治理机制在于信任机制和协调机制的培育。信任机制是网络的运作基础，其地位类似于市场的价格机制或科层的权威机制，而信任机制

---

[1] 该中心由中国互联网协会成立于2005年8月，"举报中心的工作目标是维护互联网信息传播秩序，维护网民权益，搭建公众参与网络治理的平台，建设文明健康有序的网络空间。"参见http://net.china.com.cn/txt/2014-09/02/content_ 7198763.htm，最后访问时间：2018年8月3日。

[2] 该网站由公安部网络安全保卫局设立，参见http://www.cyberpolice.cn/wfjb/html/index.shtml，最后访问时间：2018年8月3日。

[3] 12321网络不良与垃圾信息举报受理中心是工业和信息化部委托中国互联网协会设立的公众举报受理机构，其主要职责是负责协助工业和信息化部承担关于互联网、电话网等信息通信网络中的不良与垃圾信息举报受理、调查分析以及查处工作。参见http://www.12321.cn/，最后访问时间：2018年8月3日。

的落实,又需要回到协调机制的构建上。"[1]一个缺乏社会诚信、信任基础的现实社会,就无法提升公众的互联网伦理水平,也难以支撑广大网民的网络自律意识。

第三,鼓励和支持公众对相对封闭网络空间的违法行为的监督与举报。开放性虽然是互联网的本质特征,但是通过一些技术手段,互联网服务提供者可以对自己的网络平台进行访问和服务的限制,从而形成相对封闭的网络空间。就某种程度来说,网际网络亦具有私密性,可以形塑为一个非开放空间,只有特定人士方能参与讨论,最明显的例子是采取会员制的网站,透过权限管理的方式,使具有一定资格者方能加入该网站成为会员,读取信息和参与讨论,形成小众论坛。当前,我国互联网教育的重点都是针对开放网络空间的监督和举报。完善举报激励机制,发展举报方式和平台,加强公众对封闭网络空间的监督,是未来我国互联网教育的重要内容和发展趋势,也是全面实现互联网自我净化不可回避的挑战。

四、无法回避的技术治理

互联网是技术的产物,互联网治理也是基于技术的治理。互联网治理需要依赖互联网技术,是通过技术的约束与规范。[2]就网络谣言治理而言,网络谣言的复杂性在于,它是基于互联网技术而产生的社会问题,互联网颠覆了以往的信息传播模式,放大了谣言的社会危害但又难以及时锁定谣言的来源和责任主体。"对于因技术不完善或技术发展而引起的社会问题,可以通过技术进步或技术的进一步发展来控制或解决。"[3]就实质而言,互联网是一种技术协议,由于互联网引发的网络谣言、网络诈骗、网络赌博等难题,是一种依附于互联网技术的社会问题,基于技术所产生的问题,最终还是得依靠技术的进步来解决和应对。脱离了互联网技术,网络空间中的法律规范和政府规制就失去了具体的实施载体,从这个意义上讲,互联网技术带有一定的工具性,是其他互联网治理措施实施的手段和载体。除此之外,其实互联网

---

[1] 方兴东等:"即时网络时代的传播机制与网络治理",载《现代传播(中国传媒大学学报)》2011年第5期。

[2] 参见林华:"互联网治理的基本维度",载《学习时报》2016年10月6日第6版。

[3] 童星、严新明:"网络社会控制的悖论",载《社会科学研究》2003年第2期。

技术本身也是一种治理手段，是一种相对独立的互联网治理措施。

互联网技术作为一种独立的治理措施，有着两个层面的分布：一是整体意义上作为基础架构或平台的互联网技术，二是个体意义上作为具体措施或手段的互联网技术。一方面，互联网技术治理是无形的技术治理，这是容易为人所忽视的内容。互联网本质上是技术协议和技术代码，为各种网络行为提供最根本的架构和平台，这也意味着互联网本身就能实现最基础的技术治理。"互联网的技术性一方面意味着互联网与技术的发展密不可分，另一方面也意味着在互联网中以标准化协议为代表的技术规范在某种意义上也具有法律的强制性。互联网技术规范确立了互联网的基本运行规则，因此互联网技术规范和标准化协议构成了互联网应用规制的核心要素——代码。互联网中发生的任何事件和行为都是'0'和'1'的集合体，必须通过代码来呈现。"[1]互联网可以存储和识别信息代码，从而为后续必要的过滤、跟踪定位等有形技术提供最原始的平台支撑。

另外，互联网技术治理是有形的技术治理，这是普通网络用户能够感知的内容。以时间顺序为标准，有形的互联网技术治理可以分为三种：第一种为互联网接入时的技术治理，具体包括 IP 封锁、外网接入限制等；第二种为互联网接入后的常态性内容治理，具体包括网络实名制、内容过滤和屏蔽技术等；第三种是对网络违法行为的事后治理，具体包括跟踪技术[2]、数据监听技术等。"我国在运用技术手段规范网络言论方面也已发展得相对成熟，例如可以通过国家入口网关的 IP 封锁、主干路由的内容监测、域名劫持、内容发布过滤、客户访问过滤等技术手段对网络言论信息进行规范和管理，还可以通过对虚拟主机、主机托管、专线接入等互联网接入服务进行全面排查，促使网站落实管理责任。此外，通过严格审核信息服务提供商（ISP）接入，加强对互联网、WAP、声讯、短信等各类合作业务的管理，还能够从源头上

---

[1] 张平："互联网法律规制的若干问题探讨"，载《知识产权》2012 年第 8 期。
[2] "近年，美国又推出了'谣言机器人'等多款软件，实时跟踪分析谣言来源及走向，实现对即时通信、在线数据库等的监控。对广泛采用的脸谱等社交媒体，美国加紧开发'地雷式'可嵌入软件，以便施行危险言行的高效追踪和监控。"孟威："惩防网络谣言是国际社会共同选择"，载《人民日报》2013 年 6 月 21 日第 23 版。

防止网络谣言的产生。"[1]这些不同阶段的技术措施共同构成了个体意义上互联网的有形技术治理。

互联网技术的发展,特别是其中的过滤技术,在很大程度上遏制了网络谣言的传播和发酵,有效维护了互联网秩序。随着网络发展,一定程度的守门员控制功能,似乎不可避免,而此时网络服务业者和宽带服务业者这类中介者,便往往是大量运用过滤科技的主要行动者。但是,过滤技术也容易将良性网络言论加以过滤和屏蔽,从而可能侵害公民的言论自由和文学艺术自由等基本权利。此外,过滤科技的广泛使用也可能造成科技创新遭到扭曲的结果。[2]过滤技术的现状在很大程度上也反映了互联网技术的整体状况。因此,互联网技术一方面有助于维护互联网秩序,另一方面也可能侵害公民基本权利,需要实现两者的平衡。尽管如此,技术治理依然是我们无法回避的市场机制手段,而且随着互联网技术的不断革新,网络谣言的传播形态和平台也会日新月异,技术治理将发挥越来越重要的作用。如何平衡互联网技术在秩序维护与权利保障之间的关系,依然是推进网络社会法治化的重要命题。

网络谣言的形态多种多样,网络谣言治理也应注重差异化策略和类型化建构。在日常状态下,国家应该将保障言论自由作为基本的国家义务,"言论自由是一种传统,需要我们在日常的不经意处精心维护和培养。"[3]在突发事件状态下,国家可以对公民的言论自由等基本权利进行必要限制,但是也要遵循法治的基本原则和法律的正当程序。不管互联网技术如何发展,网络谣言不可能完全根除,将网络谣言纳入法治化的日常治理是我们应有的理性态度,而这需要政府规制和市场机制建立某种制度化、法治化的协同机制,其中尤为重要的是,互联网行业自律、互联网教育和互联网技术发挥基础性、日常性、融贯性的治理功能。

---

[1] 湛中乐、高俊杰:"论对网络谣言的法律规制",载《江海学刊》2014年第1期。
[2] Lawrence Lessig, *Code*: *Version* 2.0, Basic Books, (2006), p. 172.
[3] 苏力:"《秋菊打官司》案、邱氏鼠药案和言论自由",载《法学研究》1996年第3期。

第四章
通过法律的网络谣言治理

我国政府一直在倡导依法管理互联网,"积极利用、科学发展、依法管理、确保安全是中国政府的基本互联网政策。中国政府始终坚持依法管理互联网,致力于营造健康和谐的互联网环境,构建更加可信、更加有用、更加有益于经济社会发展的互联网"〔1〕。在协同合作的互联网治理模式下,政府不应垄断规制权力,公众监督和行业自律等市场机制也应该在网络谣言规制中发挥更基础的作用,"依法管理"需要向"依法治理"转变,政府规制和市场机制应当在法律的框架下协同合作。党的十八届四中全会指出:"加强互联网领域立法,完善网络信息服务、网络安全保护、网络社会管理等方面的法律法规,依法规范网络行为。"〔2〕依法治理网络谣言、将网络谣言治理纳入法治轨道是深入贯彻落实党的十八届四中全会决定的必然要求,也是建设社会主义法治国家的应有之义。在网络谣言治理的竞技场中,政府规制和市场机制存在着此消彼长的竞争关系。网络谣言治理的法治化,也就意味着网络谣言政府治理的法治化和网络谣言市场治理的法治化。根据一般法理,对于私权利主体而言,法无明文禁止即允许;对于公权力主体而言,法无明文授权即禁止。因此,依法治理网络谣言,其实更多意味着政府依法治理网络谣言,同时政府的治理必须纳入法治的轨道,不能逾越权限,也不能滥用权力。至于市场机制在网络谣言治理法治化中的作用,如果法无明文禁止,就是市场机制可以作用的空间,如果政府能够依照法律规定治理网络谣言,其实也

---

〔1〕 中华人民共和国国务院新闻办公室:《中国互联网状况》(2010年6月),http://www.scio.gov.cn/zfbps/ndhf/2010/Document/662572/662572_7.htm,最后访问时间:2019年12月22日。

〔2〕《关于全面推进依法治国若干重大问题的决定》(2014年10月23日中国共产党第十八届中央委员会第四次全体会议通过)。

就给市场机制腾出了空间。当然，市场机制也可能会失灵，因此，政府也需要依法对互联网行业进行必要的监督和管理。综上所述，网络谣言法律治理的关键在于合理界定政府规制的权力和界限，控制和规范政府权力。

从治理时间看，网络谣言法律治理包括常态下的法律治理和非常态下的法律治理，而日常阶段的政府规制和突发事件阶段的政府规制会存在具体权力运作的差异。本书以治理时间为线索，区分不同状态的网络谣言治理，同时，突发事件毕竟是非常态的低概率事件，网络谣言法律治理的重点和核心仍然是常态下的治理，因此，本书也将更多篇幅聚焦于常态下的网络谣言法律治理。本章第一节至第四节就是关于这一主题的探讨。从法律体系、治理机构、治理措施与程序、法律责任体系这四个方面具体分析如何通过法律实现网络谣言的日常治理。第五节是网络谣言法律治理的非常态模式内容。首先从发生学视角出发介绍突发事件与网络谣言的两种关系，一是突发事件中的网络谣言，二是网络谣言引发突发事件；接着分析如何在突发事件状态下实现网络谣言治理的法治化，具体涉及突发事件应对与紧急状态法治的关系和突发事件状态下网络谣言法律治理的具体运作。

第一节　网络谣言治理法律体系

在建设社会主义法治国家的时代背景下，法律制度是网络谣言法律治理的基础和依据，没有健全、完善的网络谣言治理法律体系，就不能制度化、规范化地应对和处理网络谣言这一社会问题，并实现网络谣言的日常法律治理。当前，我国的网络谣言治理法律体系还存在着立法空白、立法冲突、立法滞后等问题，亟待进行与时俱进的发展与完善。

一、法律体系的现状考察

从20世纪90年代至今，我国已初步形成以《关于维护互联网安全的决定》《关于加强网络信息保护的决定》《网络安全法》《中华人民共和国电信条例》（以下简称《电信条例》）《互联网信息服务管理办法》等法律规范为核心的网络谣言治理法律体系，它们对网络谣言治理机构、治理措施、治理程序和法律责任等内容作出具体规定。我国还没有专门针对网络谣言或网络言论制定的法律规范，当前的网络谣言治理法律体系主要包括三个层面：一是《宪法》中有关言论自由及其限制的条款；二是普通法律中关于网络谣言治理的条款，如《民法典》《刑法》《治安管理处罚法》等法律中的条款；三是互联网专门法律中关于网络谣言治理的条款，如《网络安全法》《关于加强网络信息保护的决定》《互联网信息服务管理办法》等法律规范中的条款。但是这些涉及网络谣言治理的法律规范对现实问题覆盖范围不足，存在立法空白，不能迅速适应高速发展的网络社会现实，法律规范的完整性和可操作性也有待进一步加强。[1]具体而言，我国网络谣言治理法律体系还存在以下问题。

第一，立法层级低，影响实施效果。我国专门调整互联网的法律规范立法层级较低，其中关于网络谣言的概念界定及其规制措施等都比较模糊，严重影响了法律规范的实施效果。现行有效的对于互联网直接进行规范的法律、行政法规、司法解释、部门规章和其他规范性文件共有172件（不含地方性法规）。其中，专门性的法律3件，相关性的法律11件，司法解释18件，行政法规10件，部门规章40件，其他规范性文件90件。由此可见，我国互联网法律体系的主体是部门规章以及数量庞大的规范性文件，法律和行政法规很少。在实践中，中宣部、中国共产党中央网络安全和信息化委员会等与互联网治理有关的部门也发布一些内部性、非公开的管理文件，这些文件也具有事实上的约束力和执行力。网络谣言治理法律规范的位阶与层级过低，直接影响了其权威性和实施效果，也容易造成不同法律规范之间的冲突和矛盾。

第二，内容缺失，存在立法空白。就言论自由的法律体系而言，我国一直以来缺乏言论自由法律保护的传统，言论自由的法律内涵及其法律限制仍不清晰明确，有关言论自由的规制性内容较多，而相关的保障性条款却较为匮乏，"缺乏对信息自由、电子信息出版、信息知识产权保护、隐私权保护等方面的立法"[2]。就网络谣言治理而言，目前我国在该领域也存在诸多立法空白和制度漏洞，一些亟待确立的互联网治理制度也迟迟没有建立，导致一些网络谣言治理领域"无法可依"。在现实生活中，实际发挥重要作用并大量存在的是与互联网管理息息相关的有关部门发布的政策规范和管理措施。比

---

[1] 参见张雷："论网络政治谣言及其社会控制"，载《政治学研究》2007年第2期。
[2] 李忠："因特网与言论自由的保护"，载《法学论坛》2002年第1期。

如，我国目前的法律规范还缺少对网络谣言的法律概念进行明确界定，进而导致网络谣言治理的范围和界限非常模糊，并容易侵害公民的网络言论自由权利；还没有确立网络谣言违法行为的构成要件，对于哪些是违法的网络谣言，哪些又属于正常的网络言论，并没有清晰的标准；即使一个行为构成违法的网络谣言，现行法律规范体系对于民事责任、行政责任和刑事责任的衔接与竞合也没有作出规定，实践中往往存在性质一致的行为却承担性质完全不同的法律责任的现象，这也严重损害了法律的权威性和公正性。

第三，内容陈旧，亟待修改完善。长期以来，我国对互联网立法工作重视不够，网络法律体系具有明显的被动性、保守性和滞后性等特征，远远落后于互联网创新与发展的实践，也对一些长期存在的互联网社会问题缺乏及时的回应和关注。"由于社会秩序并不是固定不变的，它最多也只能被立法偶尔地进行重塑。它处在持续的变迁之中。旧的制度在消逝，新的制度在产生，而那些保留下来的制度也在不断改变自己的内容。"[1]我国互联网立法中有诸多法律规范制定于我国互联网发展的初始阶段，内容陈旧，已经不适应当前互联网技术发展和社会转型的需要，比如1997年国务院修正的《中华人民共和国计算机信息网络国际联网管理暂行规定》（以下简称《计算机信息网络国际联网管理暂行规定》），1997年公安部发布并经国务院批准的《计算机信息网络国际联网安全保护管理办法》，2000年国家保密局发布的《计算机信息系统国际联网保密管理规定》，2000年公安部发布的《计算机病毒防治管理办法》，2000年国务院颁布的《互联网信息服务管理办法》，2000年国务院颁布的《电信条例》，等等。"政策制定并不是一劳永逸的，而是处于制定与再制定的循环往复的过程。政策制定是一个持续性的不断接近一些渴求目标的过程，而在这过程中，什么是属于渴求目标本身也在根据反复衡量而不断变化。"[2]这些制定于互联网发展初期或者Web1.0时代的网络法律规范已经难以适应经历过巨大社会转型后的中国互联网实践现实与状况，大大落后于互联网技术的创新与发展，与当今网络信息传播的主流模式不相符合，也与

---

[1] Eugen Ehrlich and Nathan Isaacs, "The Sociology of Law", *Harvard Law Review*, Vol. 36, No. 2 (1922), p. 139.

[2] Charles E. Lindblom, "The Science of 'Muddling Through'", *Public Administrative Review*, Vol. 19, No. 2 (1959), p. 86.

我国互联网立法所面临的国际环境存在一定的分离,因此,亟待结合现实发展的实际进行修改与完善。

第四,内容分散,亟需整合统一。我国没有统一的互联网基本法,也没有专门针对网络谣言的法律规范,当前的网络谣言治理法律体系涵盖民事法律、行政法律和刑事法律,包含了法律、行政法规、行政规章、司法解释等不同形式的法律规范,同时,由于网络谣言既可以通过文字形式出现,也可以通过视频和音频传播,它还会涉及宽带服务提供商的规制义务,于是在网络谣言治理法律体系中占据主体地位的部门规章也由各个不同的部门颁布,从而导致内容过于分散、实施标准不一、条款相互冲突和矛盾等问题,这既造成执法机构执法的不方便,也不利于社会公众遵守。

第五,重政府规制,轻市场机制。重管理轻自律是我国互联网立法的主要特色,在我国互联网立法实践中,立法者倾向于将互联网法简单地视为互联网管理法,将法律规范的内容重点放在如何加强政府对互联网的管理,如何有效实施网络规制,而忽视行业自律、公民监督、互联网教育等市场机制的作用,更缺乏对这些市场机制有效运作的立法保障。具体而言,互联网立法的这一特色突出表现在两个方面:一是法律规范的名称,我国目前诸多涉及互联网领域的最核心、最重要法律规范的名称中都包含"管理"两字,如《计算机信息网络国际联网管理暂行规定》《计算机信息网络国际联网安全保护管理办法》《互联网信息服务管理办法》等,这突出反映了我国互联网立法的"管理"色彩;二是法律规范的内容,我国目前互联网领域的法律规范内容侧重管理,很少或者几乎没有促进市场机制的内容条款,以与网络言论表达、网络谣言治理最为密切相关的《互联网信息服务管理办法》为例,在这个总共 27 条的行政法规中,几乎所有的法律条款都是管理性、义务性条款,涉及政府对互联网信息服务的具体管理,而对于如何发挥市场机制在互联网信息服务中的作用和职责定位,却只字未提。

二、统一互联网基本法的价值

从字面上来看,互联网法(或称为网络法)是有关互联网的法律,[1]是

---

[1] 在西方国家,互联网法一般被称为 Internet Law、The Law of Internet 或者 Cyber law。

以互联网社会中产生的社会关系为调整对象的法律。互联网是高科技的产物，由于互联网的技术性，互联网法也带有很强的技术性，因此，它常常被归为科技法的范畴，以体现法律与科技的紧密联系。"互联网法是调整因互联网应用而产生的各类社会关系的法律规范的总称。尽管互联网法有其特定的调整对象，但是它的调整手段涉及所有现行公法和私法领域，可以说它不是现有法律体系中产生出的一个独立的法律部门，而是规制网络社会出现的新问题的法律规范的集合，按照英文的直译是'关于互联网的法律'。"[1]在互联网时代，互联网成为现实社会的一面镜子，现实社会中存在的言论、行为和事物往往都会反映到互联网中，于是形成一个相对独立的网络社会。由于网络社会存在问题的分散化与辐射性，这些问题贯穿于各个法律部门，于是互联网可以作为相关法律部门的法律背景而存在。在民法中会存在互联网法的因素，在行政法中会存在互联网法的因素，在刑法中也会存在互联网法的因素。

（一）互联网立法的内容与模式

互联网虽然是现实社会的一种反映，但是它也具有相对独立性，网络社会的运行与现实社会的运行也存在较大的差异；互联网虽然作为相关法律部门的法律背景而存在，但是互联网法也有自己特定的调整对象，网络社会中政府权力的行使范围和行使方式与现实社会也存在很大不同。从这个角度看，根据网络社会的性质和特征去建构统一的互联网基本法不仅必要，而且可能。同时，需要指出的是互联网法并非单纯是现实社会法律的一种空间转移，简单地将现行法律适用于互联网社会并不能完全解决网络空间中的复杂问题。互联网法律体系除了需要将一些必要的技术规范予以法律化以外，其更重要的部分是那些根据网络社会的自身特点所制定的调整网络社会关系的法律规范。互联网一般包括三个层面，即物理层、逻辑层和内容层，相应地从互联网的结构内容视角出发，互联网法也包括三方面内容：调整因互联网基础设施（物理层）而产生的社会关系的法律、调整因互联网技术代码或协议（逻辑层）而产生的社会关系的法律、调整因互联网使用和服务（内

---

[1] 张平："互联网法律规制的若干问题探讨"，载《知识产权》2012年第8期。

容层）而产生的社会关系的法律。第一个内容和第二个内容主要涉及互联网安全和互联网接入等基础方面的内容，尽管它们是最重要的基础资源和基础设施，但是与普通网络用户联系不多，在互联网法律体系中的比重也很小，第三个内容是互联网法律体系的重心和主体。以互联网结构为视角，互联网法律体系框架大致包括：互联网安全法、互联网服务法、互联网基础设施和基础资源法（监管法）、电子政务立法、互联网产业促进法、电子商务法、互联网民事立法、互联网刑事立法、互联网知识产权法。[1]

就互联网立法而言，从互联网法律的存在形式看，大致存在两种网络立法模式，[2]一种是统一立法模式，一种是分散立法模式。前者以德国、日本为代表，是指存在有一部统一调整互联网事项的法律，在统一基本法下面也制定一些针对具体互联网问题的单行法律。德国在1997年颁布《多媒体法》，对网络服务提供者、网络隐私、电子签名和网络犯罪等问题进行统一规定。后者以美国为代表，美国对网络知识产权、网络色情规制、网络中立原则等内容通过专门的法律分别进行规定，没有制定统一规范互联网的基本法，而且美国属于联邦制国家，联邦针对很多互联网事项没有管辖权也没有相应的法律，而是由各州进行规制，比如对网络隐私的法律规制。

（二）我国互联网立法模式及其问题

从我国实践来看，当前我国互联网法律体系采取的是分散立法模式，一般针对某一具体的互联网事项进行立法，当然，这种网络立法模式也产生了诸多问题。"最重要的是，还没有一部系统地、专门地针对网络治理的基础性法律，对网络治理领域进行专门立法，并在其中梳理网络治理的核心概念、确立治理原则、引入基本规则，是很有必要的事情。"[3]大陆法系国家有成文

---

[1] 参见张平："互联网法律规制的若干问题探讨"，载《知识产权》2012年第8期。也有学者认为：从网络法律体系的内容上看，一般认为，网络立法主要涉及以下七个方面，分别是网络安全、网络信息服务与管理、网络著作权保护、电子商务、个人信息保护、未成年人保护、网络侵权以及预防、惩治网络犯罪。

[2] "目前，世界上已初步形成了两种基本的网络立法模式：一是以日本为代表的统一立法模式，国家通过颁布网络基本法，指导相关法律法规的立改废工作，系统地规范和保障网络发展。二是以美国为代表的分散立法模式，主要针对电子商务、知识产权保护、网络犯罪等问题开展专门立法，保障网络健康发展。"林凌："网络立法模式探析"，载《编辑之友》2014年第1期。

[3] 湛中乐："网络立法与网络治理"，载《前线》2013年第3期。

法的立法传统，善于就某一领域的法律问题进行归纳和提炼，进而制定一部统一、完善的法律，而且，统一立法也会有学者与学术界的理论支撑，从立法技术角度来看，统一互联网立法并非难事。此外，分散立法模式依赖于独立权威的司法机关，它对法官的法律素质和法律技能要求较高，而我国当前的司法状况与国情和这一要求还存在一定距离。"网络立法不仅要考虑如何防范和制止各种网络违法犯罪行为的问题，而且更有责任为我国信息网络业的发展塑造宽松的环境。为了防止片面的行政立法对网络发展可能产生的阻碍作用，全国人大应尽快将制定一部系统的网络法纳入议事日程，既为行政部门的网络立法活动提供法律依据，又对其施以必要的制约，防止其基于部门利益，对网络立法和网络管制过于'热心'，以及漠视网络服务商及网络消费者的正当权益。"[1]全国人大或其常委会制定的统一互联网基本法确实也有助于克服当前我国立法中饱受诟病的部门立法主义，防止部门利益法律化，可以有效保障公民基本权利和互联网行业发展。

（三）统一立法模式和网络谣言治理

就网络谣言治理而言，统一互联网基本法[2]也是对网络谣言治理法律体系现存五个问题的直接回应：统一的互联网基本法属于法律，可以提升立法层级和权威性，进而有助于法律实施；新的互联网基本法可以结合互联网实践与理论的最新发展，并借鉴国外立法经验，对那些应该纳入法律调整却还没有纳入的互联网事项进行规定，完善互联网法律体系，弥补立法空白；新的互联网基本法需要建立在对已有互联网法律规范进行立法梳理的基础上，对不适合现实发展的内容要予以废止和修改，这个法律清理过程本身就是法律与时俱进的体现；统一的互联网基本法有助于整合已有的分散性内容，并通过必要的概念界定、法律原则和法律关系等内容，建构统一、规范、协调的互联网法律体系；此外，统一的互联网基本法在规定政府规制的同时，也

---

〔1〕 冯军："互联网不能不管，但要善管"，载《环球法律评论》2001年第1期。

〔2〕 也有学者提出就互联网信息安全制定统一的法律，而不是针对所有的互联网事项进行调整；"加快网络社会管理的立法进程，制定《国家网络信息安全法》，修改和完善相关法律法规和规章，创建'依法建网、依法用网、依法管网'的网络法制社会，保证网络社会依法、规范、有序、通畅、安全、文明运行。"程琳："加强网络社会治理　创建文明网络环境"，载《中国人民公安大学学报（社会科学版）》2014年第3期。

必然要对互联网规制中的市场机制进行规定和保障,对市场机制的法治化运作予以立法保障。

三、法律体系的重构

网络谣言是众多互联网问题的一个,当前我国网络谣言治理法律体系所面临的法律位阶低、立法空白、立法冲突、立法滞后等问题是我国互联网法的一个缩影,它反映的是我国互联网立法所面临的整体困境。"目前我国关于互联网的法律规范仍不完善,现在较好的模式是:对现有的关于规制互联网的法律进行修改,待条件成熟后再进行专门的立法。无论目前采用哪种方式构建互联网法治,其基本的理念都在于:保障互联网安全,保护人民的言论自由和其他权利,促进交易以及信息产业的健康发展,有效打击计算机犯罪,公正救济在互联网上遭受侵害的权利。"[1]对于网络谣言治理法律体系而言,也存在两种法律体系完善和重构的做法,一是对现有的法律规范进行修改和完善,主要包括提高相应法律规范的法律位阶,对网络谣言概念、规制程序、法律责任的衔接等内容进行补充和完善,废止一些不适宜的法律条款,对行业自律、公民监督和互联网教育等市场机制的内容进行规定并建立具体的法律保障机制;二是提高网络谣言治理法律体系的统一性和专门性。第二种做法也存在两种不同的思路。

第一种思路是制定一部专门调整和规范网络谣言治理的法律规范,并依据该专门性法律规范对现有网络谣言治理法律体系进行法律清理,对那些已经过时的法律条款和相互矛盾、冲突的法律条款加以删除和修改。由于网络谣言治理的长期性、复杂性和辐射性,以及考虑到当前分散性的网络谣言治理法律体系在网络谣言界定、传播网络谣言违法行为的构成要件、网络谣言治理程序等方面所存在的立法空白,可以以《网络安全法》《关于维护互联网安全的决定》《关于加强网络信息保护的决定》为基础,糅合《刑法》《治安管理处罚法》《电信条例》《互联网信息服务管理办法》等法律规范中有关网络谣言治理的相关条款,制定一部专门调整和规范网络谣言

---

[1] 张新宝:"互联网发展的主要法治问题",载《法学论坛》2004年第1期。

治理的法律规范[1]，增强法律治理网络谣言的针对性和权威性。同时，还应注重不同法律规范之间的协调性，可以以该专门调整网络谣言的法律规范为基础，修改《刑法》《治安管理处罚法》《电信条例》《互联网信息服务管理办法》中与其不相协调的条款，实现网络谣言治理法律体系内部的整合和完善。

第二种思路是不制定专门调整网络谣言治理的法律规范，而是在统一调整互联网安全或网络信息保护的法律中以专章的形式具体规范网络谣言治理。在这一章中，应具体规定网络谣言的界定，政府、网络服务提供者、网络用户等不同主体在网络谣言治理方面的义务与责任，网络谣言违法行为的构成要件，网络谣言治理的具体措施，规制措施的具体程序，违法行为的法律责任及其衔接等。然后，在制定统一互联网基本法的过程中，推动该法与已有互联网法律和其他相关法律的协调与衔接，再根据最新的网络基本法，对既有网络谣言治理法律体系中那些已经过时的法律条款和相互矛盾、冲突的法律条款加以修改。

根据我国目前的互联网行业发展规划，分散立法模式依然为政府所青睐，统一的互联网基本法在可预期的时间内可能不会出台。"加快完善相关法律法规，积极为互联网行业发展和管理营造更为健全的法律环境。推动用户信息保护、知识产权保护、网络实名、数据保护等相关立法，建立安全可信的在线环境，保护互联网技术与业务创新，创造有利于持续健康发展的法律环境。"[2]由此可见，当前比较可行的做法是加强网络谣言治理法律规范的专业化程度，制定专门的法律规范，并以该专门性法律规范为根据，对网络谣言治理法律体系中那些已经过时的法律条款和相互矛盾、冲突的法律条款加以修改，从而实现网络谣言治理法律体系的专门性、及时性和协调性，推进网络谣言治理法律体系的完善和重构。当然，诚如前面所述，未来的理想路径仍然是制定一部统一的互联网基本法，推进互联网安全、互联网产业发展和

---

[1] 从立法技术和立法资源上讲，由立法机关对网络谣言治理制定专门的法律不太现实，也不符合立法的成本收益分析，比较适宜的形式是由国务院制定专门的行政法规，提高网络谣言法律治理的专门性和统一性。

[2] 《互联网行业"十二五"发展规划》（2012年5月6日中华人民共和国工业和信息化部发布）。

公民网络权利之间的平衡与协调。

第二节　网络谣言治理机构

治理机构是网络谣言治理的组织基础，设置合理、运作顺畅、高效权威的治理机构是实现网络谣言法律治理的组织保障。在法律的视野下，从行政组织法的视角去推进网络谣言治理机构的完善是通过法律治理网络谣言的重要内容。"法律是一个美好的事物，是对抗官员专断恣意的屏障，是对经济贪婪的制约，是促进容忍和良性社会变迁的力量。"[1]当前，我国网络谣言法律治理还面临着不少困境，这固然有法律体系、治理手段和治理程序等方面的原因，但是治理困境中的机构和组织因素也不容忽视。因此，应对网络谣言治理困境的一个重要方面就是在行政组织法层面对网络谣言规制权力的横向配置和纵向配置等进行合理界定，从而在权力源头上保证权力的有效行使，不发生权力滥用的现象。

一、现行模式的行政法拷问

虽然经过多年的探索与努力，我国已初步建立起一套管理互联网行业、治理网络谣言的机构体系，用官方的说法是"初步形成'分工负责、齐抓共管'的管理格局，基本建立了行业管理体系，形成了多个管理部门协同配合的工作机制"。[2]但是客观而言，目前我国对互联网的管理，基本上还是由传统媒体管理机构将各自管理的范围延伸到互联网上，[3]对互联网的管理仍然存在着多头管理、职权重叠的现象，这其中既有权力的积极争夺，也有权力的消极推诿。从相关法律规范来看，涉及网络谣言治理的机构主要包括广播电

---

[1]　Robert A. Kagan, Adversarial Legalism and American Government, Journal of Policy Analysis and Management, Vol. 10, No. 3 (1991), P371.

[2]　《互联网行业"十二五"发展规划》。

[3]　客观而言，从目前互联网的相关规范内容来看，就世界上其他国家和地区而言，针对传统媒体设计的管制架构及规范方向也依然是绝大部分政府基于直觉而适用于互联网这个新媒体的管制措施面貌。但是，由于我国针对传统媒体的规制机构本来就分散和复杂，于是关于互联网规制的机构重叠现象也就更加严重、更为突出。

视管理部门、[1]新闻管理部门、[2]电信管理部门、[3]信息产业管理部门、[4]互联网信息管理部门[5]等。而且,互联网信息(包括网络谣言)管理机构的复杂性还突出地表现在《互联网信息服务管理办法》第18条规定上,[6]该条规定:"国务院信息产业主管部门和省、自治区、直辖市电信管理机构,依法对互联网信息服务实施监督管理。新闻、出版、教育、卫生、药品监督管理、工商行政管理和公安、国家安全等有关主管部门,在各自职责范围内依法对互联网信息内容实施监督管理。"也就是说,教育、卫生、药品监督管理、工商行政管理(机构改革后的市场监管)和公安、国家安全等与互联网信息管理并不直接联系的有关主管部门,在各自职责范围内也有权依法参与到治理网络谣言的过程中来。管理领域的条块分割增加了机构和职权重叠的可能性。但是以上这些内容还都是只针对与互联网信息内容规制直接相关的机构,除此以外,网络信息还会涉及互联网安全的管理和执法,在这个方面和领域内也涉及多重部门和机构,因此,存在着更深层次、更趋复杂的权力

---

〔1〕《互联网等信息网络传播视听节目管理办法》(已失效)第3条规定:"国家广播电影电视总局(以下简称广电总局)负责全国互联网等信息网络传播视听节目(以下简称信息网络传播视听节目)的管理工作。县级以上地方广播电视行政部门负责本辖区内互联网等信息网络传播视听节目的管理工作。"

〔2〕《互联网新闻信息服务管理规定》第4条规定:"国务院互联网信息办公室负责全国互联网新闻信息服务的监督管理执法工作。地方互联网信息办公室依据职责负责本行政区域内互联网新闻信息服务的监督管理执法工作。"《互联网站从事登载新闻业务管理暂行规定》第4条规定:"国务院新闻办公室负责全国互联网站从事登载新闻业务的管理工作。省、自治区、直辖市人民政府新闻办公室依照本规定负责本行政区域内互联网站从事登载新闻业务的管理工作。"

〔3〕《互联网信息服务管理办法》第7条第1款规定:"从事经营性互联网信息服务,应当向省、自治区、直辖市电信管理机构或者国务院信息产业主管部门申请办理互联网信息服务增值电信业务经营许可证(以下简称经营许可证)。"第8条规定:"从事非经营性互联网信息服务,应当向省、自治区、直辖市电信管理机构或者国务院信息产业主管部门办理备案手续……"

〔4〕《互联网信息服务管理办法》第18条第1款规定:"国务院信息产业主管部门和省、自治区、直辖市电信管理机构,依法对互联网信息服务实施监督管理。"

〔5〕参见《国务院关于授权国家互联网信息办公室负责互联网信息内容管理工作的通知》(国发〔2014〕33号)。

〔6〕《北京市微博客发展管理若干规定》也将网络谣言治理机构的分散性和复杂化表现得淋漓尽致,其第11条规定:"市人民政府新闻管理部门、市公安机关、市通信管理部门、市互联网信息内容主管部门按照各自职责,做好微博客发展管理的相关工作。"

分割和多头执法。〔1〕从行政组织法视角来看,网络谣言治理的现行机构模式面临着合法性和合理性的问题,需要不断发展与完善。

(一) 现行模式的合法性困境

互联网信息管理部门作为网络谣言治理的主要机构,现行模式所面临的合法性困境也主要是针对互联网信息管理部门而言,主要表现在机构设立、机构性质和机构运行等方面。

第一,机构的设立涉嫌违反机构法定原则,不符合法治政府的基本要求。现代法治政府是有限政府,而非无限政府、全能政府。依法行政原则是行政法的基本原则,它包含着法律创制、法律优越和法律保留等原则。法律创制是指行政机关的权力由法律所授予,这决定了行政机关的权力来源。职权法定、职权有限也是法治政府的逻辑起点。党的十八届四中全会指出:"完善行政组织和行政程序法律制度,推进机构、职能、权限、程序、责任法定化。行政机关要坚持法定职责必须为、法无授权不可为,勇于负责、敢于担当,坚决纠正不作为、乱作为,坚决克服懒政、怠政,坚决惩处失职、渎职。"〔2〕法治的基本要义在于严格依照法律的权力行使。有限政府意味着行政机关的权力由法律所赋予,法无明确授权即禁止。"有限性体现在行政机关本身职权的有限性。即只能在法律赋予的职权范围内行使权力,不能超越法律授权。这也就是'职权法定'原则的要求。法治政府是每个行政机关在行使权力的时候,都按照法定的、有限的权力去履行职责、行使权力,不能超过这个授权范围。"〔3〕但是国务院互联网信息办公室作为互联网信息的主管部门,却是

---

〔1〕 "对于信息安全管理和执法,也涉及多个部门,如国家密码管理委员会、公安部、国家安全部、信息产业部国家计算机网络和信息安全管理中心、国家保密局、国务院新闻办公室等。例如,国家密码管理委员会办公室负责密码算法的审批,公安部计算机安全监察局负责计算机信息系统安全专用产品的生产销售认证许可,国务院新闻办负责信息内容的监察,有关信息安全技术的检测和网上技术侦察则由国家授权的部门进行。这种多元化领导的弊端之一是缺少综合协调,使各地方、各部门在政府公开的做法上存在较大的差异。"周汉华:"中国的政府信息化及其面临的实践问题",载《经济社会体制比较》2003 年第 2 期。

〔2〕 《关于全面推进依法治国若干重大问题的决定》(2014 年 10 月 23 日中国共产党第十八届中央委员会第四次全体会议通过)。

〔3〕 马怀德:"法治政府特征及建设途径",载《国家行政学院学报》2008 年第 2 期。

依据国务院办公厅发出、经国务院同意的通知而设立的。[1]该文件既不是法律，也非行政法规，而是国务院办公厅制定的规范性文件，缺乏严格的立法程序。一个部级的互联网规制机构仅仅依据并非属于正式法律渊源的政策文件而设立，这与法治政府的基本要求并不符合，其在机构的设立方面就面临着严重的合法性困境。

第二，机构的性质决定了互联网信息管理部门不宜从事具体的行政执法和规制工作。按照行政法的基本理论，国务院办事机构是指国务院设立的协助总理办理专门事务的辅助性机构，办事机构的主要职能是协助总理承担具体事务，一般不享有对外管理的独立权限，也不从事具体的执法和规制工作。[2]国务院互联网信息办公室是国务院设立的协助总理办理互联网信息事务的办公机构，[3]具有明显的内部办公机构性质，一般不享有对外管理的独立权限，也不宜从事互联网信息方面的具体执法和规制工作。"从行政法原理的角度，国家互联网信息办公室作为国务院的办公办事机构，是为国务院总理办理某一方面事务的内部机构，本不应具有对社会事务的管理职能。"[4]内部性质机构的外在行为效果是否成立与合法，还得接受法治政府原则的考验。

第三，机构的运作在一段时期内处于秘密状态，不符合行政公开的基本原则。行政公开原则是行政法的基本原则，也是程序正义的基本要求，它的基本内涵是行政主体在行使行政权力的过程中，除法定保密的以外，行政权力的来源依据、行使过程和结果等都应该向社会公开。《中华人民共和国政府信息公开条例》（以下简称《政府公开条例》）第20条也规定："行政机关应当依照本条例第19条的规定，主动公开本行政机关的下列政府信

---

[1]"经国务院同意，国务院办公厅日前就设立国家互联网信息办公室发出通知。通知说，国家互联网信息办公室的主要职责包括……国家互联网信息办公室不另设新的机构，在国务院新闻办公室加挂国家互联网信息办公室牌子。"参见"国家互联网信息办公室设立"，新华网http://news.xinhuanet.com/politics/2011-05/04/c_121375571.htm，最后访问时间：2020年1月6日。

[2]参见马怀德主编：《行政法学》，中国政法大学出版社2009年版，第77页。

[3]与其合署办公的中央网络安全与信息化委员会办公室是中央网络安全与信息化委员会的办事机构，也不享有行政管理的职权。

[4]李洪雷："论互联网的规制体制——在政府规制与自我规制之间"，载《环球法律评论》2014年第1期。

息：……（二）机关职能、机构设置、办公地址、办公时间、联系方式、负责人姓名……"因此，即使我们退一步讲，由于我国当前的特殊国情，由国务院及其办公厅的规范性文件设立相关机构还具有一定的现实合理性，但是即便如此，设立该机构的规范性文件也应该向社会公开。如果一个机构行使着一些对行政相对人权利义务产生重大影响的权力，但是设立该机构、规定其相关职责权限的法律文件却没有公开，那么它就违背了行政公开原则，也违反了《政府信息公开条例》的规定。"国家互联网信息办公室作为国家互联网信息内容主管部门，自2011年成立以来在我国互联网内容规制体系中地位日益重要，但其职能行使的依据是中央的内部文件（到目前还未向社会公开），这对其有效行使规制职能构成了很大的障碍，在正当性上也有欠缺。"[1]即使2014年国务院公布了《国务院关于授权国家互联网信息办公室负责互联网信息内容管理工作的通知》，明确授权国家互联网信息办公室负责互联网信息内容管理工作，并负责监督管理执法，但是这个文件属于事后的授权性文件，2011年最初设立该机构的基础性文件仍然没有公开。

（二）现行模式的合理性困境

当前我国在互联网治理（包括网络谣言治理）方面采取的是多头管理模式，现行模式的合理性困境也主要来源于多头管理模式所导致的效率低下、权力推诿和公正缺失等问题。

第一，网络谣言治理的多头管理模式导致规制和治理的效率低下。专业、高效、统一的治理机构是网络谣言有效治理的基本保障，分散化、争夺式的治理机构模式无法真正应对网络谣言的治理困境，也会严重损害网络谣言治理措施的效果和效率。当前网络谣言治理的权力和职能分散在各个相关机构，"原来属于同一管制事项的程序被切割为许多片段"[2]，机构和职能之间缺乏必要的整合与统一。尽管我国在2014年成立了中央网络安全和信息化领导小组，这是应对互联网多头管理困境的一种尝试，但是领导小组毕竟是一个议事协调机构，需通过不定期的会议形式来行使职权，缺乏对网络谣言治理

---

[1] 李洪雷："论互联网的规制体制——在政府规制与自我规制之间"，载《环球法律评论》2014年第1期。

[2] 叶俊荣：《行政法案例分析与研究方法》，三民书局股份有限公司1999年版，第177页。

的日常性应对，而且它仅仅是在量的层面缓和了多头管理模式的可能性危害，却没有在机构改革和行政组织法的制度层面上加以应对。条块分割型的互联网规制机构模式将互联网某个领域内本来具有连贯性的、含有统一规制内容的不同规制阶段和不同规制形式人为地加以分离，极大损害了网络谣言治理的效率和效果，而"效能效率考量从而可谓系行政组织建制之最重要要求"〔1〕，效率也是行政权的生命。多头执法、碎片化治理已经成为我国互联网治理成效不足、网络谣言治理过程中问题丛生的根源之一。

第二，网络谣言治理的多头管理模式导致不同互联网规制机构之间存在权力冲突，进而影响网络谣言治理秩序。机构和职能法定是法治政府的基本要义，通过行政组织法来规范行政规制机构的设立与职能也是法治发达国家的普遍做法。在西方，中央层面行政机关的设立和权力赋予，一般都通过相应的行政组织法进行，以体现法律创制和职权法定原则，而我国长期以来缺乏对行政组织法的重视，〔2〕更善于用行政的手段推进机构改革，通常是以国务院办公厅通知的形式确定各自部门的"三定方案"〔3〕（定机构、定职能和定编制）。从实践来看，每届政府制定的各个部门"三定方案"其实相当于该部门的行政组织法，但由于它是以国务院办公厅的通知形式存在，具有一定的随意性和政策性，经常会随着实践的发展而调整，因此缺乏法律的严肃性、稳定性和权威性。这直接影响了行政机关的设立、变更与撤销，导致现实中对某一事项享有规制权力的不同规制机构之间发生权力冲突现象，或是消极的相互推诿或是积极的相互争夺。在网络谣言治理领域，不同规制机构之间的职责划分并不清晰，不同机构对网络谣言都享有一定的规制权限，导致实

---

〔1〕 翁岳生编：《行政法》（上册），中国法制出版社2002年版，第385页。

〔2〕 就专门的组织法而言，中央层面目前只有1982年的《中华人民共和国国务院组织法》，全文只有11条且至今未做修改，国务院下属的各个部门均无专门的组织法进行调整；在地方层面，只有一个既调整地方权力机关又调整地方行政机关的《中华人民共和国地方各级人民代表大会和地方各级人民政府组织法》。此外，除了专门的组织法以外，我国的一些规制法律中也涉及行政机关的设立和职权赋予，比如《中华人民共和国海关法》（以下简称《海关法》）关于海关总署的设立及授权、《中华人民共和国证券法》（以下简称《证券法》）关于证券监督管理部门的设立及授权等，但是这些法律关于行政机关的规定仍显单薄，在具体的法律实施中存在可操作性不强等问题。

〔3〕 关于"三定方案"相关问题的具体介绍，参见余晖："中国政府监管体制的战略思考"，载《财经问题研究》2007年第12期。

践中权力争夺或权力推诿现象时有发生，严重影响了网络谣言的治理秩序。[1]

第三，网络谣言治理的多头管理模式可能导致针对同一主体的同一网络谣言违法行为存在不同的行政处罚，从而违反一事不再罚原则。当前一些不同的法律规范赋予不同规制机构以治理网络谣言的职责并规定了相应处罚措施，这就为同一违法行为存在不同行政处罚的情形提供了法律规范层面上的基础。再加上互联网技术的发展，现在许多网络谣言是以文字、音频和视频的混合形式进行传播，而我国当前实行的是不同传播形式由不同规制机构管理的模式，这也加剧了同一网络谣言存在重复行政处罚的可能性，容易侵害相对人合法权益。

第四，现行模式在规制机构的纵向职责划分上也并非明确和清晰。以与网络谣言治理联系最密切、最重要的互联网信息管理部门为例，前已述及，作为国务院互联网信息办公室设立依据的国务院办公厅文件并没有公开，但是国务院新闻办公室的报道中介绍了国务院互联网信息办公室的职责内容："通知说，国家互联网信息办公室的主要职责包括，落实互联网信息传播方针政策和推动互联网信息传播法制建设，指导、协调、督促有关部门加强互联网信息内容管理，负责网络新闻业务及其他相关业务的审批和日常监管，指导有关部门做好网络游戏、网络视听、网络出版等网络文化领域业务布局规划，协调有关部门做好网络文化阵地建设的规划和实施工作，负责重点新闻网站的规划建设，组织、协调网上宣传工作，依法查处违法违规网站，指导有关部门督促电信运营企业、接入服务企业、域名注册管理和服务机构等做好域名注册、互联网地址（IP地址）分配、网站登记备案、接入等互联网基础管理工作，在职责范围内指导各地互联网有关部门开展工作"[2]。各省、自治区和直辖市也都设立了本地的互联网信息管理机构，但是也没有公开相应的设立依据。国务院新闻办公室同样报道了北京市互联网信息办公室的设立及其职责，从中可以推测各省、自治区和直辖市互联网信息管理机构的设

---

[1] "在部门体制驱动之下，大多数部门就事论事，各自根据职权范围确定立法方向与重点，出现互联网法调整对象越来越细的碎片化倾向，特别规则多，普遍规则少。"周汉华："论互联网法"，载《中国法学》2015年第3期。

[2] "国家互联网信息办公室设立"，国务院新闻办公室 http://www.scio.gov.cn/zhzc/8/5/Document/1335496/1335496.htm，最后访问时间：2020年1月6日。

立和职责应该大致相似:"通知说,北京市互联网信息办公室的主要职责包括,落实互联网信息传播方针政策和法律法规,推动本市互联网信息传播法制建设;指导、协调、督促属地互联网行业主管部门、本市打击网络违法犯罪主管部门及其他相关部门加强互联网信息内容管理;负责网络新闻业务及其他相关业务的审核及日常监管;指导本市有关部门做好网络游戏、网络视听、网络出版等网络文化领域业务布局规划;协调本市有关部门做好网络文化阵地建设的规划和实施工作,负责本市重点新闻网站的规划建设,组织、协调网上宣传工作,依法查处违法违规网站,指导属地有关部门督促电信运营企业、接入服务企业、域名注册管理和服务机构等做好域名注册、互联网地址(IP地址)分配、网站登记备案、接入等基础管理工作;在职责范围内指导区县相关部门开展工作"[1]。通过对这两个设立通知进行对比,我们可以发现,国务院互联网信息办公室和北京市互联网信息办公室的职责内容是一致的,不同的仅仅是管辖的范围,即国务院互联网信息办公室主管的是全国范围内的管理事项,[2]北京市互联网信息办公室主管的是北京市内的管理事项,而且可以推测,国务院办公厅的通知中可能有各省、自治区和直辖市根据本通知设立相关互联网信息管理机构的规定,因此,各省、自治区、直辖市设立了与国务院互联网信息办公室职责相一致的机构。但是,国家和省级层面的互联网信息办公室的职权划分并非清晰和明确,两者都有相应的监督管理职权,但是缺乏划分的标准。

二、横向层面的权力配置

推进现有权力配置模式的改革,主要从两个方面入手,一是横向层面的权力配置,二是纵向层面的权力配置。横向层面的权力配置也包括两个方面:第一是前已述及的网络谣言治理政府规制和市场机制的界限(参见第三章),即政府与市场的外部界限;第二是网络谣言治理政府机构内部的横向权力配置,即政府不同机构间的内部界限。

---

[1] "北京市互联网信息办公室设立",国务院新闻办公室 http://www.scio.gov.cn/zhzc/8/5/Document/1432540/1432540.htm,最后访问时间:2020年1月5日。

[2] 2014年《国务院关于授权国家互联网信息办公室负责互联网信息内容管理工作的通知》规定,"为促进互联网信息服务健康有序发展,保护公民、法人和其他组织的合法权益,维护国家安全和公共利益,授权重新组建的国家互联网信息办公室负责全国互联网信息内容管理工作,并负责监督管理执法。"

第四章　通过法律的网络谣言治理

当前我国网络谣言治理法律体系并没有明确界定政府规制和市场机制的界限和范围,在政府主导的网络治理模式下,政府规制机构可以随意确定网络谣言规制权力的边界,从而经常侵入市场机制的领域,抑制了市场机制的发挥。靠政府管制来建立市场秩序不仅达不到目的,而且常常事与愿违。这是因为,人的行为是由预期支配的,过多的政府管制搅乱了人们的预期,人们自然就只能搞"一锤子买卖"了。[1]那么如何合理界定政府规制和市场机制的互联网治理界限呢?《中华人民共和国行政许可法》(以下简称《行政许可法》)其实部分涉及了这一重要问题,《行政许可法》第12条对可以设定行政许可的事项进行了肯定性明确列举,同时又在第13条作出行政许可设定的否定性排除:"本法第12条所列事项,通过下列方式能够予以规范的,可以不设行政许可:(一)公民、法人或者其他组织能够自主决定的;(二)市场竞争机制能够有效调节的;(三)行业组织或者中介机构能够自律管理的;(四)行政机关采用事后监督等其他行政管理方式能够解决的。"《行政许可法》关于政府规制和市场机制界限的规定尽管针对的是行政许可这一领域,但它关于政府与市场边界划分的理念可以适用于其他领域,包括网络谣言治理。在我国网络谣言治理过程中,政府规制还是过多挤占了市场机制的空间,因此,在修改完善相应网络谣言治理法律规范时,应该通过具体的法律制度设计来保障市场竞争机制的调节、行业组织和中介组织的自律以及公众的自我约束和教育,实现"政府的归政府,市场的归市场"。此外,为了推进协同合作的网络治理模式,我国可考虑借鉴韩国的因特网安全委员会,[2]成立互联网治理委员会,由政府、互联网行业、专家和公众等代表组成,该委员会的主要职责包括提出互联网治理法律和政策的建议,制定互联网行业的网络伦理标准,统一受理社会公众对互联网违法行为的举报和监督,对政府的互联网规制行为进行监督等。

---

〔1〕参见张维迎:"产权、政府与信誉",载《读书》2001年第6期。
〔2〕"根据网络传播的特征,韩国政府于2006年设置了一个独立的互联网管理机构——韩国因特网安全委员会(The Korean Internet Safety Commission, KISCOM),其前身为韩国信息通信道德委员会(ICEC: Information and Communication Ethics committee)。韩国因特网安全委员会作为韩国最主要的网站内容分级组织,制订韩国分级标准,并就信息传播伦理,净化网络内容等提出一般性的准则与政策建议。"陈晓云:"韩国网络治理现状及启示",载《新闻与传播研究》2010年第6期。

就政府内部权力配置来看,党的十八届四中全会提出:"深化行政执法体制改革。根据不同层级政府的事权和职能,按照减少层次、整合队伍、提高效率的原则,合理配置执法力量。"[1]因此,我国将来政府规制权力配置改革的一个大方向是整合、统一,减少不必要的权力冲突,提高行政效率。这对于互联网治理而言同样适用,在互联网已渗透到社会经济生活的方方面面并在一定程度上整合传统媒体的职能时,互联网规制与治理的相对独立性就显得很有必要。"贯穿整个互联网管理立法的核心问题,在于传统的媒体分业管理格局与互联网传播'业态融合'的大趋势的根本矛盾没有很好解决。一方面,现行立法基本延续了对传统媒体的管理格局,将'行政准入+日常监管'作为主要的手段,按照具体的业务划分,由不同部门实行相应的分业管理,即所谓的'谁经营谁负责、谁接入谁负责、谁主管谁负责、谁审批谁负责'。另一方面,全媒体传播,已是当前互联网发展的普遍现象。网上的一条信息,可以表现为文字、图片、视频、音频甚至是一串代码。"[2]互联网行业的潜在统一性与互联网规制的现实分散性极大削弱了政府有效治理互联网的能力,因此,我们应该积极推进互联网治理机构改革,将分散的规制权力进行集中,整合互联网治理的机构和职能,建立起权责明确、运转顺畅、权威高效的互联网治理综合机构。

具体而言,根据《国务院关于授权国家互联网信息办公室负责互联网信息内容管理工作的通知》等规定,积极推进大部制改革,改变当前新闻管理部门、广播电视管理部门、电信管理部门、信息产业管理部门、互联网信息管理部门等机构在网络谣言治理方面的多头执法现状,将涉及网络谣言治理和网络信息规制的职权进行整合,统一集中到国家互联网信息办公室。同时,改变国家互联网信息办公室的机构名称和性质,将其明确为国务院的直属机构,统一行使互联网信息规制的职权,由其负责制定并协调网络谣言治理的法规和政策,执行治理网络谣言的措施等。

三、纵向层面的权力配置

网络谣言治理纵向层面的权力配置,实质上就是网络谣言治理的中央和

---

[1]《关于全面推进依法治国若干重大问题的决定》(2014年10月23日中国共产党第十八届中央委员会第四次全体会议通过)。

[2] 陈崇林:"中国互联网管理体系现状及改进探析",载《山东社会科学》2014年第3期。

地方关系。《互联网信息服务管理办法》《互联网站从事登载新闻业务管理暂行规定》《互联网等信息网络传播视听节目管理办法》（已失效）等法律规范也涉及中央和地方关系的规定，但是它们之间的职权划分并不清晰和明确，也缺乏合理的划分标准，再加上我国的单一制结构形式和科层制传统，导致实践中地方互联网规制机构的权限经常萎缩，规制权力的重心经常偏离于互联网行业第一线，弱化了互联网规制的具体效果。

党的十八届四中全会注意到了现行中央和地方事权划分层面的弊端，提出："推进各级政府事权规范化、法律化，完善不同层级政府特别是中央和地方政府事权法律制度，强化中央政府宏观管理、制度设定职责和必要的执法权，强化省级政府统筹推进区域内基本公共服务均等化职责，强化市县政府执行职责。"[1]这里强调中央政府所享有的是宏观管理、制度设定职责和必要的执法权，强化省级政府的统筹职责和市县政府的执行职责。就网络谣言治理而言，根据相关法律规定，主要涉及中央互联网规制机构和省级互联网规制机构两个层面。根据党的十八届四中全会精神，中央互联网规制机构的职责也应限定于宏观管理、制度设定和必要的执法权，大量的微观管理和具体执法权应该交由省级互联网规制机构行使。从网络谣言治理的具体实践来看，中央层面的互联网规制机构适宜行使互联网法律规范制定、全国性重大事项的行政许可、全国性重大案件的执法权、对省级规制机构的监督等职权；而省级层面的互联网规制机构则更适宜行使制定相关法律规范的实施细则、具体案件的调查和执法、互联网空间的日常监督和管理、对社会的互联网教育、受理违法行为的举报等职权。

第三节　网络谣言治理措施与程序

无论多么完善的法律制度体系和多么健全的组织机构框架，若缺少了具体治理措施的执行和实施，那么这些制度都可能无法得到真正落实，这些机构也终将成为形式化的摆设。就网络谣言治理而言，最直接的治理效果或者广大民众能够感知的互联网规制仍然是治理机构依据一定治理程序所采取的

---

[1]《关于全面推进依法治国若干重大问题的决定》（2014年10月23日中国共产党第十八届中央委员会第四次全体会议通过）。

具体治理措施。"在社会管理领域,要对网络谣言进行治理,最根本的是要找出源头,也就是网络谣言的责任主体。"〔1〕但是,就内容来看,网络谣言治理措施不局限于责任主体的确定,而是大致包括以下几个方面:首先是对网络谣言的跟踪预警,这是在网络谣言产生社会影响或社会危害之前的治理;其次是对网络谣言的调查处理,这是在网络谣言产生社会影响或社会危害时的治理,主要是为了证实网络谣言是否虚假;最后是对网络谣言的消除影响,这是在网络谣言被证实为虚假后的治理,主要包括确定网络谣言责任主体以及相关的法律责任追究。无论是在跟踪预警阶段、调查处理阶段还是在消除影响阶段,对网络谣言的监控、信息的证实、责任主体的确定和谣言后果的消除都需要依赖具体的治理措施〔2〕。从相关法律规范来看,我国治理网络谣言的措施主要包括网络信息监控、〔3〕政府信息公开、〔4〕保存上网记录和信息、网络实名制、〔5〕限制使用网络账户、〔6〕删除信息、〔7〕注销网络

---

〔1〕 陈东冬:"网络谣言的治理困境与应对策略",载《云南行政学院学报》2012年第3期。

〔2〕 "信息是一种无形的力量,它与社会的政治进程以及政治统治的稳定密切关联。大多数国家的政府无不对信息沟通进行一定形式的控制。出于国家安全和社会稳定的需要,国家对大众传播媒介进行不同程度的审查与控制是必要的。"张雷:"论网络政治谣言及其社会控制",载《政治学研究》2007年第2期。

〔3〕 比如《互联网等信息网络传播视听节目管理办法》(已失效)第24条规定:"省级以上广播电视行政部门应设立视听节目监控系统、建立公众监督举报制度,加强对信息网络传播视听节目的监督管理。持证机构应当为视听节目监控系统提供必要的信号接入条件。"

〔4〕 比如《突发事件应对法》第53条规定:"履行统一领导职责或者组织处置突发事件的人民政府,应当按照有关规定统一、准确、及时发布有关突发事件事态发展和应急处置工作的信息。"

〔5〕 比如《关于加强网络信息保护的决定》第6条规定:"网络服务提供者为用户办理网站接入服务,办理固定电话、移动电话等入网手续,或者为用户提供信息发布服务,应当在与用户签订协议或者确认提供服务时,要求用户提供真实身份信息。"《互联网上网服务营业场所管理条例》第23条规定:"互联网上网服务营业场所经营单位应当对上网消费者的身份证等有效证件进行核对、登记,并记录有关上网信息。登记内容和记录备份保存时间不得少于60日,并在文化行政部门、公安机关依法查询时予以提供。登记内容和记录备份在保存期内不得修改或者删除。"

〔6〕 比如《北京市微博客发展管理若干规定》第7条规定:"开展微博客服务的网站,应当遵守有关法律、法规、规章和下列规定:……(八)对传播有害信息的用户予以制止、限制,发现构成违反治安管理行为,或者发现涉嫌犯罪的,及时向公安机关报告……"

〔7〕 比如《互联网电子公告服务管理规定》(已失效)第13条规定:"电子公告服务提供者发现其电子公告服务系统中出现明显属于本办法第9条所列的信息内容之一的,应当立即删除,保存有关记录,并向国家有关机关报告。"《关于加强网络信息保护的决定》第5条也规定:"网络服务提供者应当加强对其用户发布的信息的管理,发现法律、法规禁止发布或者传输的信息的,应当立即停止传输该信息,采取消除等处置措施,保存有关记录,并向有关主管部门报告。"

账户[1]等,涵盖了网络谣言治理的跟踪预警阶段、调查处理阶段和消除影响阶段。另外,网络谣言治理措施的实施需要遵循一定的治理程序,治理程序的缺失或非正义将直接影响治理措施的合法性和正当性。

一、治理措施的法治化

(一) 治理措施法治化的困境

从网络谣言的治理现状来看,我国治理措施的法治化水平距离法治国家和法治政府的要求还有一定距离,主要表现在:限制言论自由治理措施的非法律化、治理措施适用的随意性、治理措施的分散性。

第一,某些限制言论自由的措施并非由全国人大及其常委会的法律进行规定,特定限制措施设立依据的非法律化违反了法律保留原则。《立法法》第8条规定:"下列事项只能制定法律……(五)对公民政治权利的剥夺、限制人身自由的强制措施和处罚……"第9条规定:"本法第8条规定的事项尚未制定法律的,全国人民代表大会及其常务委员会有权作出决定,授权国务院可以根据实际需要,对其中的部分事项先制定行政法规,但是有关犯罪和刑罚、对公民政治权利的剥夺和限制人身自由的强制措施和处罚、司法制度等事项除外。"因此,对公民政治权利的剥夺属于《立法法》规定的法律绝对保留事项,其只能由法律进行规定。言论自由属于《宪法》第35条规定的公民政治权利,因此,根据《立法法》规定,对公民言论自由的剥夺也只能由法律进行规定。网络实名制、限制使用网络账户、删除信息、注销网络账户等都属于限制言论自由基本权利的治理措施,目前只有网络实名制和删除信息[2]是由全国人大常委会颁布的《关于加强网络信息保护的决定》进行规定,而限制使用网络账户和注销网络账户则属于由非法律的法律规范所规定的措施。尽管有人可能主张对某一网络平台账户的限制使用或注销并不妨碍网络用户

---

[1]《互联网用户账号名称管理规定》第7条规定:"互联网信息服务使用者以虚假信息骗取账号名称注册,或其账号头像、简介等注册信息存在违法和不良信息的,互联网信息服务提供者应当采取通知限期改正、暂停使用、注销登记等措施。"

[2] 但是值得注意的是,2000年原信息产业部发布的《互联网电子公告服务管理规定》和2005年原信息产业部、国务院新闻办公室联合发布的《互联网新闻信息服务管理规定》就规定了删除信息的强制性措施,直到2012年第十一届全国人民代表大会常务委员会第三十次会议才通过《关于加强网络信息保护的决定》,因此,原先的两个部门规章仍然违反了法律保留原则。

去其他平台发表言论，因此，认为没有侵犯网络言论自由，但是，在我国当前的互联网产业格局下，新浪微博、腾讯微信都属于主流的网络言论平台，虽然也存在着其他功能类似的平台，但是不同平台的普及性和社会影响力存在明显不同，因此对新浪微博、腾讯微信账号的限制使用和注销其实就相当于变相剥夺了公民的网络言论自由。

第二，网络谣言治理措施的适用较为随意，违反了比例原则。比例原则是行政法的基本原则，是现代国家调节和平衡不同权利之间紧张关系的基本法律技术，也是控制行政自由裁量权、防止行政恣意的重要手段。比例原则包括适当性原则、必要性原则和狭义比例原则。[1]2004年国务院颁布的《全面推进依法行政实施纲要》基本承认了比例原则，其中包含了比例原则中的适当性原则和必要性原则，"行使自由裁量权应当符合法律目的，排除不相关因素的干扰；所采取的措施和手段应当必要、适当；行政机关实施行政管理可以采用多种方式实现行政目的的，应当避免采用损害当事人权益的方式"。但是我国有关部门在治理网络谣言时，往往倾向于不分具体情形和言论危害，偏好于删除信息、限制使用网络账户和注销账户等简单易行的强制性措施，缺少网络谣言内容调查、政府信息公开等引导性措施的适用，容易侵害公众的网络言论自由等合法权益。

第三，网络谣言治理措施分散在不同的法律规范之中，不利于规制机构的统一执法，也不便于互联网服务提供者和公众遵守法律。由于缺乏专门调整网络谣言治理的法律规范，我国当前有关网络谣言治理的规定分散在《政府公开条例》《突发事件应对法》等法律规范中，分散化、碎片化的法律规范体系，一方面容易造成不同制度之间的冲突与矛盾，影响治理措施适用的正当性和权威性；另一方面也会造成网络谣言执法和守法的困境，消解法律实施的有效性。

（二）治理措施法治化的进路

就治理措施的内容而言，网络谣言治理措施分为强制性措施和引导性措施，强制性措施是直接限制网络言论内容、带有强制性的治理措施，引导性

---

〔1〕 有关比例原则的具体内容，参见应松年主编：《当代中国行政法》（上卷），中国方正出版社2005年版，第96~97页；马怀德主编：《行政法学》，中国政法大学出版社2009年版，第52~53页。

措施是引导网络言论内容、具有柔性的治理措施。政府对于网际网络言论市场的管理可以从两方面着手,第一个面向是从网络言论提供者着手,第二个面向则是从网络言论消费者着手。管理的方法可以采取强制性手法,立法规范言论提供者的发言方式或内容,或规范言论消费者的言论消费行为,又或是采取非强制性手法、鼓励网络言论提供者自律其言论行为,或是鼓励言论消费者自律其言论消费行为。将强制性措施和引导性措施都纳入法治化的轨道,可以更好地推进网络谣言的法律治理。对应上述我国网络谣言治理措施在法治化方面所面临的问题,推进网络谣言治理措施法治化的进路存在以下几个方面。

第一,遵循法律保留原则,推进限制言论自由治理措施的法律化,严格依照法律治理网络谣言,实现通过法律的网络谣言日常治理。通过全国人大及其常委会的法律来规定限制使用网络账户和注销网络账户等限制公民网络言论自由权利的强制性措施,平衡网络谣言治理和言论自由保护。[1]严格依据相关法律规范治理网络谣言,保障互联网市场机制有效运转,通过政府规制和市场机制的协同合作,实现网络谣言的日常执法和监督来推进法律治理。

第二,奉行比例原则,慎用强制性措施,保护相对人合法权益。"对于加强网络治理,引导应当还是最主要的手段,如何探索最佳的引导方式是我们面临的最重要、最需要深入研究的课题;强制性的措施也是必要的,但仅限于十分迫切需要保护个体或社会的合法权益不受重大损失的时候。"[2]在适用网络谣言治理的强制性措施时,首先要考虑必要性原则,强制性措施的适用应该能够实现或者有助于实现网络谣言的治理目标;其次,坚持最小侵害原则,在能够实现治理目标的不同措施中,选择对相对人侵害最小的措施;最后,坚持均衡原则,在采取强制性措施时,要注重实现治理目标和保护相对人合法权益的平衡,使两者保持适度的平衡。在国外,已经存在运用比例原

---

[1] 《中华人民共和国国家安全法》(以下简称《国家安全法》)第83条规定:"在国家安全工作中,需要采取限制公民权利和自由的特别措施时,应当依法进行,并以维护国家安全的实际需要为限度。"这里虽然规定了国家安全工作中限制公民权利措施的依法进行,但是这里的"法"并非特指狭义的法律,从语境来看,其应该包括法律、行政法规等。

[2] 湛中乐:"网络立法与网络治理",载《前线》2013年第3期。

则审查网络言论规制措施合法性的先例,比如,2013年7月,法国政府以禁止访问互联网的惩罚措施与版权违法行为不符合比例原则为由,宣布彻底废止《互联网版权保护与作品传播管理局法》。[1]

第三,善用引导性措施,推进政府信息公开制度的发展与完善,实现强制性措施和引导性措施的融合。谣言的本质在于事实信息的未经证实,而谣言的产生与传播也在于证实信息的非有效公开。"'匹配效应'理论认为,信息在多大程度上被个体所接受或相信,纠错信息或辟谣信息在多大程度上具有说服效果,使个体从相信错误信息变为不相信,依赖于个体的特征以及这些特征与所处形势之间的匹配与否。当信息接受者的威权人格与框架化了的信息相匹配时,那么说服效果是最好的。"[2]就公共事务类网络谣言而言,从信息发生学角度看,治理这类网络谣言的根本措施在于推进政府信息公开制度的发展与完善,应当扩大政府信息公开范围,加大政府信息公开力度,消除公共事务类网络谣言产生的土壤;在公共事务类网络谣言发生时,政府应当及时通过政府微博、新闻发布会等形式发布权威信息,及时辟谣,防止谣言危害的进一步扩大。[3]"不要靠硬性手段来封堵谣言,应在保护公民正当言论的基础上惩治不实信息……谣言体现着公众与政府间的博弈,消息管制并不能使谣言停止,事实证明,官方的删帖行为只会让谣言四起。网络是信息的'安全阀',也是情绪的'安全阀'。谣言之所以能够遍传于网络,并引发集体关注正是因为它能够'填补'信息空缺,且总与集体记忆和群体认知紧密相连。"[4]即使是在突发事件状态下,政府对相关网络谣言采取强制性措施时,也应该一同采取相关引导性措施,共同服务于网络谣言的治理。

---

〔1〕参见周汉华:"论互联网法",载《中国法学》2015年第3期。

〔2〕马得勇:"'匹配效应':政治谣言的心理及意识形态根源",载《政治学研究》2018年第5期。

〔3〕对于私人事务类网络谣言而言,它们的治理可交由具有直接利害关系的私人自主进行,政府规制不必介入,只有在涉及社会秩序、公共利益等因素时,政府可对相关网络谣言进行治理。这也是平衡政府规制和市场机制的具体措施。

〔4〕陈虹、沈申奕:"新媒体环境下突发事件中谣言的传播规律和应对策略",载《华东师范大学学报(哲学社会科学版)》2011年第3期。

第四，建立网络谣言预警机制，支持网络谣言治理的技术平台建设[1]。网络谣言的及时预警和治理是防止网络谣言大面积传播并造成社会危害的基础工作。很多治理措施的效果依赖于相应技术平台的支撑，在优化网络谣言法律治理措施的同时，也需要加强网络谣言治理技术平台的构建，从而为具体措施的采取提供必要的技术支持。比如，建立网络谣言追踪系统，利用必要的技术支持对网络谣言进行跟踪；[2]建立网络谣言举报系统，建立权威的网络谣言澄清系统等。

二、治理程序的法治化

（一）治理程序法治化的困境

从治理过程来看，完整的网络谣言治理包括治理法律和政策的制定、治理措施的实施、法律责任的追究等，对于公共事务类网络谣言而言，还会存在网络谣言的调查。因此，网络谣言治理程序大致包括治理法律和政策的制定程序、治理措施的实施程序、法律责任追究程序。从我国当前情形来看，我国网络谣言治理程序法治化还面临一些问题和困境，主要表现在以下方面。

第一，现有互联网治理（包括网络谣言治理）法律规范和政策文件的制定，仍然呈现政府绝对主导的特征，缺乏互联网行业和社会公众的有效参与。在建设社会主义民主法治国家的背景下，法律规范和政策文件制定程序中的政府单边主导，降低了法律规范和政策文件的可接受性，增加了它们的执行成本，同时，也使得规范内容与行业实际、民众期待存在不少差距，实质上影响了这些规范的执行与实施。

第二，网络谣言治理措施（特别是强制性治理措施）的实施仍然缺乏正当程序，不注重对相对人合法权利的保障。程序正义是现代法治国家的基本特征，在对相对人作出不利决定时，告知理由并听取意见是自然正义的基本内容。但是，我国当前涉及不利处分内容的网络谣言治理措施实施，大都缺乏告知理由、听取意见的程序，而是单方面、强制性地实施。

---

[1]《网络安全法》第51条规定："国家建立网络安全监测预警和信息通报制度。国家网信部门应当统筹协调有关部门加强网络安全信息收集、分析和通报工作，按照规定统一发布网络安全监测预警信息。"

[2] 参见张雷："论网络政治谣言及其社会控制"，载《政治学研究》2007年第2期。

第三，对于公共事务类网络谣言而言，网络谣言的调查程序还不公开透明，也缺少公众参与和监督。对于一些具有重大社会影响的公共事务类网络谣言，关于这些网络谣言的事件调查及其信息公开对于最终治理具有决定性作用。由于政府往往是公共事务类网络谣言的一方当事人，如果缺乏外部的公众参与和有效监督，谣言内容的调查结果就可能无法使人信服，网络谣言也可能愈演愈烈并会产生新的网络谣言。

第四，在实践中，删除信息、限制使用网络账户和注销网络账户等强制性措施往往是由互联网服务提供者直接实施，或者是互联网规制部门命令互联网服务提供者实施。互联网服务提供者作为非公共组织，本来不享有公共权力，但是删除信息、限制使用网络账户和注销网络账户等强制性措施又往往带有迫使人屈服的权力特性，于是，这就提出了一个问题：在法律法规未授权的情形下，私人主体能否享有公共权力？如果是网络服务提供者直接实施的限制使用网络账户、注销网络账户、删除信息等强制性措施，由于它们是私人主体，因此不能适用行政诉讼。另外，这些措施侵害的不是人身权、财产权而是政治性权利，因此也不能适用民事诉讼。理论上的争议，再加上网络证据固定和收集的困难，这也导致实践中公众对于互联网服务提供者采取的强制性措施还不能寻求有效的法律救济，公众也难以直接对互联网规制机构提起行政诉讼。权利救济途径的缺失使得权利成为虚无，也影响着规定权利的法律的权威性。[1]

（二）治理程序法治化的进路

为了促进网络谣言治理程序的优化，我们需要采取一些有针对性的措施。

第一，推进互联网治理（包括网络谣言治理）法律规范和政策文件制定程序中互联网行业和社会公众的有效参与，提高法律规范和政策文件的正当性和可接受性。"由于公民拥有对决策者而言是有价值的信息和见解，公民参与能够确保这些信息和见解的利益。而且，这些参与作为一种法律规范而非个人意愿的表达，给决策者提供了一种使决策正当化的机会；它也使法律制

---

[1] "太多的权利救济缺口可能会使法律成为笑柄，并导致理想幻灭和愤世嫉俗，而不是激发政治上的努力进取。" Laurence H. Tribe, "The Curvature of Constitutional Space: What Lawyers Can Learn from Modern Physics", *Harvard Law Review*, Vol. 103, No. 1 (1989), p. 30.

度表达了一种对公民的尊重,这种尊重可以缓和那些不利决定的社会离心效果。"[1]要建立一套包含参与代表遴选、参与时机、参与方式、参与反馈机制和参与辅助机制[2]等在内的公众参与互联网治理法律和政策的制度体系,防止公众参与的形式化,提高公众参与的实效性。

第二,建立网络谣言治理措施实施的正当程序,保证相对人的合法权益。对相对人作出不利决定时必须听取对方意见,这是最低限度的自然公正原则[3]。限制使用网络账户、注销网络账户、删除信息等是限制相对人表达权、监督权等公民基本权利的不利处分和强制性措施。因此,在对制造网络谣言或传播网络谣言的相对人采取不利处分的强制性措施时,应当履行告知用户、听取用户意见等程序义务,而非单方面、野蛮地采取强制措施。

第三,保障网络谣言调查程序中的公众参与,提高以社会公共事件为内容的网络谣言调查结果的公信力。在网络上最具社会影响力的一般是以社会公共事件为内容的网络谣言,此类谣言一旦传播,就会吸引广大网民的眼球,并对社会秩序和政府公信力有较大的破坏力。因此,及时公开相关信息和事件调查结果是治理此类网络谣言的关键。而要使以社会公共事件为内容的网络谣言调查结果使人信服,又需要保证调查程序中的公众参与和有效监督。"为使行政过程重新获得合法性,保证该过程当中的公众参与或是一条可由之路,尽管具体的制度选择方面存在多种路径,但扩大行政过程当中公众参与的广度、深度及范围,对于补救合法性的缺失、增强公权力运作的公信力从而在一定程度上消解谣言的影响力,应有所裨益。"[4]当然,在网络谣言调查程序中,也应建立一系列具体机制保障公众参与和监督的有效性。

第四,完善强制性措施的法律救济程序,保障公众的言论自由和合法权益。按照法律的一般原理,有权利必有救济,无救济即无权利。"有权利而无

---

[1] William H. Simon, "Legality, Bureaucracy, and Class in the Welfare System", *The Yale Law Journal*, Vol. 92, No. 7 (1983), pp. 1241-1242.

[2] 关于参与代表遴选、参与时机、参与方式、参与反馈机制和参与辅助机制的具体设计和建构,参见林华:"城市交通、公共治理和公众参与",载姜明安主编:《行政法论丛》(第14卷),法律出版社2012年版,第557~566页。

[3] 参见王名扬:《英国行政法》,中国政法大学出版社1987年版,第152页。

[4] 陈鹏:"针对网络谣言的政府义务",载《浙江社会科学》2012年第2期。

救济，等于无权利；有救济而无实效，等于无救济。"[1]对于那些可能对公民网络言论自由造成不利影响的强制性措施，也应赋予公民以法律救济途径，进而保障网络用户的正当权利和合法权益。在当前的法律体系下，针对不同主体的强制性措施，可以赋予不同的法律救济途径：如果是网络服务提供者直接实施的限制使用网络账户、注销网络账户、删除信息等强制性措施，对于这些私人主体的私权力，应该通过法律规定，允许相关利害关系人可以对其提起特殊民事诉讼；如果是网络服务提供者根据互联网规制机构的命令而实施的强制性措施，公众则可以针对互联网规制机构申请行政复议、提起行政诉讼。

第四节　网络谣言法律责任体系

法律责任条款是法律规范的重要内容，也是法律规范中权利义务条款得以具体执行和实施的根本保障。法律责任条款的缺失或者法律责任体系的不健全，将导致法律规范中的权利义务条款在现实中成为没有实际法律效力的具文，进而严重损害法律的权威性。"没有规制的争讼就像没有规则的决斗一样，必定会导致报复，引发更多的冲突，而不是遏制和消解现有的纠纷。"[2]健全、完善的法律责任体系，是立法科学性的基本标志，也是建设法治国家的必由之路。就网络谣言治理而言，由于网络的虚拟性、匿名性和无形性等特征，由此所导致的责任主体难以确定和责任形式衔接困难等问题也使得网络谣言法律责任体系的健全与完善变得更为必要和紧迫。

一、网络谣言法律责任体系的困境

尽管我国颁布了相当多的调整网络谣言及其治理的法律规范，而且每个法律规范基本上也都有相应的法律责任条款，但是当前网络谣言法律责任体系在法律责任构成要件的界定、不同法律责任种类的衔接、法律义务条款与法律责任条款的对应等方面还存在不少问题，从而导致实践中法律责任条款

---

[1] 城仲模主编：《行政法之一般法律原则（一）》，三民书局股份有限公司1999年版，第23页。

[2] [美] 米尔伊安·R.达玛什卡：《司法和国家权力的多种面孔——比较视野中的法律程序》，郑戈译，中国政法大学出版社2004年版，第147页。

适用的困难和法律责任追究的随意,这更加会引发公众对网络谣言治理可能侵害公民言论自由权利的质疑。具体而言,当前网络谣言法律责任体系的困境主要表现在以下几个方面。

(一)网络谣言民事责任、行政责任、刑事责任的构成要件界定不清晰,从而引发法律责任条款适用的困难。

首先,就民事责任而言,当前网络谣言民事责任的主要问题在于,当网络谣言属于公共事务类网络谣言,可能侵害公共官员名誉权或者属于对政府机构的监督性言论时,现行制度没有对宪法层面的言论自由和监督权给予优先保护,从而导致网络谣言民事责任构成要件的僵化。根据《宪法》第35条规定公民享有言论自由权利,第41条则赋予公民对国家机关和国家工作人员的监督权,因此,当公民通过互联网的形式对国家机关和国家工作人员提出批评建议和进行监督时,理应获得法律的保护。但是我国现行法律并没有确立公共人物理论,没有对公共人物的名誉权给予特别限制,而是将其与普通人的名誉权同等保护,因此,如果网络言论(包括属于事实信息的网络谣言以及属于主观性的网络意见)存在失实(包括部分失实)的,都可能需要承担相应的民事责任,[1]这不利于对公民言论自由和监督权的保护,可能造成公共事务类网络言论的寒蝉效应。

其次,就行政责任而言,当前网络谣言行政责任的主要问题在于,行政责任实施主体呈现二元化结构,互联网服务提供者的行政责任实施主体地位还面临着合法性困境,这也是对行政法学理论所提出的新挑战。当前我国相关法律规范将删除信息、限制使用网络账户、注销网络账户等权力赋予互联网服务提供者这一私人主体,同时,互联网规制机构仍然享有行政拘留、罚款等权力。[2]但是,删除信息、限制使用网络账户、注销网络账户带有明显的利益剥夺性,是一种带有惩罚性质的行政处罚措施,而《行政处罚法》规

---

[1] 《最高人民法院关于审理名誉权案件若干问题的解释》(已失效)针对新闻单位侵犯名誉权作了规定,第6条规定:"新闻单位根据国家机关依职权制作的公开的文书和实施的公开的职权行为所作的报道,其报道客观准确的,不应当认定为侵害他人名誉权;其报道失实,或者前述文书和职权行为已公开纠正而拒绝更正报道,致使他人名誉受到损害的,应当认定为侵害他人名誉权。"该条规定可以适用于普通个人的网络言论行为。

[2] 比如《治安管理处罚法》第25条。

定行政处罚只能由行政机关依法委托给具有一定条件的管理公共事务的事业组织行使，而不能委托其他组织和个人行使。[1]互联网服务提供者既不是事业组织，也不具有管理公共事务的职能，因此，它就面临着行政处罚委托的合法性困境。

最后，就刑事责任而言，当前网络谣言刑事责任的主要问题在于，刑事责任的追究存在扩大化倾向，不符合刑事法治的基本原则。2013年发布的《最高人民法院、最高人民检察院关于办理利用信息网络实施诽谤等刑事案件适用法律若干问题的解释》（以下简称《关于办理利用信息网络实施诽谤等刑事案件适用法律若干问题的解释》）对网络谣言的法律责任也做了规定，但是存在着刑事责任扩大化的嫌疑，稍有不慎，就容易混淆网络谣言罪与非罪的界限，特别是其中第2条有关根据点击、浏览和转发数量来决定诽谤罪的构成以及第5条有关寻衅滋事罪的规定更是有侵犯言论自由权利并造成寒蝉效应的可能性。"一个人是否构成犯罪如果由他人或第三方的行为来决定，不符合我国刑法罪责相当、罪责自负和主客观相统一的基本原则，也违背了犯罪构成的基本原理。"[2]仅仅通过点击、浏览和转发数量来决定诽谤罪的构成，这使得犯罪的构成具有了偶然性和不确定性，与刑事责任的性质与功能不相符，也与保障人权的理念相违背。另外，寻衅滋事罪是一个口袋罪，该罪名本身在刑法上就有很大的争议性，如果再将法律概念还不清晰的网络谣言纳入其中，就等于是形成了双重的法律适用争议。

（二）不同法律责任种类之间的法律界限模糊，从而导致法律责任种类的选择适用带有一定的随意性和裁量恣意。

民事责任涉及平等主体之间的民事争议，与涉及公权力主体的行政责任和刑事责任相比，民事责任与行政责任之间的法律界限、民事责任与刑事责

---

[1]《行政处罚法》第18条第1款规定："行政机关依照法律、法规或者规章的规定，可以在其法定权限内委托符合本法第19条规定条件的组织实施行政处罚。行政机关不得委托其他组织或者个人实施行政处罚。"第19条规定："受委托组织必须符合以下条件：（一）依法成立的管理公共事务的事业组织；（二）具有熟悉有关法律、法规、规章和业务的工作人员；（三）对违法行为需要进行技术检查或者技术鉴定的，应当有条件组织进行相应的技术检查或者技术鉴定。"

[2] 李晓明："诽谤行为是否构罪不应由他人的行为来决定——评'网络诽谤'司法解释"，载《政法论坛》2014年第1期。

任的法律界限具有相对清晰性。尽管网络谣言的民事责任也可能会涉及与行政责任、刑事责任的法律责任竞合问题，但是民事责任的承担以民事权利损害为前提，而民事权利损害的界定相对具有可操作性，也具有清晰的法律标准，因此，是否适用民事责任是相对明确的。而行政责任和刑事责任（或者说是行政处罚与刑事处罚）的区分一直是行政法学与刑法学所共同面临的理论难题，两者之间缺乏明确、清晰的法律标准，《行政处罚法》（包括《治安管理处罚法》）和《刑法》对同一违法行为给予不同的责任追究主要是基于行为后果和社会危害性的差异，司法实务中一般也认为如果违法行为超过了一定的行政处罚界限就需要承担刑事责任。然而，区分行政责任和刑事责任的法律基础仍未明确，两者之间的法律界限也不清晰，实践中对于一个违法行为的认定也经常出现法律适用上的争议和分歧。在网络谣言治理中，行政责任和刑事责任的法律界限问题显得更为突出。

以网络谣言点击、浏览或转发数量为例，根据现行司法解释规定，同一诽谤信息实际被点击、浏览次数达到5000次以上或者被转发次数达到500次以上的就可能构成诽谤罪，[1]而根据《治安管理处罚法》第42条规定，公然侮辱他人或捏造事实诽谤他人的处以行政拘留或者一定数额的罚款。由此看来，决定网络谣言诽谤罪与非罪的重要标准就是点击、浏览或转发数量，点击、浏览在5000次以下或者转发在500以下的需要承担行政责任，点击、浏览在5000次以上或者转发在500以上的就需要承担刑事责任，那么4999次和5000次、499次和500次之间的重大法律定性差异的法律基础在哪？正当性又在哪？如果统计浏览、转发数量的软件或其他工具发生了错误，又该如何进行行为性质的认定？

（三）一些网络谣言的法律义务条款与法律责任条款缺乏有效衔接，这大大弱化法律义务条款的强制性和执行力，也严重影响网络谣言法律规范体系的实施。

许多关于网络谣言治理的法律规范规定了不得制造和传播网络谣言的义

---

[1]《关于办理利用信息网络实施诽谤等刑事案件适用法律若干问题的解释》第2条规定："利用信息网络诽谤他人，具有下列情形之一的，应当认定为刑法第246条第1款规定的'情节严重'：（一）同一诽谤信息实际被点击、浏览次数达到5000次以上，或者被转发次数达到500次以上的……"

务性条款，也规定了相应的法律责任条款，但是两者之间却互相隔离，缺乏有效的衔接，这主要表现为两种情形：第一种情形是，虽然存在相应的法律责任条款，但是该条款却简单性地规定准用其他法律规范的相关法律责任规定，自身缺乏实质的责任内容，比如《北京市微博客发展管理若干规定》第10条规定："任何组织或者个人不得违法利用微博客制作、复制、发布、传播含有下列内容的信息：……（六）散布谣言，扰乱社会秩序，破坏社会稳定的；……（八）侮辱或者诽谤他人，侵害他人合法权益的；……"第14条规定："对违反本规定的网站和微博客用户，由市人民政府新闻管理部门、市公安机关、市通信管理部门、市互联网信息内容主管部门按照有关法律、法规、规章进行处理"。〔1〕

第二种情形是，虽然也规定了相应的法律责任，但是这些法律责任条款内容非常单薄和模糊，不足以支撑法律义务条款的具体执行和实施，比如《关于维护互联网安全的决定》第2条规定："为了维护国家安全和社会稳定，对有下列行为之一，构成犯罪的，依照刑法有关规定追究刑事责任：（一）利用互联网造谣、诽谤或者发表、传播其他有害信息，煽动颠覆国家政权、推翻社会主义制度，或者煽动分裂国家、破坏国家统一……"第6条规定："利用互联网实施违法行为，违反社会治安管理，尚不构成犯罪的，由公安机关依照《治安管理处罚法》予以处罚；违反其他法律、行政法规，尚不构成犯

---

〔1〕 类似的规定还有，《互联网电子公告服务管理规定》第9条规定："任何人不得在电子公告服务系统中发布含有下列内容之一的信息：……（六）散布谣言，扰乱社会秩序，破坏社会稳定的；……（八）侮辱或者诽谤他人，侵害他人合法权益的……"第17条规定："在电子公告服务系统中发布本规定第9条规定的信息内容之一的，依据《互联网信息服务管理办法》第20条的规定处罚。"其他的相关类似规定请参见《互联网站从事登载新闻业务管理暂行规定》第13条和第16条等。当然，也有很多互联网法律规范对具体的法律义务和相应的法律责任都做了明确规定，比如《计算机信息网络国际联网安全保护管理办法》第5条规定："任何单位和个人不得利用国际联网制作、复制、查阅和传播下列信息：……（五）捏造或者歪曲事实，散布谣言，扰乱社会秩序的；……（七）公然侮辱他人或者捏造事实诽谤他人的；……"第20条规定："违反法律、行政法规，有本办法第5条、第6条所列行为之一的，由公安机关给予警告，有违法所得的，没收违法所得，对个人可以并处5000元以下的罚款，对单位可以并处15 000元以下的罚款；情节严重的，并可以给予6个月以内停止联网、停机整顿的处罚，必要时可以建议原发证、审批机构吊销经营许可证或者取消联网资格；构成违反治安管理行为的，依照治安管理处罚条例的规定处罚；构成犯罪的，依法追究刑事责任。"其他的相关类似规定请参见《互联网上网服务营业场所管理条例》第14条和第29条，《互联网新闻信息服务管理规定》第27条和第28条，等等。

罪的,由有关行政管理部门依法给予行政处罚;对直接负责的主管人员和其他直接责任人员,依法给予行政处分或者纪律处分。利用互联网侵犯他人合法权益,构成民事侵权的,依法承担民事责任。"[1]这仅仅规定了实施相关行为需要承担民事责任、行政责任和刑事责任,但是关于法律责任的具体种类和幅度却没有提及。

二、网络谣言法律责任体系的完善

为了推进网络谣言法律责任体系的发展和完善,需要从法律责任的构成要件、法律界限以及法律义务条款与法律责任条款之间的衔接等方面进行分析。

(一)厘清网络谣言民事责任、行政责任、刑事责任的构成要件,公正地适用网络谣言法律责任条款

就民事责任而言,要建立公共人物理论和制度,对公共人物的名誉权、隐私权等进行适度的限制,对可能给公共官员名誉权带来不利影响或者属于监督政府机构的公共事务类网络言论给予更多的宽容和保护,对宪法层面的言论自由和监督权给予优先的法律保护,防止网络言论内容管制所可能产生的寒蝉效应。如果认为网络言论可能构成民事侵权的,由公共官员和政府机构承担证明网络用户确实有实际恶意的举证责任,如果不能证明网络用户有实际恶意,则不构成民事侵权。同时,还应该区分事实与意见,只有属于事实信息的言论才可能构成网络谣言,并涉及网络谣言的相应法律责任,如果属于意见信息的言论,则不能以网络谣言为由追究民事责任,这一标准也应扩展适用于行政责任和刑事责任的认定上。此外,还应明确法律责任视野下的"真实"标准,不应该强求所有事实都为真实,只要核心信息、关键信息真实即可。在客观基准之下,所称的证明为真实,并不要求至所有传述指摘之事项与事实真相完全相符;只要指摘传述事项的重要之点,也就是事实核心的部分证明为真实即可,至于其他无关紧要的细节或旁论,不必太过强求。

---

[1] 类似的规定还有,《电信条例》第67条规定,违反本条例第58条的规定,构成犯罪的,依法追究刑事责任;尚不构成犯罪的,由公安机关、国家安全机关依照有关法律、行政法规的规定予以处罚。

追求网络言论事实信息的绝对真实或绝对客观,这对公众的理性表达和言论要求未免过于苛刻,也与网络社会的言论特点不相符合。

就行政责任而言,如何解决行政处罚委托的合法性困境以及互联网规制主体私权力的规范和制约,至少存在三种应对思路:一是修改目前的《行政处罚法》,根据互联网社会和互联网规制的特殊实际情形,允许行政机关将删除信息、限制使用网络账户、注销网络账户等特定的行政处罚委托给互联网服务提供者,也就是将行政处罚委托主体在特殊情形下进行一定的扩展,从而将互联网服务提供者的私权力纳入行政法律规范中,这些互联网服务提供者也成为特殊情形下法律、法规授权的组织。二是在不修改《行政处罚法》的情形下,修改相应的互联网法律规范,将当前授予互联网服务提供者的相应权力修改为授予中国互联网协会这一带有公共管理职能的行业组织。即互联网服务提供者认为应该删除信息、限制使用网络账户、注销网络账户时,应该将相关信息报告给中国互联网协会,由中国互联网协会进行审查并作出决定,决定的具体实施仍然可由互联网服务提供者负责。三是改变应对问题的公法视角,将该问题转化为私法问题。任何一个网络平台其实都是由互联网服务提供者负责建立并运营的网络社区,具有相对的独立性,如果互联网服务提供者在开放用户注册使用时,事先在与用户的协议中规定如果用户不遵守相关国家法律、法规,服务提供者有权删除信息、限制使用网络账户、注销网络账户,如果用户同意注册,其实双方之间就形成了一种契约。因为该契约内容并没有违反国家的强制性规定,并且事实上有助于净化互联网空间,因此如果双方都同意,契约的效力就应该获得法律尊重,这样互联网服务提供者的私权力行使就有了正当性基础和合法性支撑。

就刑事责任而言,应按照刑法的罪刑法定、保障人权、罪责自负、罪刑均衡等基本原则去重新建构网络谣言的刑事责任体系,在考虑互联网特征和网络言论特性的基础上,合理界定网络谣言刑事责任的构成要件,防止刑事责任的不当扩大而侵害网络言论自由。首先,要遵循责任自负原则,取消仅仅以他人的点击、浏览、转发数量为定罪标准的做法,不能以他人行为作为是否定罪的基础,而主要应该考虑行为人的主观恶意、行为性质、社会后果等因素,坚持刑法的主客观相统一原则,防止犯罪的主观化、随意性和他者性。"对于诽谤罪的构成,仅以虚假言论在网络中的转发次数或者浏览次数,即在虚拟社会中的影响作为其情节严重的评判标准并不合理。网络诽谤罪也应以诽谤行为在实体社会中所造成的损害为其'情节严重'的主要评判标准，否则必将使其处罚范围不当扩大。"[1]其次，鉴于寻衅滋事罪自身内涵不确定、法律界限不明确，且有侵犯人权的口袋罪嫌疑，再考虑到网络社会的开放性和网络谣言的个性化特征，建议取消网络谣言治理领域内寻衅滋事罪的法律适用。

（二）细化不同法律责任种类之间的法律界限，规范公安机关的刑事侦查权和法院的司法裁量权

首先，网络谣言法律责任种类适用的随意性是网络谣言立法内容模糊、法律标准不明确的结果，不完善的立法内容的制定不良直接导致执法过程的恣意实施。特别是当前法律规范体系对于网络谣言行政责任和刑事责任之间法律标准的严重模糊与不合理，使得行政责任实施机关和刑事诉讼侦查机关集于一身的公安机关享有巨大的自由裁量权，导致网络空间中不同法律责任选择适用的随意性更为突出。因此，应该加强网络谣言立法的科学性和可操作性，细化不同法律责任种类之间的法律界限。此外，还应废除单纯以一定数量为标准来确定行政责任与刑事责任法律界限的僵化规定，按照主客观相统一的法律原则进行定罪量刑。

其次，法律具有抽象性和一定的位阶，即使再精确、再详细的法律条款也会存在解释的空间和裁量的余地，使得权威性、稳定性的法律能够适应不断发展的社会现实，做到不朝令夕改。从这个角度而言，网络谣言法律责任适用的随意性，立法不完善仅仅是其中的一个方面，法律适用的缺乏约束也是重要原因。一方面是公安机关所享有的广泛自由裁量权，另一方面是法院审理相关网络谣言案件时审判标准和尺度的不统一，这些都会导致法律责任条款适用的恣意。因此，应该规范和约束公安机关的权力，特别是网络谣言的刑事侦查权，建立公安机关内部关于网络谣言行政责任和刑事责任的区分基准，规范和控制公安机关的行政处罚权和刑事侦查权。同时，对法院的司法裁量权也应该进行一定的控制，法院可以根据审判经验提炼出一套网络谣

---

[1] 李会彬："网络言论的刑法规制范围——兼评两高《关于办理利用信息网络实施诽谤等刑事案件适用法律若干问题的解释》"，载《法治研究》2014年第3期。

言行政责任和刑事责任区分的司法标准,向社会公开并接受社会的监督,实现保障言论自由与维护社会秩序的平衡,避免网络谣言治理与执法的无限随意性。

(三)在逐步实现网络谣言治理法律规范体系专业化的基础上,实现义务性条款和法律责任条款的无缝衔接和一一对应,提高法律责任条款的执行力

当前法律义务条款与法律责任条款分离的主要原因在于网络谣言治理法律体系的分散性和碎片化,因此,应该整合相应的法律规范体系,提高网络谣言治理法律规范体系的专业性和统一性。同时,根据法律义务条款去细化规定法律责任条款的具体内容,提高法律责任条款的实效性和可操作性。

第五节 突发事件状态下的网络谣言治理

根据我国法律文本的界定,突发事件是指突然发生,造成或者可能造成严重社会危害,需要采取应急处置措施予以应对的自然灾害、事故灾难、公共卫生事件和社会安全事件。[1]在互联网发展的初期,人类更加关注计算机及其系统自身的突发事件应对,这突出反映在我国1997年《刑法》对计算机犯罪的规定上,它仅仅涉及侵入计算机信息系统罪和破坏计算机信息系统罪。"人们对互联网的依赖是建立在其'稳定正常的运行状态',一旦互联网出现一点技术或管理事故和问题,它所导致的后果灾难等一系列问题谁也难以预测和及时应对。"[2]然而,随着互联网技术的迅猛发展,与互联网传播与应用服务有关的突发事件及其应对的必要性日益凸显。特别是在现代互联网传播技术背景下,网络谣言所可能引发的突发事件以及突发事件背景下网络谣言的发酵也已成为社会治理的重要内容。

本章前四节是有关日常状态下网络谣言治理的内容,当前互联网规制中的政府规制和市场机制对互联网信息传播技术的发展已大致适应,通过法律框架、行业自律和技术规范基本上可以实现有效的网络谣言日常治理。但是,

---

[1]《突发事件应对法》第3条第1款。

[2] 程琳:"加强网络社会治理 创建文明网络环境",载《中国人民公安大学学报(社会科学版)》2014年第3期。

突发事件状态下政府规制和市场机制的角色定位及其相互关系、如何实现突发事件状态下网络谣言治理的法治化，依然是一个需要深思的问题。

一、互联网时代的突发事件

（一）人类的脆弱性与突发事件

人类在自然面前是脆弱的。面对地震、海啸、飓风、暴雪等自然灾害，虽然人类有"人定胜天"的抱负与勇气，但残酷的事实证明这不过是——至少到目前为止是——"人类理性的狂妄与自负"。2004年印度尼西亚大海啸、2005年美国"科特里娜"飓风、2008年中国汶川大地震、2011年日本大地震等自然灾害即是铁一般的明证。面对大自然中不可知的流行疾病与病毒，虽然人类凭借自身的智慧与不懈探索已经成功征服了流感、肺结核等，但面对疯牛病、禽流感等病毒，人类的战斗依然需要持续，尚不知这波澜壮阔的战役何时会是一个终点，也无从知晓这些病毒的肆虐还会造成多大的人间悲剧和社会灾难。

人类在自己面前是脆弱的。人类依靠自己发明的技术去挖煤、采油以满足自身的需求，却也经历着频繁的吞噬生命的安全事故；人类发明了汽车、火车与飞机让地理意义上的距离变得不再那么遥远，然而从它们诞生第一天起，与之相伴随的各种交通事故也在让一个个幸福美满的家庭支离破碎；人类建造了核电站以缓解日趋紧张的能源需求，但是切尔诺贝利核电站、福岛核电站发生的核事故让"谈核色变"的梦魇始终挥之不去。这些事故灾难在工业化社会里一直伴随着人类的进步与发展，也在时时刻刻考验着人类的应对智慧与能力。不单单在事故灾难领域，同样在公共卫生方面，由于人类不可遏止的贪婪与欲望，他们把艾滋病毒、SARS病毒等从魔鬼的瓶子中放出来，当然也无法避免地在承受着它们残酷的报复与无尽的痛苦。从某种意义上讲，许多公共卫生事件其实正是人类自身一手造成的。此外，恐怖主义、社会骚乱、劫持人质等社会公共安全事件则更是人类自身人为制造的灾难，是人与人之间的战斗，亦是人类相互间的一种自我厮杀与摧毁。

人类在互联网面前也是脆弱的。当前人类的生产与生活越来越依赖互联网，一旦互联网系统崩溃，核电厂、人造卫星、发电厂、银行系统、证券交易等都会面临无法估量的损失。此外，在互联网时代，带有煽动性的网络谣言容易引发突发事件或者使得已有的突发事件更为复杂,这就需要我们认真面对突发事件状态下的网络谣言治理。由于人类自身尚无法克服的脆弱性,[1]突发事件的发生在某种程度上是必然的,这也使得我们对突发事件的应急管理需要日常化、常态化,常抓不懈。

(二) 互联网与突发事件应对的时代背景

1. 工业化背景下的突发事件应对

以蒸汽机为标志的工业化极大解放了生产力,改变了人类的生产方式和生活方式,实现了人类物质文明前所未有的大发展和大繁荣。然而,工业化在创造物质文明、推进社会进步的同时,也给人类带来了严重的环境污染,特别是温室效应造成全球气候变暖,使得极端天气增加,自然灾害类突发事件的发生几率大幅增加、不确定的自然灾害风险也在急速增加;工业化是以机器大工业为基础,矿产、汽车、核电站等在给人类带来便利与繁荣的同时,也带来了安全事故、交通事故、核事故等事故灾难;与此同时,工业化在创造社会财富、实现人类繁荣的进程中也伴随着劳资纠纷、贫富差距、城乡两极分化等挑战,这些挑战若缺乏有效的社会矛盾解决机制则极易引发社会公共安全事件。所以,与农业社会相比,工业化社会在某种程度上而言是一个高风险的社会。

2. 城市化背景下的突发事件应对

经济的巨大发展在极大刺激着城市化进程,"所有现代工业社会都是高度城市化的社会"[2]。一方面,城市化进程的推进、城市范围和城市规模的扩展需要征收大量农村集体土地、拆迁大量现有城市房屋。由于当前我国土地征收及房屋拆迁制度的不完善,土地征收及房屋拆迁程序的不完善,土地征收及房屋拆迁补偿标准的不完善等因素,城市化进程中孕育着极大的社会稳定风险,极易引发暴力犯罪、群体性事件等社会公共安全事件。另一方面,城市的人口、财富、产业集中、高楼林立、交通设施发达,这是城市繁荣的一面,但也是城市风险积聚的一面。由于目前城市抵御灾害能力的不足,城市灾害呈现如下明显特性:即城市灾害的突发性、多样性、复杂性、连锁性

---

[1] 参见高小平:"突发事件的新特点与应急管理创新",载《行政管理改革》2010年第1期。
[2] [英]安东尼·吉登斯:《社会学》,赵旭东等译,北京大学出版社2003年版,第546页。

（次生、衍生和耦合），城市受灾对象的集中性，城市灾害后果的严重性和城市灾害的放大性。同时，由于我国城乡差别大，形成高风险的城市，不设防的农村。[1]城市资源的集中在某种程度上也意味着城市风险的集中。

3. 全球化背景下的突发事件应对

当今时代是一个全球化时代，随着交通、通讯及网络等科学技术的迅猛发展，世界正日益成为一个地球村。劳动力、资本、技术等各种生产要素在全球范围内加速流动，国家或地区间的经济、政治、文化联系更为紧密。当然，这在另一方面也说明了风险在全球范围内加速流动和传递。面对全球化之趋势，其不仅对全球各个国家和地区之经济、政治、社会、文化等产生重大影响，环境污染、犯罪、恐怖活动、传染疾病、天灾、战祸等之影响，更逾越国界，各个国家和地区若企图超越此一大环境之影响，孤芳自赏，独善其身者，殆不可能，全球人类可说处于一个共存共荣之时代。[2]一个国家或地区发生重大自然灾害和事故灾难后在经济、政治等方面的衍生危害会迅速波及其他国家或地区，一个国家或地区所发生的公共卫生事件、社会安全事件对周边国家、地区的影响就更为直接了。这种影响从突尼斯的"茉莉花革命"、中国SARS危机等突发事件影响中可见一斑。互联网的无国界性与突发事件应对的全球性，也为全球行政法的建构提供丰富的素材。[3]

4. 互联网时代背景下的突发事件应对

互联网是人类最伟大的发明之一，革命性地颠覆了人类传统的生产方式、生活方式及思维方式。特别是进入21世纪以来，互联网技术进一步突飞猛进，电子商务、电子政务、QQ、博客、微博、微信等互联网应用与服务令人目不暇接。互联网的便捷性、即时性、互动性、虚拟性、匿名性等特点，使其理所当然地成为当前人们沟通、交流的最重要工具之一。一个国家或地区真实发生的突发事件或者仅仅是未经证实的谣言，通过互联网的传播，可以迅速到达世界各个角落。"互联网时代，沟通模式经历着新的转变。与以往政

---

[1] 参见闪淳昌："构建中国特色的应急管理体系"，载《中国浦东干部学院学报》2008年第5期。

[2] 参见陈春生：《行政法之学理与体系（二）》，元照出版有限公司2007年版，第3页。

[3] 参见张文贞："美国行政法发展的最新趋势"，载台湾行政法学会主编：《行政契约之法理 各国行政法学发展方向》，元照出版有限公司2009年版，第289~293页。

府和传统媒体作为信息主要来源所不同的是,如今每一个网民都可以通过自己的渠道(如 BBS、社交网站、QQ 群、个人博客等)发布他所了解到或者亲身观察到的消息,应该说我们正进入一个'全民记者'的年代。在很多危机和灾害事件中,第一手资料经常来自于网民而不是媒体或者政府危机处置机构。"[1]在互联网时代,国家和社会的治理需要特别认真对待网络舆情以及风险沟通。同时,值得强调的是,互联网信息系统本身也是突发事件的对象,军事设施、证券交易所、工厂车间等都已广泛采用计算机软件,做好维护互联网系统安全的应急管理与备份工作至关重要,它直接关系到国家经济安全、军事安全和社会稳定。此外,上述工业化背景、城市化背景和全球化背景下的突发事件都可以通过网络谣言的形式加以表达,于是非常态的网络谣言法律治理就显得格外重要。

二、突发事件与网络谣言:一个发生学的视角

突发事件与网络谣言的关系是研究突发事件状态下网络谣言治理的前提,唯有清晰界定它们之间的关系,才能有效实现网络谣言的非常态治理。从发生学的视角来看,突发事件与网络谣言存在着密切的关系[2],一方面,网络谣言可能导致突发事件的发生;另一方面,突发事件发生后也可能伴随着各种网络谣言,而突发事件中的网络谣言可能使得已有的突发事件演变与应对更加复杂。"重大突发事件与谣言之间具有捆绑效应。一方面,谣言填补了知识的缺席,起到斗争武器的作用,强行制造出危机。谣言也会产生事件'派生'效果,即从事件中生产新的事件。另一方面,谣言散布于危机时刻,可以激发或者化解暴力。"[3]当然,在很多情况下,突发事件与网络谣言并非呈现单向的一方影响另一方的关系,而是处于不断相互影响的互动过程之中。

---

[1] 吕孝礼:"Web2.0 时代的政府应急管理信息沟通",载《中国减灾》2010 年第 5 期。

[2] 也有学者将突发事件和谣言的关系界定为事件先行类突发性公共事件中的谣言、相互推动类突发性公共事件中的谣言、无中生有类突发性公共事件中的谣言、刻意制造类突发性公共事件中的谣言。参见王灿发:"突发公共事件的谣言传播模式建构及消解",载《现代传播(中国传媒大学学报)》2010 年第 6 期。

[3] 王灿发、侯欣洁:"重大突发事件中的谣言话语分析",载《新闻与传播研究》2012 年第 5 期。

（一）突发事件中的网络谣言

突发事件是突然发生的、带有紧急性的事件，会给已有的社会秩序和民众心理造成一定的冲击和影响，无论是自然灾害、事故灾难还是公共卫生事件、社会安全事件都会造成人们的不安全感和事件信息不确定时的焦虑感，如果政府在突发事件发生后缺乏及时、有效的信息公开和应对措施，就会给各种网络谣言的滋生和传播提供机会和土壤。然而，即使政府在突发事件发生后第一时间公开相关事件的信息，但如果政府的公信力和权威在平时没有获得民众的认可，那么政府关于突发事件的公开信息依然无法满足民众的信息需求，政府的突发事件应对措施也会遭受社会的质疑。从这个视角来看，突发事件发生后的网络谣言在一定程度上无法避免，也不能预防。当然，不同的谣言在不同类型的突发公共事件中有不同的触发和传播特点[1]。

以网络谣言的内容作为标准，突发事件中的网络谣言可以分为以突发事件为内容的网络谣言、以突发事件为背景的网络谣言和以突发事件为参照的网络谣言。第一种网络谣言的内容就是已发生的突发事件，网络谣言也围绕突发事件的事实而展开；第二种网络谣言的内容并非已发生的突发事件，也可能与突发事件毫无关联，而是将其作为网络谣言的背景，利用突发事件状态下民众心理的变化，制造和传播其他内容的网络谣言；第三种网络谣言的内容是与突发事件相关的既有事实，但该谣言及其内容可能早在突发事件发生之前就已存在，但是由于它与这次发生的突发事件存在着关联性和相似联想，于是在突发事件发生后，又以新的面貌重新出现和传播。若再将制造和传播网络谣言的心理加以考虑，我们大致可以推断：第一种网络谣言既可能是某些别有用心的人故意制造和传播，也可能是出于对自然灾害、事故灾难、公共卫生事件和社会安全事件会给自身带来安全威胁的担忧与疑惑，不经意间制造或传播的网络谣言；而第二种和第三种网络谣言则一般都是某些人故意加以制造和传播的。突发事件发生后，它本身会给社会和民众生活带来不利影响，同时，突发事件中的网络谣言又可能会影响网络社会秩序以及现实社会中的个人利益、企业利益和社会利益。突发事件与网络谣言的交织，带

---

[1] 关于这些特点的总结，参见顾亦然、夏玲玲："在线社交网络中谣言的传播与抑制"，载《物理学报》2012年第23期。

来的会是双重的社会危害，再加上突发事件状态下民众心理的脆弱性，网络谣言极有可能引发新的社会突发事件。

(二) 网络谣言引发的突发事件

就突发事件的四种类型而言，自然灾害、事故灾难和公共卫生事件都是客观存在的，不以人的意志转移为转移，因此，它们也不可能因为网络谣言而引发。唯有社会安全事件是人参与其中的事件，也是由于人的因素才会发生的事件，因此，以事实信息为内容的网络谣言可能会导致社会安全事件发生。根据不完全统计，自2013年1月1日至2013年10月10日，经媒体报道，案情曝光的案件有80起，涉及相关人员160人。从内容上看，造谣内容最多的为煽动危害公共安全谣言，占比51%。紧随其后的是攻击政府谣言，占比19%，以攻击企业或个人为造谣内容的占6%，以捏造、夸大灾害事故为造谣内容的占10%，以抹黑历史名人为造谣内容的占比4%，进行炒作的占比5%。[1]从这个数据也可以看出网络谣言与社会安全事件之间的紧密联系，公共安全谣言和攻击政府谣言都会导致社会安全事件。在既有相对紧张的社会关系状态下，如果再加上网络谣言的催化剂，社会公共安全事件的频发就成为各级政府需要认真面对的严峻问题。

此外，在全球化、国际化的时代背景下，一个国家不仅会面临国内公共安全突发事件的威胁，而且还会遭受国际恐怖主义的袭击。恐怖主义分子也开始利用互联网进行沟通、策划，并实施具体的恐怖主义方案，通过在网上散布相关恐怖主义信息，制造社会恐慌，煽动社会动乱。"网上散布恐怖袭击信息，一方面能制造社会恐慌，给对方造成经济损失和社会混乱，另一方面能为真实的恐怖袭击打掩护，真假恐怖袭击构成一体，能使对方国家长时间笼罩在恐怖袭击的阴云之下。"[2]此外，他们还针对计算机系统直接进行恐怖主义袭击，制造互联网安全事件，危害经济安全和国家安全。

---

[1] 参见孙万怀、卢恒飞："刑法应当理性应对网络谣言——对网络造谣司法解释的实证评估"，载《法学》2013年第11期。

[2] 皮勇："论网络恐怖活动犯罪及对策"，载《武汉大学学报（人文科学版）》2004年第5期。

三、突发事件应对与网络谣言治理的法治化

根据《突发事件应对法》规定,突发事件应对包括突发事件的预防与应急准备、监测与预警、应急处置与救援、事后恢复与重建等应对活动,[1]这种视角的突发事件应对其实包括了突发事件发生前的应对、突发事件发生时的应对和突发事件发生后的应对,是一种连贯性的线性化过程,再加上突发事件的预防与应急准备几乎可以说是时时需要,因此从时间角度来看,这种视角下的突发事件应对和日常治理并没有太大差异。对于网络谣言治理而言也是如此,当前各个政府都强调对网络言论的监测与预警,而日常状态下的网络谣言治理无疑也包含着网络谣言的监测,于是网络谣言的日常治理和非常态治理就有着时间上的重合,在这个层面上讨论突发事件状态下的网络谣言治理可能并没有特别的意义。本书所界定的突发事件状态下的网络谣言治理是指突发事件已经发生的网络谣言治理,更加强调突发事件与网络谣言之间的直接联系。

(一) 日常状态向突发事件状态的治理逻辑转化

日常状态的网络谣言治理与突发事件状态的网络谣言治理有着不同的运作逻辑,政府规制和市场机制有着不同的功能地位,公民基本权利也有着不同的法律保护程度。诚如前述,日常状态的网络谣言治理向突发事件状态的网络谣言治理转化的标志是突发事件的发生。

在日常状态下,在协同治理的网络治理模式中,公民基本权利和自由的保护优先于社会秩序和公共利益的保障,以保障社会秩序和公共利益为名强调政府对网络言论的规制和控制,易于导致规制失灵和权力滥用,[2]也不利于公民自主性的培育。如果网络言论不具有现实的即时危险性,言论自由和自主沟通有利于形成网络言论的思想市场,从而让大多数人所认可的网络言论保留下来,即使是那些刚开始被认为是不真实的网络谣言通过民众的言论

---

[1]《突发事件应对法》第 2 条规定:"突发事件的预防与应急准备、监测与预警、应急处置与救援、事后恢复与重建等应对活动,适用本法。"

[2]"固然家长心态向来为政府管制的主要原因之一,当代管制理论亦指出,基于家长心态所进行的管制,往往导致管制失灵的结果。"叶俊荣:《行政法案例分析与研究方法》,三民书局股份有限公司 1999 年版,第 125 页。

竞争最终也会得到证实。在言论自由的过程中，重要的并非仅仅在于网络谣言的证实或证伪，而是公民自主性的实现。因此，在网络谣言的日常治理中，市场机制是治理体系的基础，公民的网络言论自由也受到最大限度的法律保护。因此，日常状态下网络谣言的治理逻辑是市场性、权利性、互动性。

在突发事件状态下，由于突发事件给民众带来的不确定性和焦虑感，审慎理性的思考与交流容易淹没在非理性的争吵与喧闹中，同时突发事件所可能带来的即时性危险使得日常状态下通过市场机制的自我调节、言论市场的自我纠偏变成了一种社会秩序的行动冒险。在意见领袖的鼓动或蛊惑下，作为乌合之众的民众容易丧失理性的思考，一条简单的网络谣言就可能在群体性的传播和推动下产生对社会秩序的颠覆性影响，[1]而且就理论而言，互联网的言论可以传播到每个用户，它的社会影响也无法实现事先预估，因此，需要有非常的手段来及时阻止有害网络谣言的传播和发酵。由于突发事件状态下的网络谣言危险是如此的临近和现实，以至于我们不能用充分的讨论与辨识来达成事实的真相，不能用充分耐心的教育过程来平息网络社会的非理性言论或言论的荒谬虚假。政府在紧急状态下对带有蛊惑性、危害性的网络谣言依法进行及时规制和治理，有助于防止不安情绪和恐慌心理的蔓延，维护社会秩序的稳定。"在要求主体遵从纪律、服从法律的过程中，政治力量的合法性在于其承诺减轻公民已有的软弱茫然的程度。"[2]在突发事件状态下，政府依法采取技术性措施监控相关网络言论、对有害网络谣言进行消除、限制使用或撤销网络账户等单向性的权力措施，可以有效实现现实社会和网络社会的秩序稳定。因此，突发事件状态下网络谣言的治理逻辑是政府性、权力性、单向性。

(二) 网络谣言非常态治理的法治框架

网络谣言的内容是信息，本质是网络信息的未经证实，网络谣言所具有的可能性危害也是由于网络谣言被证实为虚假所给个人、企业和社会造成的

---

[1] "群体永远漫游在无意识的领地，会随时听命于一切暗示，表现出对理性的影响无动于衷的生物所特有的激情，它们失去了一切批判能力，除了极端轻信外再别无可能。"参见［法］古斯塔夫·勒庞：《乌合之众：大众心理研究》，冯克利译，中央编译出版社2004年版，第24~25页。

[2] ［英］齐格蒙特·鲍曼：《废弃的生命》，谷蕾、胡欣译，凤凰出版传媒集团、江苏人民出版社2006年版，第47页。

危害以及信息在传递过程中或权威主体证实过程中所可能导致的社会恐慌。从这个视角看，网络谣言治理是基于信息的治理，是以信息证实、满足民众知情权为中心的治理。由于治理时间的差异，在日常状态下，网络谣言不具有即时的危险性，应该更多通过市场机制的运作、言论市场的竞争来证实网络谣言的真实性，满足民众的知情权，此时的政府更多地应是回应型政府；在突发事件状态下，网络谣言可能具有即时的危险性，应该由政府规制主导网络谣言的治理，依法及时平息网络谣言的不确定性，防止社会焦虑与民众恐慌的蔓延，此时的政府应是能动型政府。"作为一个'公民组织'的国家（回应型国家）在战时或战备时期会向'事业型'或'管理型'组织（能动型国家）转变。"〔1〕但是，即使是在突发事件状态下，政府治理网络谣言也应在法治的框架下进行，与市场机制紧密合作，政府所采取的政府信息公开、技术性跟踪、言论自由限制措施等措施也应符合法治的基本要求，以法治的方式进行。"法治国家对紧急状况的规范，最典型的便是对授权的前提条件及其内容，加以详细的规定与界定，同时要特别地建立控制之制度。"〔2〕就法治框架而言，网络谣言非常态治理应包括政府信息公开的法治化、技术侦查的法治化、言论自由限制措施的法治化、市场机制的协同合作。

1. 政府信息公开的法治化

"人类历史的经验表明，谣言可能难以彻底消灭，但却有可能有效控制。个人的自律，信息的公开、充分和自由流动，成熟理性的思想、舆论和辩论市场以及透明、负责、诚信、守法的政府，将使谣言成为无源之水。因为，在法治的框架下，阳光中的事实与真话才是对抗谣言最有力的武器。"〔3〕网络谣言的未经证实具有相对性，是针对特定的时空环境而言的。有些网络谣言的内容属于自然科学方面的知识，其实它们已经有相关科学方面的结论，只不过随着知识和技术分工的日益专门化和精细化，这些知识更多为专业人士所掌握，而普通民众对其却缺乏必要的了解和知悉。于是，在很多与自然科学有关的网络谣言中，这些谣言信息并非绝对的未经证实，而是对于大多数

---

〔1〕［美］米尔伊安·R. 达玛什卡：《司法和国家权力的多种面孔——比较视野中的法律程序》，郑戈译，中国政法大学出版社2004年版，第109页。

〔2〕陈新民：《公法学札记》，中国政法大学出版社2001年版，第115页。

〔3〕支振锋："治理网络谣言关键靠法治"，载《法制日报》2012年4月17日第07版。

普通的社会民众而言属于未经证实的信息,因此,人们出于"无知"而相信网络谣言。[1]特别是随着我国经济发展和人民生活水平的提高,社会民众更加关注个人健康和生态环境,因此,与身体健康、生态环境相关的网络谣言也更易获得民众的关注,并引起不必要的社会恐慌。对于这类网络谣言而言,政府应该及时通过相关权威专家、权威机构的解释与回应,公开相关政府信息,平息社会民众的焦虑和不安。

另一种网络谣言涉及公共事务,或者它刚开始针对的是特定的私人或私人组织,随着事件的发展又开始影响到社会秩序而需要政府的介入,这类谣言既可能事先存在相关的事实根据从而验证网络谣言的真实性,也可能需要通过对网络谣言所涉及的事实进行调查才能确定其真实性。如果事先存在相关佐证的事实根据的,政府应该及时公开相关信息,从而切断网络谣言的传播;如果事先没有相关事实根据的,政府应该依法及时组织调查组,对网络谣言的内容进行公正的调查,并向社会公布调查结果。在网络谣言的调查过程中,调查的主体应尽可能多元化,在政府主导的前提下去吸收专家、社会公众和媒体代表加入,必要时也可以委托独立的第三方进行调查,此外,还应注意调查程序的公平、公开和公正。

在政府信息公开过程中还有一个与之相关的重要问题,就是官方媒体在网络谣言治理中的作用。一方面,政府会通过官方媒体公布网络谣言所涉及的相关信息以及网络谣言调查结果的内容,在很多情况下官方媒体也会主动报道相关网络谣言涉及的内容,防止网络谣言的传播;另一方面,在网络媒体的强势竞争下,官方媒体有时为了追求时效和新闻热度,也会在把关不严的情况下有意或者无意地传播网络谣言,从而损害了自身的专业性和权威性。因此,如何强化官方媒体的职业伦理,加强政府和社会对官方媒体(以及官方媒体的网络平台)的监督,也是突发事件状态下网络谣言治理的重要内容。主流媒体暗含理性、权威的特性,应在审稿发稿时更加谨慎,不信谣、不传谣是基本底线,主流媒体应发挥定位仪和导航仪功能,力求在信息平衡中有效规避谣言风暴。[2]

---

[1] 参见魏武挥:"谣言的传播与辟谣",载《新闻记者》2012年第5期。
[2] 孔清溪等:"灾难事件中网络谣言风暴的形成、传播规律及消解策略研究——以马航MH370事件为例",载《现代传播(中国传媒大学学报)》2014年第12期。

2. 技术侦查的法治化

互联网是技术的产物,基于互联网技术所产生的问题仍然需要依靠互联网技术的发展去应对和解决,网络谣言治理也是如此。在突发事件状态下,由于网络谣言的潜在危险一触即发,再加上危险发生的不确定性,对网络谣言的传播与发酵进行实时的预警、侦查与监控就显得很有必要,而这些都依赖一套完备的互联网技术侦查系统。尽管从法理上说,互联网的技术侦查可能会有侵害公民隐私权之嫌,但是在突发事件状态下,国家对公民基本权利进行必要的限缩是紧急状态法治的基本要求,也是维持法治国家运转的必要条件。国外互联网法治发达国家也存在着互联网技术侦查,也对包括网络谣言在内的网络言论进行监督和跟踪。"'食肉动物系统'是美国司法部下属联邦调查局开发并使用的一套信息监控系统,当它被安装到互联网服务供应商的服务器上时,能够有效地监控特定用户几乎所有的网络活动,包括监测电子邮件和网络浏览的内容。"[1]技术侦查的法治化包括以下方面:第一,适用情形的特定。就网络谣言治理而言,只有在突发事件状态下可能发生社会安全事件的危险时,才能运用互联网技术侦查,对民众的网络言论进行监控和侦查。第二,遵循比例原则。技术侦查的适用应该符合必要性原则、最小侵害原则和均衡原则,在维护互联网秩序和保障公民基本权利之间保持平衡。第三,不得滥用权力。为了保障公民基本权利,互联网技术侦查的启动权应该严格限制,建议只能由国家互联网信息管理部门和公安部才能行使,并按照法定程序进行,同时,基于技术侦查获取的互联网信息也不得用于非法用途。

3. 言论自由限制措施的法治化

如果说互联网技术侦查是对公民隐私权的限制,那么删帖、注销账户等限制措施则是对公民言论自由权利的限制。由于言论自由是公民基本权利体系的核心,对于实现人的价值和尊严、维护民主社会的运转、防止政府权力的蜕变等具有重要意义,因此,对言论自由的限制和剥夺必须要符合法律的严格要求,并基于法治的方式进行。在法治背景下,即使是突发事件状态下的网络谣言,也并非所有的网络谣言都具有现实的危险性,并非都需要采取

---

[1] 张恒山:"透视美国互联网监管的主要内容和措施",载《中国出版》2010年第13期。

相关的言论自由限制措施。有些网络谣言是民众在面对突发事件时不确定性和恐慌情绪的自然表达，是一种情有可原的心理反映，谣言的内容也不会直接导致社会公共秩序的混乱，对于这些网络谣言，并不都需要由政府采取直接限制言论自由的措施。"面对低危害性或非危害性的那些谣言信息，比如对于灾难、事故、食品安全、个人人身安全等的担忧所进行的自我缓释性的合理猜测性表达（往往在现实层面构成了谣言），硬性治理是否也同样适用呢?"[1]即使是对具有现实危害性的网络谣言，政府采取的限制措施也必须要依照法律规定和法律程序进行，并提供公正的法律救济途径。

4. 市场机制的协同合作

尽管在突发事件状态下，政府应该主导网络谣言的治理，但这并非意味着市场机制就没有运作的空间。在协同合作的网络治理模式下，市场机制无论在日常状态还是在突发事件状态下都是重要的治理主体。政府对突发事件网络谣言的治理依然需要借助市场机制的协同与配合。无论是互联网行业的自律还是网民的自我教育和净化，都是抵御突发事件网络谣言危害的第一道防线，也是连接政府规制的重要桥梁。此外，政府采取的相关突发事件应对措施也需要借助市场机制的运行，政府信息公开、技术侦查和言论自由限制措施都依赖于互联网的基础平台和互联网企业的运行。当然，在突发事件状态下，市场机制也并非单纯是政府规制的附庸和随从，完全听从于政府的指挥。市场机制的协同与合作也需要法律的制度设计，并纳入突发事件应对的法治框架。

---

〔1〕雷霞："'信息拼图'在谣言传播中的作用研究"，载《新闻与传播研究》2014年第7期。

结 语
互联网的未来与网络社会的法治建构

"我们所记住的过去乃是基于我们对未来的预期。而我们对未来的预期又是基于我们对过去的记忆。"〔1〕在过去的几十年里，作为高新科技代表的互联网已经深刻改变了人类社会的面貌；在当前，互联网依然是人类进步与社会发展的重要助推器；面对未来，当然我们仍然会禁不住发问：人类将推动互联网迈向一个怎样的未来？互联网又将引领人类社会走向一个什么样的时代？"最早的电脑可以说是一种技术权威、技术精英、技术中心的象征，互联网技术的发展则是对这种技术中心的消解。互联网技术的成型经历了一个'从大到小''从隔离到兼容''从集中化到分散化'的过程。互联网技术的发展本身潜藏着一种突破禁忌、无视戒规、摧毁中心的文化理念。"〔2〕确实，互联网的未来发展不仅决定着网络社会的规范建构，也影响着现实社会的制度变革。"特别是当互联网、电信网、广播网三网融合后，物联网、云技术不可阻挡地到来，网络法律问题变得更为复杂，网络法治的需求也就更为迫切。"〔3〕如果说物联网、云技术对当前人类来说是革命性技术的话，那么这种冲击可能就相当于产生之初的互联网所给人类带来的震撼，人类还无法准确预测互联网的未来发展将是怎样，或许物联网、云技术在未来的人们看来也仅仅是一些基础性的技术而已。"以互联网发展的特性来说，实在很难预测互联网明天到底会转变成什么面貌。"〔4〕但是不管互联网将来发展如何，互联网将始终成为未来人类社会无法磨灭和挥别的社会烙印和时代背景。

---

〔1〕 [美]伯尔曼：《法律与宗教》，梁治平译，中国政法大学出版社2003年版，第190页。

〔2〕 秦志希等："网络传播的'后现代'特性"，载《武汉大学学报（人文科学版）》2002年第6期。

〔3〕 张平："互联网法律规制的若干问题探讨"，载《知识产权》2012年第8期。

〔4〕 Lawrence Lessig, "The Path of Cyberlaw", *Yale Law Journal*, Vol. 104, (1995), p. 1745.

即使互联网的未来发展并非确定，但是人类对于互联网治理的法治趋向却是相当清晰。"对于我们所有人应当去向何处的了然于胸以及我们所有人如何才能达到该目的地的发现，仍然是一件非常重要的事情。实际上，它也是法律制度和法律人的奋斗目标。"[1]如果说在互联网产生之初，互联网技术规范就是互联网王国里的法律的话，网络空间的无政府状态还有存在可能的话，那么随着互联网技术的进一步发展以及互联网问题的不断涌现，网络社会的原始架构和运作逻辑已不再固守不变，政府和法律开始介入互联网社会，并发挥着越来越大的作用。尽管互联网技术规范意味着最高的效率和最大的自由，它们在互联网治理体系中依然具有不可替代的重要作用，但是网络社会并不仅仅在单纯地追求的经济效率和以自我为中心的自由，作为正义和秩序化身的国家法律规范正在成为网络社会的主导，网络社会的法治化也是国际社会的共同选择和网络治理的必然要求。尽管互联网技术规范在互联网治理中的作用在下降，但是互联网毕竟是技术的产物，互联网技术对互联网治理规范体系的构造依然具有决定性作用，一方面，以互联网技术为内容的技术规范本身就是互联网治理规范体系的重要组成部分；另一方面，互联网技术也深深影响着互联网法律规范的塑造和建构。"一个理想的法律应该从科学中汲取它的假定及其立法正当化理由。"[2]对于带有更强科学属性的互联网法而言，更是如此。因此，互联网技术在不断更新和发展的同时，互联网法律规范以及互联网治理规范体系也在不断经历着深刻的变迁。在承认互联网技术性的前提下，互联网的法律品格正在不断增强，互联网不能成为法外之地、实现网络社会的法治化是当今各国政府的普遍共识与不懈追求。没有法律在场的互联网社会也可能带来现代社会中"精神生活的沉沦和价值基础的崩溃"[3]。激进的技术伴随的可能是伦理道德的滑坡和公共责任的蜕化，保守的法律却能重新赋予我们生活的意义以及生存的责任。

互联网在本质上是信息的载体和传播的工具，与报纸、广播、电视等信息传播的传统模式相比，由于网络信息传播模式在传播主体、传播时间、传

---

[1] Karl N. Llewellyn, "Law and the Social Sciences: Especially Sociology", *Harvard Law Review*, Vol. 62, No. 8 (1949), p. 1286.

[2] Oliver W. Holmes, "Learning and Science", *Minnesota Law Review*, Vol. 30 (1945), p. 411.

[3] 甘阳：《古今中西之争》，生活·读书·新知三联书店2006年版，第5页。

播范围、传播方式、传播效力等方面所具有的革命性特征，它在很大程度上颠覆了传统信息传播的格局。特别是进入网络自媒体时代后，人人都可以借用互联网而轻易地成为网络信息的制造者和传播者，于是，制宪者所期望的言论自由得到了最广和最深的实现，当然伴随网络言论自由的也有网络谣言、网络诽谤、侵害网络隐私等可能侵害合法权益的互联网治理问题，网络社会的众声喧哗也注定会成为互联网发展无法摆脱的宿命。因此，将互联网纳入法律的日常治理，实现网络社会的法治化，是互联网治理和规制的必由之路。网络谣言是以互联网为载体的未经权威主体证实的事实信息，它既可能真实，也可能虚假；既可能有害，也可能无害，因此，治理网络谣言并非一味地强调公权力的干预和强制，这可能会侵害公民的网络言论自由，并造成"寒蝉效应"。而网络言论自由在转型中国的时代背景下对于保障公民合法权益、监督国家权力行使、推进社会转型、实现共和民主等具有特殊的意义和价值。我们在对一些可能侵害合法权益、危害公共秩序的网络谣言进行治理时，首先要肯定网络言论自由的价值和意义，当然，网络言论自由也存在着法律层面、道德层面和技术层面的边界与界限。从治理时间看，网络谣言治理存在着日常状态治理和突发事件治理的区分；从治理主体看，网络谣言治理主要包括政府规制和市场机制。结合我国的国情，并借鉴吸收权威主义网络治理模式和自由主义网络治理模式的各自优点，以法治为基础框架的协同合作网络治理模式可以成为我国互联网治理模式的选择。在协同合作网络治理模式下，如果处于日常状态，市场机制应该占据基础性、主导性地位，通过网络言论市场的自由竞争来筛选、鉴别网络谣言并实现互联网社区的自我净化，政府应该通过事前的行业准入、事中的互联网教育、事后的常规监督等间接性措施治理网络谣言；如果处于突发事件状态，政府规制则应该占据主导作用，政府可以通过采取政府信息公开、技术侦查、言论自由限制措施等直接性手段综合治理网络谣言，市场机制加以必要的补充和协作。当前，我国在网络谣言治理法律体系、网络谣言治理机构、网络谣言治理措施与程序、网络谣言法律责任体系等方面还面临不少问题，亟待发展与完善。

网络谣言的形态多种多样，网络谣言治理也应注重差异化治理和类型化建构。在日常状态下，国家应该将保障言论自由作为基本义务，"言论自由是一种传统,需要我们在日常的不经意处精心维护和培养"[1]。在突发事件状态下,国家可以对公民的言论自由等基本权利进行必要限制,但是也要遵循法治的基本原则和法律的正当程序。不管互联网技术如何发展,网络谣言不可能完全根除,将网络谣言纳入法治化的日常治理是我们应有的理性态度。网络社会的法治化是治理网络谣言的社会基础,也是解决其他相关互联网问题的前提。互联网的虚拟和匿名消解着人们的责任和伦理,侵蚀着公众相互之间的信任与期待,建构现实社会和网络社会的信任和诚信基础也是网络谣言及其他互联网问题治理的根本。"信任是一个复杂社会的重要简化机制,它发挥着润滑剂的功能,可以降低社会风险和交易成本,公信力是指在社会公共生活中,公共权力、公众交往以及利益交换所表现出的一种公平、正义、效率、人道、民主、责任的信任力。"[2]无论是公众之间的社会信任机制还是政府的公信力建设,都需要我们长期不懈的努力与探索。从这个意义上讲,网络社会的法律治理也存在着无法回避的局限性,法律并不能解决所有的社会问题,[3]许多问题的终极应对仍然得依赖于人们善良的内心与灵魂。但是尽管如此,法治仍然是我们治理模式最好的选择,也是维护社会秩序、定纷止争的根本。

告别技术崇拜主义,让互联网透进法治的阳光,综合发挥政府规制和市场机制,这是互联网治理逻辑变迁的必然,也是网络社会法治化建设的基础。法治是一种制度,是一种秩序,是一种生活方式,互联网也是一种制度,也是一种秩序,也是一种生活方式。互联网与法治的融合,代表着法律与科技的一种新型关系,是互联网未来发展的必由之路,也是传统法治的现代升华。互联网技术越是复杂,网络社会的法治需求就越是依赖与强烈;现代社会越是趋向技术主导和科学迷思,[4]法律的价值就更为凸显,法律所

---

[1] 苏力:"《秋菊打官司》案、邱氏鼠药案和言论自由",载《法学研究》1996年第3期。

[2] 郭小安:"网络谣言的政治诱因:理论整合与中国经验",载《武汉大学学报(人文科学版)》2013年第3期。

[3] "在一个复杂的社会中,无法治理人的'灵魂',只能治理人的'行为',这正是法律治理的特征。"参见强世功:《法律人的城邦》,上海三联书店2003年版,第161页。

[4] "现代世界意味着意义和本质已经明显不可逆转地消失了。"参见[德]扬-维尔纳·米勒:《危险的心灵:战后欧洲思潮中的卡尔·施米特》,张龑、邓晓菁译,新星出版社2006年版,第18页。

赋予人类社会的存在感或意义感就更为真切。技术复杂性所支撑的复杂与多元的网络社会，客观上在呼唤着一种网络法治国的建构，一种网络行政法的创生。[1]

---

[1] "行政法学发展的空间及需求是很大的，行政的范围广泛，行政法各论有待开发。"（翁岳生："翁岳生教授荣退演讲"，载叶俊荣主编：《法治的开拓与传承：翁岳生教授的公法世界》，元照出版有限公司2009年版，第11页。）调整网络空间行政权力行使和运作的网络行政法的创立与发展，是推动传统行政法往纵深方向发展、推进行政法研究精细化的重要内容。

参考文献

一、中文著作

1. ［法］让-诺埃尔·卡普费雷:《谣言：世界最古老的传媒》,郑若麟、边芹译,上海人民出版社1991年版。
2. ［法］孟德斯鸠:《波斯人信札》,罗国林译,译林出版社2000年版。
3. ［法］米歇尔·福柯:《知识考古学》,谢强、马月译,生活·读书·新知三联书店2004年版。
4. ［法］皮埃尔·布尔迪厄:《实践理性：关于行为理论》,谭立德译,生活·读书·新知三联书店2007年版。
5. ［法］古斯塔夫·勒庞:《乌合之众：大众心理研究》,冯克利译,中央编译出版社2004年版。
6. ［英］安东尼·吉登斯:《社会学》,赵旭东等译,北京大学出版社2003年版。
7. ［英］H·L·A.哈特:《法律、自由与道德》,支振锋译,法律出版社2006年版。
8. ［英］马丁·洛克林:《公法与政治理论》,郑戈译,商务印书馆2002年版。
9. ［英］弗里德里希·奥古斯特·冯·哈耶克:《通往奴役之路》,王明毅等译,中国社会科学出版社1997年版。
10. ［英］休谟:《人性论》,关文运译,商务印书馆1980年版。
11. ［英］齐格蒙特·鲍曼:《废弃的生命》,谷蕾、胡欣译,凤凰出版传媒集团、江苏人民出版社2006年版。
12. ［美］N.尼葛洛庞帝:《数字化生存》,胡泳等译,海南出版社1996年版。
13. ［美］卡斯·R.桑斯坦:《谣言》,张楠、迪扬译,中信出版社2010年版。
14. ［美］孔飞力:《叫魂：1786年中国妖术大恐慌》,陈兼、刘昶译,生活·读书·新知三联书店、上海三联书店2012年版。
15. ［美］罗杰·菲德勒:《媒介形态变化：认识新媒介》,明安香译,华夏出版社2000

年版。

16. ［美］沃尔特·李普曼：《公众舆论》，阎克文、江红译，上海人民出版社 2006 年版。
17. ［美］R·M. 昂格尔：《现代社会中的法律》，吴玉章、周汉华译，译林出版社 2001 年版。
18. ［美］伯尔曼：《法律与宗教》，梁治平译，中国政法大学出版社 2003 年版。
19. ［美］米尔伊安·R. 达玛什卡：《司法和国家权力的多种面孔——比较视野中的法律程序》，郑戈译，中国政法大学出版社 2004 年版。
20. ［德］埃贝哈德·施密特-阿斯曼等：《德国行政法读本》，于安等译，高等教育出版社 2006 年版。
21. ［德］扬-维尔纳·米勒：《危险的心灵：战后欧洲思潮中的卡尔·施米特》，张龑、邓晓菁译，新星出版社 2006 年版。
22. 陈新民：《公法学札记》，中国政法大学出版社 2001 年版。
23. 城仲模主编：《行政法之一般法律原则（一）》，三民书局股份有限公司 1999 年版。
24. 陈瑞华：《论法学研究方法》，北京大学出版社 2009 年版。
25. 陈春生：《行政法之学理与体系（一）：行政行为形式论》，三民书局股份有限公司 1996 年版。
26. 陈春生：《行政法之学理与体系（二）》，元照出版有限公司 2007 年版。
27. 《邓小平文选》（第三卷），人民出版社 1993 年版。
28. 邓正来译/编：《西方法律哲学文选》（下），法律出版社 2008 年版。
29. 甘阳：《古今中西之争》，生活·读书·新知三联书店 2006 年版。
30. 胡钰：《大众传播效果：问题与对策》，新华出版社 2000 年版。
31. 何柄棣：《读史阅世六十年》，广西师范大学出版社 2005 年版。
32. 黄仁宇：《万历十五年》，生活·读书·新知三联书店 2006 年版。
33. 黄惟勤：《互联网上的表达自由：保护与规制》，法律出版社 2011 年版。
34. 江宜桦：《自由民主的理路》，台湾联经出版事业股份有限公司 2003 年版。
35. 李若建：《虚实之间：20 世纪 50 年代中国大陆谣言研究》，社会科学文献出版社 2011 年版。
36. 马怀德主编：《行政法学》，中国政法大学出版社 2009 年版。
37. 南怀瑾：《历史的经验》，复旦大学出版社 2009 年版。
38. 强世功：《法制与治理：国家转型中的法律》，中国政法大学出版社 2003 年版。
39. 强世功：《法律人的城邦》，上海三联书店 2003 年版。
40. 台湾行政法学会主编：《行政程序法之检讨 传播行政之争讼》，元照出版有限公司 2003

年版。

41. 台湾行政法学会主编:《行政契约之法理 各国行政法学发展方向》,元照出版有限公司 2009 年版。
42. 王军编著:《网络传播法律问题研究》,群众出版社 2006 年版。
43. 王名扬:《英国行政法》,中国政法大学出版社 1987 年版。
44. 王锡锌主编:《公众参与和中国新公共运动的兴起》,中国法制出版社 2008 年版。
45. 王锡锌:《行政程序法理念与制度研究》,中国民主法制出版社 2007 年版。
46. 吴庚:《行政法之理论与实用》(增订九版),三民书局 2005 年版。
47. 翁岳生:《法治国家之行政法与司法》,元照出版有限公司 2008 年版。
48. 翁岳生编:《行政法》(上册),中国法制出版社 2002 年版。
49. 吴风:《网络传播学:一种形而上的透视》,中国广播电视出版社 2004 年版。
50. 夏征农、陈至立主编:《辞海》(第 6 册),上海辞书出版社 2009 年版。
51. 叶俊荣:《行政法案例分析与研究方法》,三民书局股份有限公司 1999 年版。
52. 叶俊荣主编:《法治的开拓与传承:翁岳生教授的公法世界》,元照出版有限公司 2009 年版。
53. 应松年、薛刚凌:《行政组织法研究》,法律出版社 2002 年版。
54. 应松年主编:《当代中国行政法》(上卷),中国方正出版社 2005 年版。
55. 张平、郭凯天主编:《互联网法律法规汇编》,北京大学出版社 2012 年。
56. 甄树青:《论表达自由》,社会科学文献出版社 2000 年版。
57. 郑戈:《法律与现代人的命运:马克斯·韦伯法律思想研究导论》,法律出版社 2006 年版。
58. 中国社会科学院语言研究所词典编辑室编:《现代汉语词典》(第 6 版),商务印书馆 2012 年版。
59. 周裕琼:《当代中国社会的网络谣言研究》,商务印书馆 2012 版。
60. 朱芒:《功能视角中的行政法》,北京大学出版社 2004 年版。

二、中文期刊

1. 蔡文之:"自律与法治的结合和统一——论网络空间的监管原则",载《社会科学》2004 年第 1 期。
2. 蔡盈洲:"突发性群体事件谣言的人物关系分析",载《现代传播(中国传媒大学学报)》2014 年第 10 期。
3. 巢乃鹏、黄娴:"网络传播中的'谣言'现象研究",载《情报理论与实践》2004 年第

6期。

4. 陈柏峰："传媒监督权行使如何法治——从'宜黄事件'切入"，载《法学家》2012年第1期。
5. 陈伯礼、徐信贵："网络表达的民主考量"，载《现代法学》2009年第4期。
6. 陈崇林："中国互联网管理体系现状及改进探析"，载《山东社会科学》2014年第3期。
7. 陈东冬："网络谣言的治理困境与应对策略"，载《云南行政学院学报》2012年第3期。
8. 陈虹、沈申奕："新媒体环境下突发事件中谣言的传播规律和应对策略"，载《华东师范大学学报（哲学社会科学版）》2011年第3期。
9. 陈力丹："论网络传播的自由与控制"，载《新闻与传播研究》1999年第3期。
10. 陈鹏："针对网络谣言的政府义务"，载《浙江社会科学》2012年第2期。
11. 陈强等："网络谣言扩散动力及消解——以地震谣言为例"，载《图书情报工作》2010年第22期。
12. 陈潭、罗晓俊："中国网络政治研究：进程与争鸣"，载《政治学研究》2011年第4期。
13. 陈万怀："传播学视角下网络谣言的认知与消解"，载《新闻界》2008年第6期。
14. 陈晓云："韩国网络治理现状及启示"，载《新闻与传播研究》2010年第6期。
15. 陈兴良："刑法教义学方法论"，载《法学研究》2005年第2期。
16. 陈燕、王敬红："网络传播：研究方法的困惑与思考"，载《现代传播》2003年第1期。
17. 程琳："加强网络社会治理　创建文明网络环境"，载《中国人民公安大学学报（社会科学版）》2014年第3期。
18. 邓国锋、唐贵伍："网络谣言传播及其社会影响研究"，载《求索》2005年第10期。
19. 丁社教、吴江："网络谣言及其治理模式的创新——以哈贝马斯商谈论为视角"，载《中共浙江省委党校学报》2015年第1期。
20. 丁相朝："韩国互联网监管制度发展现状——一位韩国法学教授对互联网监管制度的意见"，孟可待译，载《信息网络安全》2009年第8期。
21. 方兴东等："即时网络时代的传播机制与网络治理"，载《现代传播（中国传媒大学学报）》2011年第5期。
22. 高小平："突发事件的新特点与应急管理创新"，载《行政管理改革》2010年第1期。
23. 龚成、李成刚："我国公务人员网络行为管理制度的现状与创新分析"，载《现代传播（中国传媒大学学报）》2012年第11期。
24. 顾亦然、夏玲玲："在线社交网络中谣言的传播与抑制"，载《物理学报》2012年23期。
25. 郭春镇："公共人物理论视角下网络谣言的规制"，载《法学研究》2014年第4期。

26. 郭小安、王国华："谣言定性与定量的再思考"，载《情报杂志》2012 年第 10 期。
27. 郭小安："网络谣言的政治诱因：理论整合与中国经验"，载《武汉大学学报（人文科学版）》2013 年第 3 期。
28. 网络安全课题组国家行政学院电子政务研究中心："论网络治理与信息安全的法律保障体系"，载《电子政务》2014 年第 7 期。
29. 韩强："科学应对公共事件中谣言传播问题研究"，载《中国行政管理》2008 年第 7 期。
30. 胡凌："网站治理：制度与模式"，载《北大法律评论》2009 年第 10 卷第 2 辑。
31. 胡诗妍："网络谣言的机理剖析与决策控制"，载《领导科学》2012 年第 23 期。
32. 黄荣贵、桂勇："互联网与业主集体抗争：一项基于定性比较分析方法的研究"，载《社会学研究》2009 年第 5 期。
33. 黄文义、王郅强："转型期网络谣言传播过程及政府治理机制探析"，载《国家行政学院学报》2014 年第 3 期。
34. 蒋余浩："民主国家言论自由的问题：一个读书札记"，载《中外法学》2006 年第 3 期。
35. 金中仁等："信息与信息安全的冷思考"，载《中国图书馆学报》2001 年第 5 期。
36. 孔清溪等："灾难事件中网络谣言风暴的形成、传播规律及消解策略研究——以马航 MH370 事件为例"，载《现代传播（中国传媒大学学报）》2014 年第 12 期。
37. 雷霞："'信息拼图'在谣言传播中的作用研究"，载《新闻与传播研究》2014 年第 7 期。
38. 李超平等："互联网时代的智识自由与社会责任之争——美国公共图书馆互联网过滤相关法案与判例研究"，载《中国图书馆学报》2014 年第 4 期。
39. 李大勇："谣言、言论自由与法律规制"，载《法学》2014 年第 1 期。
40. 李国武："谣言实现的社会机制及对信息的治理"，载《社会》2005 年第 4 期。
41. 李洪雷："论互联网的规制体制——在政府规制与自我规制之间"，载《环球法律评论》2014 年第 1 期。
42. 李会彬："网络言论的刑法规制范围——兼评两高《关于办理利用信息网络实施诽谤等刑事案件适用法律若干问题的解释》"，载《法治研究》2014 年第 3 期。
43. 李静："印度信息技术立法的发展与特色"，载《暨南学报》2012 年第 11 期。
44. 李伦："网络传播伦理的建构路径"，载《道德与文明》2011 年第 2 期。
45. 李若建："社会变迁的折射：20 世纪 50 年代的'毛人水怪'谣言初探"，载《社会学研究》2005 年第 5 期。
46. 李希光、郭晓科："网络治理与国家认同"，载《中国党政干部论坛》2014 年第 5 期。

47. 李晓明:"诽谤行为是否构罪不应由他人的行为来决定——评'网络诽谤'司法解释",载《政法论坛》2014年第1期。
48. 李欲晓:"互联网治理与信息社会法律的研究对象和目标",载《北京邮电大学学报（社会科学版）》2010年第1期。
49. 李忠:"因特网与言论自由的保护",载《法学论坛》2002年第1期。
50. 梁治平:"名誉权与言论自由：宣科案中的是非与轻重",载《中国法学》2006年第2期。
51. 廖淑君:"论网际网路言论活动之规范：法律经济分析观点",载《资讯、科技与社会学报》2006年第10期。
52. 林华:"信访性质的溯源性追问",载《中国政法大学学报》2011年第6期。
53. 林华:"因参与、透明而进步：互联网时代下的公众参与和政府信息公开",载《行政法学研究》2009年第2期。
54. 林凌:"网络立法模式探析",载《编辑之友》2014年第1期。
55. 林钰雄:"诽谤罪之实体要件与诉讼证明——兼评大法官释字第五零九号解释",载《台大法学论丛》2003年第32卷第2期。
56. 刘静怡:"网络中立性原则和言论自由：美国法制的发展",载《台大法学论丛》2012年第41卷第3期。
57. 刘素华:"略论中国网络治理理念的完善",载《中共中央党校学报》2013年第2期。
58. 刘正祥:"网络言论的失范及其法律规制",载《政法学刊》2010年第2期。
59. 柳圣爱:"韩国网络实名制的发展与式微",载《行政管理改革》2013年第4期。
60. 吕孝礼:"Web2.0时代的政府应急管理信息沟通",载《中国减灾》2010年第5期。
61. 吕宗力:"汉代的流言与讹言",载《历史研究》2003年第2期。
62. 罗楚湘:"网络空间的表达自由及其限制——兼论政府对互联网内容的管理",载《法学评论》2012年第4期。
63. 罗静:"国外互联网监管方式的比较",载《世界经济与政治论坛》2008年第6期。
64. 马怀德:"法治政府特征及建设途径",载《国家行政学院学报》2008年第2期。
65. 马怀德:"社会矛盾化解与行政诉讼制度",载《中国党政干部论坛》2011年第9期。
66. 马怀德:"预防化解社会矛盾的治本之策：规范公权力",载《中国法学》2012年第2期。
67. 孟鸿、李玉华:"基于国际比较的网络谣言治理",载《广西社会科学》2012年第10期。
68. 皮勇:"论网络恐怖活动犯罪及对策",载《武汉大学学报（人文科学版）》2004年第

5 期。

69. 秦前红、黄明涛："论网络言论自由与政府规制之间的关系——以美国经验为参照"，载《武汉科技大学学报（社会科学版）》2014 年第 4 期。

70. 秦志希等："网络传播的'后现代'特性"，载《武汉大学学报（人文科学版）》2002 年第 6 期。

71. 邱鸿峰、杨松："网络传播、公共领域与行政控制"，载《中国行政管理》2007 年第 6 期。

72. 闪淳昌："构建中国特色的应急管理体系"，载《中国浦东干部学院学报》2008 年第 5 期。

73. 佘文斌："网络传播的技术逻辑与人文反思"，载《现代传播（中国传媒大学学报）》2008 年第 2 期。

74. 苏力："《秋菊打官司》案、邱氏鼠药案和言论自由"，载《法学研究》1996 年第 3 期。

75. 苏力："当代中国的中央与地方分权——重读毛泽东《论十大关系》第五节"，载《中国社会科学》2004 年第 2 期。

76. 孙万怀、卢恒飞："刑法应当理性应对网络谣言——对网络造谣司法解释的实证评估"，载《法学》2013 年第 11 期。

77. 唐小松、黄忠："论信息时代的网络外交"，载《现代国际关系》2008 年第 6 期。

78. 童星、严新明："网络社会控制的悖论"，载《社会科学研究》2003 年第 2 期。

79. 汪庆华："言论自由与国家角色：科斯 v. 费斯"，载《政法论坛》2009 年第 4 期。

80. 王灿发："突发公共事件的谣言传播模式建构及消解"，载《现代传播（中国传媒大学学报）》2010 年第 6 期。

81. 魏武挥："谣言的传播与辟谣"，载《新闻记者》2012 年第 5 期。

82. 魏永征："对网上言论自由法律边界的有益探索——评'微博第一案'两审判决"，载《新闻记者》2011 年第 11 期。

83. 夏德才："网络时代社会稳定面临的挑战及对策研究"，载《毛泽东邓小平理论研究》2012 年第 3 期。

84. 谢永江、黄方："论网络谣言的法律规制"，载《国家行政学院学报》2013 年第 1 期。

85. 熊炎："惩罚能抑制谣言传播吗？——以'转发超 500 次入刑'为例"，载《新闻与传播研究》2014 年第 2 期。

86. 严久步："国外互联网管理的近期发展"，载《国外社会科学》2001 年第 3 期。

87. 杨世松、韩东："21 世纪恐怖新概念——信息恐怖主义"，载《国际政治研究》2004 年第 2 期。

88. 杨妍:"自媒体时代政府如何应对微博传播中的'塔西佗陷阱'",载《中国行政管理》2012年第5期。

89. 余晖:"中国政府监管体制的战略思考",载《财经问题研究》2007年第12期。

90. 袁方成:"'软''硬'兼施:网络舆论监管的美国模式及其经验借鉴",载《贵州社会科学》2012年第9期。

91. 岳世平:"发达国家构建应急管理体系的经验借鉴",载《行政管理改革》2010年第11期。

92. 曾润喜、徐晓林:"社会变迁中的互联网治理研究",载《政治学研究》2010年第4期。

93. 湛中乐、高俊杰:"论对网络谣言的法律规制",载《江海学刊》2014年第1期。

94. 湛中乐:"网络立法与网络治理",载《前线》2013年第3期。

95. 张雷:"论网络政治谣言及其社会控制",载《政治学研究》2007年第2期。

96. 张平:"互联网法律规制的若干问题探讨",载《知识产权》2012年第8期。

97. 张维迎:"产权、政府与信誉",载《读书》2001年第6期。

98. 张小罗:"网络媒体政府管制的正当性研究",载《政治与法律》2009年第12期。

99. 张新宝:"互联网发展的主要法治问题",载《法学论坛》2004年第1期。

100. 赵静梅等:"中国股市谣言研究:传谣、辟谣及其对股价的冲击",载《管理世界》2010年第11期。

101. 赵可金:"网络外交的兴起:机制与趋势",载《世界经济与政治》2011年第5期。

102. 郑志龙、余丽:"互联网在国际政治中的'非中性'作用",载《政治学研究》2012年第4期。

103. 周勃:"Web2.0时代网络文明现状及法律规制",载《理论月刊》2007年第5期。

104. 周朝霞等:"大学生网络传播行为嬗变的实证研究",载《复旦学报(社会科学版)》2006年第4期。

105. 周汉华:"论互联网法",载《中国法学》2015年第3期。

106. 周汉华:"从原则和理论出发,推动法治变革",载《法学研究》2011年第6期。

107. 周汉华:"中国的政府信息化及其面临的实践问题",载《经济社会体制比较》2003年第2期。

108. 周永坤:"网络实名制立法评析",载《暨南学报(哲学社会科学版)》2013年第2期。

109. 周裕琼:"QQ群聊会让人更相信谣言吗?——关于四则奥运谣言的控制实验",载《新闻与传播研究》2010年第2期。

110. 周裕琼：" 谣言一定是洪水猛兽吗？——基于文献综述和实证研究的反思"，载《国际新闻界》2009 年第 8 期。

111. 朱新力、魏小雨：" 网络服务提供者的规制模式"，载《浙江大学学报（人文社会科学版）》2014 年第 6 期。

三、报纸文献

1. 白龙：" 市场经济呼唤法治"，载《人民日报》2008 年 12 月 3 日第 15 版。
2. 本报评论员：" 打击网络谣言法律可以更有力"，载《法制日报》2013 年 8 月 30 日第 01 版。
3. 陈一鸣等：" 世界多国严厉打击网络谣言"，载《人民日报》2013 年 8 月 28 日第 21 版。
4. 陈英凤：" 铲除网络谣言需自律更需法律"，载《人民法院报》2011 年 9 月 2 日第 02 版。
5. 戴佳：" 遏制网络谣言，法治不可缺位"，载《检察日报》2012 年 4 月 21 日第 01 版。
6. 杜飞进、廖文根：" 铸就法治新丰碑——2011 年全国两会述评之五"，载《人民日报》2011 年 3 月 16 日第 08 版。
7. 杜飞进：" 法治建设的新起点"，载《人民日报》2011 年 3 月 11 日第 05 版。
8. 胡云腾：" 遏制网络谣言重在建设网络诚信"，载《法制日报》2013 年 8 月 28 日第 09 版。
9. 暨佩娟：" 马来西亚严打网络谣言监控恐怖组织"，载《人民日报》2012 年 12 月 31 日第 21 版。
10. 姜明安：" 科学发展离不开法治"，载《人民日报》2011 年 6 月 29 日第 17 版。
11. 李步云：" 法治国家的四大要素"，载《人民日报》2007 年 9 月 26 日第 13 版。
12. 马立群：" 依法铲除网络谣言'毒瘤'"，载《经济日报》2013 年 6 月 4 日第 03 版。
13. 孟威：" 惩防网络谣言是国际社会共同选择"，载《人民日报》2013 年 6 月 21 日第 23 版。
14. 闵政、陈路坤：" 法学专家呼吁完善打击网络谣言法律框架"，载《人民公安报》2013 年 8 月 24 日第 04 版。
15. 乔新生：" 打击网络谣言始于强化网站法律责任"，载《法制日报》2012 年 4 月 2 日第 01 版。
16. 乔新生：" 打击网络谣言要强化网站经营者责任"，载《法制日报》2013 年 8 月 26 日第 07 版。
17. 汪洋：" 为科学发展营造良好法治环境"，载《人民日报》2012 年 5 月 14 日第 07 版。

18. 王舒怀等:"探寻互联网良治之道",载《人民日报》2011年11月8日第14版。
19. 严健:"新加坡铁腕管控网络谣言",载《人民日报》2012年4月26日第05版。
20. 于安:"科学发展观对政府法治的新要求",载《人民日报》2008年8月6日第15版。
21. 张贺:"认清网络谣言的社会危害",载《人民日报》2012年4月16日第04版。
22. 张雪莹、张薇:"'依法治网'是依法治国的具体体现——法律专家谈打击整治网络谣言",载《光明日报》2012年4月17日第02版。
23. 支振锋:"治理网络谣言关键靠法治",载《法制日报》2012年4月17日第07版。
24. 邹志鹏:"墨西哥对网络谣言说'不'",载《人民日报》2012年12月30日第03版。

四、学位论文

1. 陈红梅:"网络传播与公众表达——网上公众表达的现状与影响研究",复旦大学2005年博士学位论文。
2. 程中兴:"谣言、流言研究——以话语为中心的社会互动分析",上海大学2007年博士学位论文。
3. 何跃鹰:"互联网规制研究——基于国家网络空间安全战略",北京邮电大学2012年博士学位论文。
4. 刘智:"网络社区危机信息传播与干预研究",中国科学技术大学2010年博士论文。
5. 吕坤良:"网络言论传播引论",中国社会科学院研究生院2002年博士学位论文。
6. 罗莉:"网络信息传播中的法律问题研究",中国政法大学2001年博士学位论文。
7. 马荔:"突发事件网络舆情政府治理研究",北京邮电大学2010年博士学位论文。
8. 陶长春:"网络谣言对民意的表达与歪曲",武汉大学2014年博士学位论文。
9. 王佳宁:"网络谣言对态度改变的影响——基于联想命题评价模型的实验研究",吉林大学2012年博士学位论文。
10. 王贤卿:"网络传播环境下的道德建设——大学生网络行为的道德研究",复旦大学2005年博士学位论文。
11. 于同洋:"网络环境下信息扩散的多智能体仿真研究",华中科技大学2010年博士学位论文。
12. 张东:"中国互联网信息治理模式研究",中国人民大学2010年博士学位论文。
13. 张乐:"危机信息传播的社会网络结构和传播动力学研究",中国科学技术大学2009年博士学位论文。
14. 郑路:"群体极化中的网络谣言传播研究",江西财经大学2011年博士学位论文。
15. 左玮娜:"网络谣言传播研究",中国社会科学院研究生院2006年硕士学位论文。

五、外文文献

1. ABA Committee on Government Standards, "Keeping Faith: Government Ethics& Government Ethics Regulation", *Administrative Law Review*, Vol. 45 (1993).
2. Allan J. Kimmel, *Rumors and Rumor Control*, Lawrence Erlbaum Associates (2004).
3. Barbara van Schewick, *Internet Architecture and Innovation*, The MIT Press (2010).
4. Barbara van Schewick, "Towards an Economic Framework for Network Neutrality Regulation", *Journal on Telecommunication & High Technology Law*, Vol. 5 (2007).
5. Barbara van Schewick, "Network Neutrality and Quality of Service: What A Nondiscrimination Rule Should Look Like", *Stanford Law Review*, Vol. 67 (2015).
6. Brett M. Frischmann, "Barbara van Schewick, Network Neutrality and the Economics of an Information Superhighway: A Reply to Professor Yoo", *Jurimetrics*, Vol. 47 (2007).
7. Charles E. Lindblom, "The Science of 'Muddling Through'", *Public Administrative Review*, Vol. 19, No. 2 (1959).
8. Cass R. Sunstein, *On Rumors*, Farrar Straus Giroux (2009).
9. Christopher S. Yoo, "Architectural Censorship and the FCC", *Southern California Law Review*, Vol. 78 (2005).
10. Christopher S. Yoo, "Beyond Network Neutrality", *Harvard Journal of Law & Technology*, Vol. 19, No. 1 (2005).
11. Christopher S. Yoo, "Deregulation vs. Regulation of Telecommunications: A Clash of Regulatory Paradigms", *The Journal of Corporation Law*, Vol. 36 (2011).
12. Christopher S. Yoo, "Free Speech and the Myth of the Internet as an Unintermediated Experience", *The George Washington Law Review*, Vol. 78 (2010).
13. Christopher S. Yoo, "Is There A Role for Common Carriage in an Internet-Based World", *Houston Law Review*, Vol. 51 (2013).
14. Christopher S. Yoo, "New Models of Regulation and Interagency Governance", *Michigan State DCL Law Review*, Vol. 3 (2003).
15. Christopher S. Yoo, "The Rise and Demise of Technology-Specific Approach to the First Amendment", *The Georgetown Law Journal*, Vol. 91 (2003).
16. Christopher S. Yoo, "Technologies of Control and the Future of the First Amendment", *William and Mary Law Review*, Vol. 53 (2011).
17. Curtis Ventriss, "Towards a Public Philosophy of Public Administration: A Civic Perspective of

the Public", *Public Administration Review*, Vol. 49 (1989).

18. Daniel J. Solove, *The Future of Reputation: Gossip, Rumor, and Privacy on the Internet*, Yale University Press (2007).

19. Daniel J. Solove, "A Taxonomy of Privacy", *University of Pennsylvania Law Review*, Vol. 154, No. 3 (2006).

20. Daniel J. Solove, "Access and Aggregation: Public Records, Privacy and the Constitution", *Minnesota Law Review*, Vol. 86 (2002).

21. Daniel J. Solove, "Fourth Amendment Pragmatism", *Boston College Law Review*, Vol. 51 (2010).

22. Daniel J. Solove, "Neil M. Richards, Rethinking Free Speech and Civil Liability", *Columbia Law Review*, Vol. 109 (2009).

23. Diane L. Borden and Kerric Harvey, *The Electronic Grapevine: Rumor, Reputation and Reporting in the New Online Environment*, Lawrence Erlbaum Associates Inc (1997).

24. Daniel F. Spulber, Christopher S. Yoo, "Access to Networks: Economic and Constitutional Connections", *Cornell Law Review*, Vol. 88 (2003).

25. Daniel F. Spulber, Christopher S. Yoo, "On the Regulation of Networks as Complex Systems: A Graph Theory Approach", *Northwestern University Law Review*, Vol. 99 (2005).

26. Daniel F. Spulber, Christopher S. Yoo, "Rethinking Broadband Internet Access", *Harvard Journal of Law & Technology*, Vol. 22, No. 1 (2005).

27. Elliott R Danzig, The *Effects of a Threatening Rumor on a Disaster-Stricken Community*, Hardpress Publishing (2012).

28. Eugen Ehrlich and Nathan Isaacs, "The Sociology of Law", *Harvard Law Review*, Vol. 36, No. 2 (1922).

29. Gary Alan Fine and Patricia A. Turner, *Whispers on the color line*, University of California Press (2001).

30. Gary Alan Fine, Bill Ellis, *The global grapevine*, Oxford University Press (2010).

31. Greg Dalziel, *Rumor and Communication in Asia in the Internet Age*, Routledge (2013).

32. H. Taylor Buckner, "A Theory of Rumor Transmission", *The Public Opinion Quarterly*, Vol. 29, No. 1 (1965).

33. Hans-Joachim Neubauer, *The Rumour*, Free Association Books (1999).

34. Hans Kelsen, "The Pure Theory of Law and Analytical Jurisprudence", *Harvard Law Review*, Vol. 55, No. 1 (1941).

35. Jack M. Balkin, "Digital Speech and Democratic Culture: A Theory of Freedom of Expression for the Information Society", *New York University Law Review*, Vol. 79 (2004).
36. Jack M. Balkin, "The First Amendment is an Information Policy", *Hofstra Law Review*, Vol. 41 (2012).
37. Jack M. Balkin, "How Rights Change: Freedom of Speech in the Digital Era", *Sydney Law Review*, Vol. 26 (2004).
38. Jack M. Balkin, "The Future of Free Expression in a Digital Age", *Pepperdine Law Review*, Vol. 36 (2009).
39. Jack M. Balkin, "Law and Liberty in Virtual Worlds", *New York Law School Law Review*, Vol. 49 (2004).
40. Jack M. Balkin, "Media Access: A Question of Design", *The George Washington Law Review*, Vol. 76 (2008).
41. Jack M. Balkin, "Virtual Liberty: Freedom to Design and Freedom to Play in Virtual Worlds", *Virginia Law Review*, Vol. 90, NO. 8 (2004).
42. Jack Goldsmith, Tim Wu, *Who Controls the Internet? Illusions of a Borderless World*, Oxford University Press (2006).
43. Jack L. Goldsmith, "Against Cyberanarchy", *The University of Chicago Law Review*, Vol. 65 (1998).
44. Jack L. Goldsmith, "Regulation of the Internet: Three Persistent Fallacies", *Chicago-Kent Law review*, Vol. 73 (1998).
45. Jack L. Goldsmith, "Unilateral Regulation of the Internet: A Modest Defense", *European Journal of International Law*, Vol. 11, No. 1 (2000).
46. Jean-Noël Kapferer, *Rumors*, Transaction Publishers (1990).
47. Jonathan Zittrain, *The Future of the Internet and How to Stop It*, Yale University Press (2008).
48. Jonathan Zittrain, "The Fourth Quadrant", *Fordham Law Review*, Vol. 78 (2010).
49. Jonathan Zittrain, "The Generative Internet", *Harvard Law Review*, Vol. 119 (2006).
50. Jonathan Zittrain, "A History of Online Gatekeeping", *Harvard Journal of Law & Technology*, Vol. 19, No. 2 (2006).
51. Jonathan Zittrain, "The Internet and Press Freedom", *Harvard Civil Right-Civil Liberty Law Review*, Vol. 45 (2010).
52. Jonathan Zittrain, "Normative Principles for Evaluating Free and Proprietary Software", *The University of Chicago Law Review*, Vol. 71 (2004).

53. Jonathan Zittrain, "The Rise and Fall of Sysopdom", *Harvard Journal of Law & Technology*, Vol. 10, No. 3 (1997)

54. Jonathan Zittrain, "Searches and Seizures in a Networked World", *Harvard Law Review Forum*, Vol. 119 (2006).

55. Kathleen Fearn-Banks, *Crisis Communications: A Casebook Approach*, Routledge (2010).

56. Karl N. Llewellyn, "Law and the Social Sciences: Especially Sociology", *Harvard Law Review*, Vol. 62, No. 8 (1949).

57. Laurence H. Tribe, "The Curvature of Constitutional Space: What Lawyers Can Learn from Modern Physics", *Harvard Law Review*, Vol. 103, No. 1 (1989).

58. Lawrence Lessig, "The Path of Cyberlaw", *Yale Law Journal*, Vol. 104 (1995).

59. Lawrence Lessig, *Code: Version 2.0*, Basic Books (2006).

60. Lawrence Lessig, Free Culture: *How Big Media Uses Technology and the Law to Lock down Culture and Control Creativity*, The Penguin Press (2004).

61. Lawrence Lessig, *The Future of Ideas: the Fate of the Commons in a Connected World*, Random House (2001).

62. Lawrence Lessig, "The Death of Cyberspace", *Washington & Lee Law Review*, Vol. 57 (2000).

63. Lawrence Lessig, "The Constitution of Code: Limitations on Choice---Based Critiques of Cyberspace Regulation", *Commlaw Conspectus*, Vol. 5 (1997).

64. Lawrence Lessig, "Law Regulating Code Regulating Law", *Loyola University Chicago Law Journal*, Vol. 35 (2003).

65. Lawrence Lessig, "Open Code and Open Societies: Values of Internet Governance", *Chicago-Kent Law Review*, Vol. 74 (1999).

66. Lawrence Lessig, "Reading the Constitution in Cyberspace", *Emory Law Journal*, Vol. 45, No3 (1996).

67. Lawrence Lessig, "Social Meaning and Social Norms", *University of Pennsylvania Law Review*, Vol. 144, No. 5 (1996).

68. Lawrence Lessig, "The Law of the Horse: What Cyberlaw Might Teach", *Harvard Law Review*, Vol. 112, No. 2 (1999).

69. Lawrence Lessig, *The Laws of Cyberspace*, in Richard A. Spinello, Herman T. Tavani eds. Readings in CyberEthics, Jones and Bartlett Publishers (2004).

70. Lawrence Lessig, "The Zones of Cyberspace", *Stanford Law Review*, Vol. 48, No. 5 (1996).

71. Lawrence Lessig, "What Things Regulate Speech: CDA 2.0 vs. Filtering", *Jurimetrics*,

Vol. 38, No. 4 (1998).

72. Llewellyn J. Gibbons, "No Regulation, Government Regulation, or Self-Regulation: Social Enforcement or Social Contracting for Governance in Cyberspace", *Cornell Journal of Law & Public Policy*, Vol. 6 (1997).

73. Mark A. Lemley, Lawrence Lessig, "The End of End-to-End: Preserving the Architecture of the Internet in the Broadband Era", *UCLA Law Review*, Vol. 48 (2001).

74. Martin Shapiro, "APA: Past, Present, Future", *Virginia Law Review*, Vol. 72, No. 2 (1986).

75. Nicholas DiFonzo and Prashant Bordia, *Rumor Psychology: Social and Organizational Approaches*, American Psychological Association (2006).

76. Oliver W. Holmes, "Law in Science and Science in Law", *Harvard Law Review*, Vol. 12 (1899).

77. Oliver W. Holmes, "Learning and Science", *Minnesota Law Review*, Vol. 30 (1945).

78. Pamela Walaski, *Risk and Crisis Communications: Methods and Messages*, Wiley (2011).

79. Peter H. Schuck, "When the Exception Becomes the Rule: Regulatory Equity and the Formulation of Energy Policy through an Exception Process", *Duke Law Journal*, Vol. 1984, No. 2 (1984).

80. Philip Hardie, *Rumour and renown*, Cambridge University Press (2012).

81. Robert A. Kagan, "Adversarial Legalism and American Government", *Journal of Policy Analysis and Management*, Vol. 10, No. 3 (1991).

82. Robert H. Knapp, "A Psychology of Rumor", *The Public Opinion Quarterly*, Vol. 8, No. 1 (1944).

83. Robert Uerpmann-Wittzack, "Principles of International Internet Law", *German Law Journal*, Vol. 11 (2010).

84. Ronald A. Cass, "Privatization: Politics, Law, and Theory", *Marquette Law Review*, Vol. 71 (1987-1988).

85. Thomas Lee Hazen, "Rumor Control and Disclosure of Merger Negotiations or Other Control-Related Transactions", *Maryland Law Review*, Vol. 46 (1986-1987).

86. Tim Wu, *The Master Switch: The Rise and Fall of Information Empires*, Vintage Books (2011).

87. Tim Wu, "Application-Centered Internet Analysis", *Virginia Law Review*, Vol. 85, No. 6 (1999).

88. Tim Wu, "Machine Speech", *University of Pennsylvania Law Review*, Vol. 161 (2013).

89. Tim Wu, "Network neutrality, Broad Discrimination", *Journal on Telecommunication & High*

Technology Law, Vol. 2 (2003).
90. Scott Hemphill, "Tim Wu, Parallel Exclusion", *The Yale Law Journal*, Vol. 122 (2013).
91. Yochai Benkler, *The Wealth of Networks*, Yale University Press (2006).
92. Yochai Benkler, "Building an Infrastructure for the Future", *N. Y. U. Journal of Legislation and Public Policy*, Vol. 3 (1999-2000).
93. Yochai Benkler, "Net Regulation: Taking Stock and Looking Forward", *University of Colorado Law Review*, Vol. 71 (2000).
94. Warren A. Peterson and Noel P. Gist, "Rumor and Public Opinion", *American Journal of Sociology*, Vol. 57, No. 2 (1951).
95. William H. Simon, "Legality, Bureaucracy, and Class in the Welfare System", *The Yale Law Journal*, Vol. 92, No. 7 (1983).
96. Kate Klonick, "The new Governors: the people, rules, and processes governing online speech", *Harvard Law Review*, Vol. 131, (2018)
97. Jack M. Balkin, "Free Speech in the Algorithmic Society: Big Data, Private Governance, and New School Speech Regulation", *U. C. Davis Law Review*, Vol. 51, (2018)

后记

本书是在我博士后研究报告的基础上修订而成,也记录着一段刻骨铭心的博士后岁月。首先,要特别感谢我的博士后合作导师周汉华研究员对报告的悉心指导和大力帮助,周老师对学术的热忱、执着与洞见一直激励着我前行,在站期间的请教交流让我受益匪浅,出站之后的关心鞭策更使我深受感动。感谢法学所的李林研究员、冯军研究员、莫纪宏研究员、陈云生研究员对报告的宝贵指导与完善建议,这使我有机会得以不断完善本书的写作。也感谢宪法与行政法室的李洪雷老师、翟国强老师、李霞老师、卢超老师,院博管办的李小琳主任、法学所博士后流动站的孙秀升老师、缪树蕾老师等师友对我学习和生活的关心和帮助。法学所让我在两年的博士后时光感受到港湾般的保护。

感谢在加州大学伯克利分校从事访问学者研究时的指导老师 Anna O'Connell 教授对我的热情帮助与指导。波士顿大学的 Jack Beermann 教授、伯克利的 Stanley Lubman 教授、斯坦福大学的 Michael Asimow 教授、宾夕法尼亚大学的 Neysun Mahboubi 研究员、UC Hastings 的 Keith Hand 教授、哈佛大学的 Urs Gasser 教授等老师也给予我在美访学期间诸多照顾与引导,一并表示感谢。他们也让我在遥远的异乡感受温暖、收获感动。

还要感谢的是中国政法大学各位老师、同事、朋友的关心与支持,特别是应松年老师、马怀德老师以及法治政府研究院各位同事所给予我的帮助与提携。法大所给予我的,从来不需要想起,永远也不会忘记。当然,最后要感谢家人的默默支持与无私付出,正是你们,才可以让我在学术道路上继续探索。

林 华

2020 年 6 月初稿

2021 年 7 月定稿